# Mémoires de Madame de Rémusat

publiés par son petit-fils Paul de Rémusat

—

## Tome II

# MÉMOIRES
## DE
# MADAME DE RÉMUSAT

II

OUVRAGES

DE

# M. CHARLES DE RÉMUSAT

DE L'ACADÉMIE FRANÇAISE

ESSAI DE PHILOSOPHIE, 2 volumes in-8. Paris, Ladrange, 1842.

DE LA PHILOSOPHIE ALLEMANDE, rapport à l'Académie des Sciences morales et politiques, in-8. Paris, Ladrange, 1845.

SAINT ANSELME DE CANTORBERY, sa vie et sa philosophie, in-8. Paris, Didier, 1853.

ABÉLARD, sa vie, sa philosophie et sa théologie, nouvelle édition, 2 volumes in-8. Paris, Didier, 1855.

L'ANGLETERRE AU XVIII$^e$ SIÈCLE, études et portraits, 2 vol. in-8. Paris, Didier, 1856.

BACON, sa vie, son temps, sa philosophie et son influence jusqu'à nos jours, in-8. Paris, Didier, 1857.

CRITIQUES ET ÉTUDES LITTÉRAIRES ou passé et présent, nouvelle édition revue et considérablement augmentée, 2 volumes in-18. Paris, Didier, 1857.

POLITIQUE LIBÉRALE, ou fragments pour servir à l'histoire de la Révolution française, in-8. Paris, Michel Lévy, 1860.

PHILOSOPHIE RELIGIEUSE. De la théologie naturelle en France et en Angleterre, in-18. Paris, 1864.

HISTOIRE DE LA PHILOSOPHIE EN ANGLETERRE, depuis Bacon jusqu'à Locke, 2 vol. in-8. Paris, 1877.

ABÉLARD, drame inédit publié avec une préface et des notes par PAUL DE RÉMUSAT, in-8. Paris, Calmann Lévy, 1877.

LA SAINT-BARTHÉLEMY, drame inédit, publié par PAUL DE RÉMUSAT, in-8. Paris, Calmann Lévy, 1878.

---

Paris. — Typ. Ch. Unsinger, 83, rue du Bac.

# MÉMOIRES
DE
# MADAME DE RÉMUSAT
— 1802-1808 —

PUBLIÉS PAR SON PETIT-FILS

## PAUL DE RÉMUSAT
SÉNATEUR DE LA HAUTE-GARONNE

II

## PARIS
CALMANN LÉVY, ÉDITEUR
ANCIENNE MAISON MICHEL LÉVY FRÈRES
RUE AUBER, 3, ET BOULEVARD DES ITALIENS, 15
A LA LIBRAIRIE NOUVELLE
—
1880

Droits de reproduction et de traduction réservés.

# MÉMOIRES
DE
# MADAME DE RÉMUSAT

## LIVRE PREMIER
(Suite.)

### CHAPITRE VIII.
(1804.)

Procès du général Moreau. — Condamnation de MM. de Polignac, de Rivière, etc. — Grâce de M. de Polignac. — Lettre de Louis XVIII.

La création de l'Empire avait distrait les esprits de la procédure du général Moreau, que l'on continuait d'instruire cependant. Les accusés avaient comparu plusieurs fois devant le tribunal; mais plus on avançait, plus on perdait l'espoir de la condamnation de Moreau, condamnation qui chaque jour devenait plus nécessaire. J'ai l'intime conviction que l'empereur n'eût point laissé couler son sang. Moreau condamné et pardonné lui eût suffi ; mais il avait besoin de répondre par un jugement positif à ceux qui l'accusaient d'avoir mis de la précipitation et de l'animosité personnelle dans cette affaire.

Tous ceux qui ont apporté quelque froideur dans l'examen de cet événement se sont accordés à trouver que Moreau avait montré de la faiblesse et une assez grande médiocrité d'esprit sur le banc des accusés ; il n'eut ni l'importance ni la grandeur auxquelles on s'attendait. Il ne parut point, comme Georges Cadoudal, un homme déterminé qui convenait fièrement des hauts projets qui l'avaient animé, ni comme un innocent indigné d'une accusation qu'il n'a point méritée. Il tergiversa dans quelques-unes de ses réponses ; il atténua un peu l'intérêt qu'il inspirait ; mais, même alors, Bonaparte ne gagnait rien à cet affaiblissement de l'enthousiasme, et l'esprit de parti, et peut-être aussi la raison, n'en blâmait pas moins hautement un éclat qu'on attribuait toujours à la haine personnelle.

Enfin, le 30 mai, l'acte d'accusation en forme parut dans *le Moniteur*. Il était accompagné de lettres de Moreau écrites en 1795, avant le 18 fructidor, qui prouvaient qu'à cette époque ce général, ayant été convaincu que Pichegru entretenait des correspondances secrètes avec les princes, l'avait dénoncé au Directoire. Et quand, dans cette seconde conspiration, Moreau, pour se justifier, s'appuyait sur ce qu'il n'avait pas cru qu'il fût convenable de révéler au premier consul le secret d'un complot dans lequel il avait refusé d'entrer, on ne pouvait s'empêcher de demander pourquoi Moreau agissait, cette fois, d'une manière si différente de la première.

Le 6 juin, on publia les interrogatoires de tous les accusés. Il y en avait parmi eux qui déclaraient positivement qu'en Angleterre les Princes ne doutaient point qu'ils ne dussent compter sur Moreau. Ils disaient que c'était sur cette espérance que Pichegru avait passé en France, et que les deux généraux avaient eu ensemble, conjointement avec Georges, quelques entrevues. Ils allaient même jusqu'à affirmer qu'à la suite de ces entretiens Pichegru s'était montré fort mécontent, se plaignant que Moreau ne le secondait qu'à moitié, et qu'il semblait vouloir profiter pour son compte du coup qui frapperait Bonaparte. Un nommé Rolland alla même jusqu'à lui prêter ces paroles :

« qu'il fallait, préalablement à tout, faire disparaître le premier consul ».

Moreau, interrogé à son tour, répondit que Pichegru, lorsqu'il était en Angleterre, lui avait fait demander s'il le servirait dans le cas où il voudrait obtenir sa rentrée en France, et qu'il avait promis de l'aider au succès de ce projet. On pourrait bien s'étonner que Pichegru, dénoncé quelques années auparavant par Moreau lui-même, s'adressât à lui pour demander sa radiation. Pichegru, interrogé, nia ces démarches, mais, en même temps, il nia aussi qu'il eût vu Moreau, quoique Moreau en convînt, et il ne voulut jamais appuyer sa venue en France que sur l'aversion que lui inspiraient les pays étrangers, et sur le désir qu'il éprouvait de rentrer dans sa patrie. Peu de temps après, il fut trouvé étranglé dans sa prison, sans qu'on ait jamais pu avérer les circonstances qui causèrent sa mort, ni comprendre les motifs qui auraient pu la rendre nécessaire[1]. Moreau convint donc

---

1. Il semble que l'auteur, ici comme dans un chapitre précédent, ne soit pas assez précis sur la cause de la mort du général Pichegru. C'était une opinion, fort répandue alors, de douter de son suicide, et l'empereur expiait la mort du duc d'Enghien. Depuis ce crime, on était prompt à lui en prêter d'autres qu'auparavant ses plus grands ennemis n'auraient osé lui imputer. Il est pourtant certain qu'on n'a jamais établi l'intérêt qu'aurait eu Na-

d'avoir reçu chez lui Pichegru qui, disait-il, était venu le surprendre ; mais, en même temps, il déclara qu'il avait positivement refusé d'entrer dans un projet qui remettrait la Maison de Bourbon sur le trône, puisque son retour devait compromettre la propriété des biens nationaux ; et il ajouta que, pour ce qui le regardait personnellement, il avait répondu que ces prétentions seraient insensées, car il faudrait, pour qu'elles réussissent, qu'on eût fait disparaître le premier consul, les deux autres consuls, le gouverneur de Paris, et la garde. Il déclara n'avoir vu Pichegru qu'une fois, quoique d'autres accusés assurassent qu'il y avait eu plusieurs entrevues, et il demeura toujours sur ce système de défense, ne pouvant nier cepen-

poléon à ce que l'accusé ne parût point devant ses juges. M. Thiers a très fortement démontré que sa présence aux débats était nécessaire. Toutes les dépositions des accusés de tous les partis l'accablaient également, son crime légal était certain, et il ne pouvait manquer d'être condamné, et de paraître mériter sa condamnation. L'homme à redouter, c'était Moreau. On a dit, il est vrai, qu'un rapport de gens de l'art existe à la faculté de médecine, établissant l'impossibilité du suicide dans les conditions où l'on disait qu'il s'était passé, avec une cravate de soie dont il avait fait une corde et une cheville de bois dont il avait fait un levier. Mais la médecine légale, il y a plus de soixante-dix ans, était une science bien conjecturale, et des travaux récents ont démontré combien le suicide par strangulation est facile et demande peu d'efforts et de temps. (P. R.)

dant qu'il avait découvert assez tard que Fresnières, son secrétaire intime, eût beaucoup de relations avec les conjurés. Ce secrétaire, dès le commencement de l'affaire, avait pris la fuite

Georges Cadoudal répondit que son projet était d'attaquer de vive force le premier consul; qu'il n'avait pas douté que, dans Paris même, il ne se présentât des ennemis du régime actuel qui l'aideraient dans son entreprise; qu'il eût tenté de tout son pouvoir de remettre Louis XVIII sur son trône. Mais il nia qu'il connût ni Pichegru, ni Moreau; il termina ses réponses par ces paroles : « Vous avez assez de victimes; je n'en veux pas augmenter le nombre. »

Bonaparte parut frappé de la fermeté de ce caractère, et nous dit à cette occasion : « S'il était possible que je pusse sauver quelques-uns de ces assassins, ce serait à Georges que je ferais grâce. »

M. de Polignac, l'aîné, répondit qu'il n'était venu secrètement en France que pour s'assurer positivement de l'opinion publique et des chances qu'elle pouvait offrir, que lorsqu'il s'était aperçu qu'il était question d'un assassinat, il avait pensé à se retirer, et qu'il serait sorti de France, s'il n'eût pas été arrêté.

M. de Rivière répondit de la même manière; et Jules de Polignac prouva qu'il avait seulement suivi son frère.

Enfin, le 10 juin, vingt des accusés furent déclarés convaincus, et condamnés à la peine de mort. A leur tête était Georges Cadoudal, et parmi eux, le marquis de Rivière et le duc de Polignac.

Le jugement portait que Jules de Polignac Louis Léridan, Moreau et Rolland, étaient coupables d'avoir pris part à la conspiration, mais qu'il résultait de l'instruction et des débats des circonstances qui les rendaient excusables, et que la cour réduisait la peine encourue par les susnommés à une punition correctionnelle.

J'étais à Saint-Cloud, quand cette nouvelle y arriva. Tout le monde en fut atterré. Le grand juge s'était témérairement engagé vis-à-vis du premier consul à la condamnation *à mort* de Moreau, et Bonaparte éprouva un tel mécontentement, qu'il ne fut pas maître d'en dissimuler les effets. On a su avec quelle véhémente fureur, à sa première audience publique du dimanche, il accueillit le juge Lecourbe, frère du général, qui avait parlé au tribunal avec beaucoup de force pour l'innocence de Moreau. Il le chassa de sa présence en l'appelant *juge prévaricateur*, sans qu'on pût deviner quelle signification, dans sa colère, il donnait à cette expression, et, peu après, il le destitua.

Je revins à Paris, fort abattue des impressions que je rapportais de Saint-Cloud, et je trouvai dans la ville, chez un certain parti, une joie insultante pour l'empereur du dénouement de cet événement. Mais la noblesse était affligée de la condamnation de M. le duc de Polignac.

J'étais avec ma mère et mon mari, déplorant les tristes effets de ces procédures et les nombreuses exécutions qui allaient suivre, quand on m'annonça tout à coup madame de Polignac, femme du duc, et sa tante madame Dandlau, fille d'Helvétius, que j'avais souvent rencontrée dans le monde. Toutes deux étaient en larmes. La première, grosse de quelques mois, m'attendrit vivement. Elle venait me demander de l'aider à parvenir jusqu'aux pieds de l'empereur; elle voulait obtenir la grâce de son époux; elle n'avait aucun moyen d'arriver dans l'intérieur de Saint-Cloud, et se flattait que je lui en procurerais. M. de Rémusat, ma mère et moi, nous sentîmes tous trois les difficultés de l'entreprise; mais, tous trois, nous pensâmes, en même temps, qu'elles ne devaient point m'arrêter ; et, comme nous avions quelques jours, à cause de l'appel que les condamnés avaient fait de leur jugement, j'engageai ces deux dames à se rendre le lendemain matin à Saint-Cloud ; je promis de les précéder de quelques heures, et de décider madame Bonaparte à les recevoir.

En effet, je retournai à Saint-Cloud le lendemain, et il ne me fut pas difficile d'obtenir de mon excellente impératrice d'accueillir une si malheureuse personne. Mais elle me montra un peu d'effroi d'aborder l'empereur dans un moment où il était si mécontent.

« Si Moreau, me dit-elle, eût été condamné, je serais plus sûre de notre succès ; mais il est dans une si grande colère, que je crains qu'il ne nous repousse, et qu'il ne vous sache mauvais gré de la démarche que vous allez me faire faire. » J'étais trop émue de l'état et des larmes de madame de Polignac pour qu'une pareille considération m'arrêtât, et je fis de mon mieux à l'impératrice la peinture de l'impression que ces jugements avaient produite à Paris. Je lui rappelai la mort du duc d'Enghien ; je lui représentai son élévation au trône impérial tout environnée d'exécutions sanglantes, et l'effroi général qui serait apaisé par un acte de clémence que, du moins, on pourrait citer à côté de tant de sévérités.

Tandis que je lui parlais ainsi avec toute la chaleur dont j'étais capable, et sans pouvoir retenir mes larmes, l'empereur entra tout à coup dans la chambre, arrivant, selon sa coutume, par une terrasse extérieure, qui lui servait souvent le matin à venir ainsi se reposer près de sa femme. Il nous trouva toutes deux fort émues. Dans un autre moment, sa présence m'eût rendue interdite; mais, le profond attendrissement que j'éprouvais l'emportant sur toutes considérations, je répondis à ses questions par l'aveu de ce que j'avais osé faire, et, comme l'impératrice vit son visage devenir fort sévère, elle n'hésita point à me soutenir, en lui déclarant qu'elle avait consenti à recevoir madame de Polignac.

L'empereur commença par nous refuser de l'entendre, et par se plaindre que nous allions le mettre dans l'embarras d'une position qui lui donnait l'attitude de la cruauté. « Je ne verrai point cette femme, me dit-il, je ne puis faire grâce; vous ne voyez pas que ce parti royaliste est plein de jeunes imprudents qui recommenceront sans cesse, si on ne les contient par une forte leçon. Les Bourbons sont crédules, ils croient aux assurances que leur donnent certains intrigants qui les trompent sur le véritable esprit public de la France, et ils m'enverront ici une foule de victimes. »

Cette réponse ne m'arrêta point ; j'étais exaltée à l'excès, et par l'événement même, et peut-être aussi par le petit danger que je courais d'avoir déplu à ce maître redoutable. Je ne voulais pas avoir à mes propres yeux le tort de reculer par considération personnelle, et ce sentiment me rendit courageuse et tenace. Je m'échauffai beaucoup, au point que l'empereur, qui m'écoutait en se promenant à pas précipités dans la chambre, s'arrêta tout à coup devant moi, et, me regardant fixement : « Quel intérêt prenez-vous donc à ces gens-là ? me dit-il. Vous n'êtes excusable que s'ils sont vos parents. »

« Sire, repris-je avec le plus de fermeté que je pus trouver au dedans de moi, je ne les connais point, et, jusqu'à hier matin, je n'avais jamais vu madame de Polignac. — Eh bien, vous plaidez ainsi la cause des gens qui venaient pour m'assassiner ! — Non, sire, mais je plaide celle d'une malheureuse femme au désespoir, et, je dirai plus, la vôtre même. » Et, en même temps, emportée par mon émotion, je lui répétai tout ce que j'avais dit à l'impératrice. Celle-ci, attendrie comme moi, me seconda beaucoup; mais nous ne pûmes rien obtenir dans ce moment, et l'empereur nous quitta de mauvaise humeur, en nous défendant de l'étourdir davantage.

Ce fut peu d'instants après qu'on vint me prévenir que madame de Polignac arrivait. L'impératrice alla la recevoir dans une pièce écartée de son appartement; elle lui cacha le premier refus que nous avions éprouvé, et lui promit de ne rien épargner pour obtenir la grâce de son époux.

Dans le cours de cette matinée qui fut certainement une des plus agitées de ma vie, deux fois l'impératrice pénétra jusque dans le cabinet de son mari, et elle fut obligée d'en sortir deux fois, toujours repoussée. Elle me revenait découragée, et moi-même je commençais à l'être et à frémir de la dernière réponse qu'il faudrait donner à madame de Polignac. Enfin, nous apprîmes que l'empereur travaillait seul avec M. de Talleyrand. Je l'engageai à une dernière démarche, pensant que M. de Talleyrand, s'il en était témoin, pourrait bien contribuer à déterminer l'empereur. En effet, il la seconda sur-le-champ, et enfin Bonaparte, vaincu par des sollicitations si redoublées, consentit à ce que madame de Polignac fût introduite chez lui. C'était tout promettre; car il n'était pas possible de prononcer un *non* cruel devant une telle présence. Madame de Polignac, introduite dans le cabinet, s'évanouit en tombant aux pieds de l'empereur. L'impératrice était en larmes; un petit article rédigé par M. de Talleyrand, qui parut le lendemain dans ce qu'on appelait alors le *Journal de l'Empire*, a rendu fort bien compte de cette scène, et la grâce du duc de Polignac fut obtenue.

Quand M. de Talleyrand sortit du cabinet de l'empereur, il me trouva dans le salon de l'impératrice, et il me conta tout ce qui venait de se passer; et, au travers des larmes qu'il me faisait répandre et de l'émotion que lui-même avait éprouvée, il me fit sourire par le récit d'une petite circonstance ridicule que son esprit malin n'avait eu garde de laisser échapper. La pauvre madame Dandlau, qui accompagnait sa nièce, et qui voulait aussi produire son petit effet, tout en relevant et soignant madame de Polignac, qui avait peine à reprendre ses sens, ne cessait de s'écrier : « Sire, je suis la fille d'Helvétius ! » — « Et, avec ces paroles vaniteuses, disait M. de Talleyrand, elle a pensé nous refroidir tous. »

La peine du duc de Polignac fut commuée en quatre années de prison qui devaient être suivies de la déportation. On le réunit à son frère. Ils ont tous deux été gardés depuis, et, après les avoir renfermés dans une forteresse, on les retint dans une maison de santé, d'où ils s'échappèrent pendant la campagne de 1814. A cette époque, on a soupçonné le duc de Rovigo, alors ministre de la police, d'avoir favorisé leur évasion, pour s'ouvrir la faveur d'un parti qu'il voyait près de triompher.

Sans chercher à me faire valoir dans cette occasion plus que je ne le mérite, je puis cependant convenir que les circonstances s'arrangèrent alors de manière à permettre que je rendisse à la famille Polignac un service très réel, et il paraîtrait assez naturel qu'elle en eût conservé quelque souvenir. Cependant, depuis le retour du roi en France, j'ai été à portée de comprendre à quel point l'esprit de parti, et surtout dans les gens de cour, efface les sentiments qu'il réprouve, quelque ustes qu'ils soient.

Après cet événement, madame de Polignac se crut obligée de me faire quelques visites; mais peu à peu, nos relations étant assez différentes, nous nous perdîmes de vue pendant les années qui s'écoulèrent, jusqu'à l'instant de la Restauration. A cette époque, le roi envoya le duc de Polignac à la Malmaison pour y remercier l'impératrice Joséphine, en son nom, du zèle qu'elle avait montré pour sauver les jours de M. le duc d'Enghien. M. de Polignac profita de cette occasion pour lui offrir en même temps l'expression de sa propre reconnaissance. L'impératrice, qui me conta cette visite, me dit que, sans doute, le duc passerait aussi chez moi, et, je le confesse, je m'attendais à quelque marque de son attention. Mais je n'en reçus aucune, et, comme il n'était pas dans mon caractère d'aller chercher à échauffer par des paroles une reconnaissance à laquelle je n'eusse attaché quelque prix que si elle eût été volontaire, je me tins paisible chez moi, sans essayer de rappeler un événement qu'on paraissait vouloir oublier. Un soir, le hasard me fit rencontrer madame de Polignac chez M. le duc d'Orléans. Ce prince recevait ce jour-là, chacun s'y faisait présenter, il y avait un monde énorme. Le Palais-Royal était décoré avec le plus grand luxe; toute la noblesse française s'y trouvait réunie, et les grands seigneurs et les gentilshommes à qui la Restauration semblait, au premier moment, rendre leurs droits, s'abordaient avec cette assurance et ces manières satisfaites et aisées que l'on reprend toujours avec le succès.

Au milieu de cette foule brillante, j'aperçus la duchesse de Polignac. Après une longue suite d'années, je la retrouvais remise à son rang, recevant toutes les félicitations qui lui étaient dues, environnée d'un monde qui se pressait autour d'elle; je me rappelais l'état où elle m'était apparue pour la première fois, ses larmes, son effroi, l'air dont elle m'avait abordé quand je la vis entrer dans ma chambre et tomber presque à mes genoux. Je me sentais émue de cette comparaison. Étant seulement à quelques pas d'elle, entraînée par un mouvement assez vif, qui tenait à l'intérêt qu'elle m'avait inspiré, je m'approchai d'elle et je lui adressai, d'un ton de voix réellement attendri, une sorte de compliment sur cette situation si *différente* où je la voyais dans cet instant. Je ne lui aurais demandé qu'un mot de souvenir qui eût répondu à l'émotion qu'elle me faisait éprouver.

Cette émotion fut promptement glacée par l'air indifférent et gêné avec lequel elle reçut mes paroles. Elle ne me reconnut point, ou parut ne point me reconnaître; je dus me nommer; son embarras s'accrut. Dès que je m'en aperçus, je m'éloignai d'elle promptement, emportant une impression pénible, parce qu'elle refoulait vivement les réflexions que sa présence m'avait inspirées, et que j'avais cru d'abord qu'elle aurait faites avec le même attendrissement que moi.

La manière dont l'impératrice avait obtenu la grâce de M. de Polignac fit beaucoup de bruit à Paris, et devint une nouvelle occasion de célébrer sa bonté, à laquelle on rendait justice très généralement. Aussitôt, les femmes, les mères ou les sœurs des autres condamnés assiégèrent le palais de Saint-Cloud, et tâchèrent d'être admises en sa présence, pour parvenir aussi à l'attendrir. On s'adressa en même temps à sa fille, et l'une et l'autre obtinrent de l'empereur d'autres commutations de peine. Il s'apercevait des sombres couleurs que tant d'exécutions multipliées allaient jeter sur son avènement au trône, et se montrait accessible aux demandes qui lui étaient adressées. Ses sœurs, qui ne partageaient nullement la bienveillance publique qu'inspirait l'impératrice, jalouses d'en obtenir, s'il était possible, quelques marques pour elles-mêmes, firent avertir les femmes des condamnés qu'elles pouvaient aussi s'adresser à elles. Elles les conduisirent à Saint-Cloud dans leur voiture, avec une sorte d'apparat, pour solliciter la grâce de leurs époux. Ces démarches sur lesquelles l'empereur, je crois, avait été consulté d'avance, eurent quelque chose de moins naturel que celles de l'impératrice, parce qu'elles parurent trop bien concertées. Mais, enfin, elles servirent à conserver la vie à un certain nombre d'individus. Murat, qui, par sa conduite violente et son animadversion contre Moreau, avait excité une indignation universelle, voulut aussi se réhabiliter par une démarche de ce genre, et obtint la grâce du marquis de Rivière. Il apporta, en même temps, une lettre de Georges Cadoudal adressée à Bonaparte dont j'entendis la lecture. Cette lettre était ferme et belle, telle qu'un homme résigné à son sort peut l'écrire, quand il est animé par l'opinion, que les démarches qu'il a faites, et qui l'ont perdu, ont été dictées par des devoirs généreux et des résolutions invariablement prises. Bonaparte fut assez frappé de cette lettre, et montra encore du regret de ne pouvoir comprendre Georges dans ses actes de clémence.

Ce véritable chef de la conspiration mourut avec un froid courage. Sur les vingt condamnés, sept virent leur arrêt de mort changé en une détention plus ou moins prolongée. Voici leurs noms :

Le duc de Polignac. — Le marquis de Rivière. — Russillon. — Rochelle. — D'Hozier. — Lajollais. — Gaillard.

Les autres furent exécutés, et le général Moreau fut conduit à Bordeaux, pour être embarqué sur un vaisseau qui devait le mener aux États-Unis. Sa famille vendit ses biens par ordre ; l'empereur en acheta une partie, et donna la terre de Grosbois au maréchal Berthier.

Quelques jours après, on mit dans *le Moniteur* une protestation de Louis XVIII contre l'avènement de Napoléon. Cette protestation fut publiée le 1ᵉʳ juillet 1804, et produisit peu d'effet. La conspiration de Georges avait peut-être encore refroidi les sentiments, déjà si faibles, que l'on conservait à peine pour l'ancienne dynastie. Elle avait été, au fait, si mal ourdie, elle paraissait appuyée sur une telle ignorance de l'état intérieur de la France et des opinions qui la partageaient, les noms ou les caractères des conspirateurs excitaient si peu de confiance, et surtout on craignait si généralement les nouveaux troubles que de grands changements eussent entraînés, qu'en exceptant un certain nombre de gentilshommes, intéressés au retour d'un ordre de choses détruit, il n'y eut point en France de regrets de ce dénouement qui affermissait le système qu'on voyait s'établir. Soit par conviction, ou besoin de repos, ou soumission à la fortune imposante du nouveau chef de l'État, les adhésions à son élévation furent nombreuses, et la France prit, dès cette époque, une assiette paisible et ordonnée. Le découragement se mit dans les partis opposés, et, comme cela arrive communément, ce découragement fut suivi de tentatives secrètes que chacun des individus qui les composaient fit pour rattacher son existence aux chances qui s'ouvraient avec tant d'innovations. Gentilshommes et plébéiens, royalistes et libéraux, tous commencèrent leurs démarches pour être employés; les ambitions et les vanités éveillées sollicitèrent de tous côtés, et Bonaparte vit briguer l'honneur de le servir par ceux sur lesquels il aurait dû le moins compter.

Cependant, il ne se pressa pas dans son choix, et

il attendit longtemps, afin d'entretenir les espérances et d'augmenter le nombre des aspirants. Pendant ce répit, je quittai la cour pour aller respirer à la campagne; je demeurai un mois dans la vallée de Montmorency chez madame d'Houdetot, dont j'ai déjà parlé; la vie douce que j'y menai me reposa des émotions pénibles que je venais d'éprouver presque sans interruption. J'avais besoin de cette retraite; ma santé qui, depuis, a toujours été plus ou moins faible, commençait à s'altérer; elle me donnait quelque tristesse qui s'augmentait encore des impressions nouvelles que je recevais, par les découvertes que je faisais peu à peu et sur les choses en général, et sur quelques personnages en particulier. Le voile doré dont Bonaparte disait que les yeux sont couverts dans la jeunesse commençait pour moi à perdre de son éclat, et je m'en apercevais avec une surprise qui fait toujours plus ou moins souffrir, jusqu'à ce que l'expérience en ait amorti les premiers effets.

## CHAPITRE IX.

(1804.)

Organisation de la flotte de Boulogne. — Article du *Moniteur.* — Les grands officiers de la Couronne. — Les dames du palais. — L'anniversaire du 14 juillet. — Beauté de l'impératrice. — Projets de divorce. — Préparatifs du couronnement.

Peu à peu les différentes flottilles construites dans nos ports venaient toutes se réunir à celle de Boulogne. Quelquefois, dans le trajet, elles essuyaient des échecs, car les vaisseaux anglais croisaient incessamment sur les côtes pour s'opposer à ces jonctions. Les camps de Boulogne, de Montreuil et de Compiègne offraient le coup d'œil le plus imposant, et l'armée devenait de jour en jour plus nombreuse et plus redoutable.

Sans doute ces préparatifs excitèrent de l'inquiétude en Europe, de même que les discours qu'ils faisaient tenir à Paris, car on inséra dans les journaux un article qui ne produisit pas alors un grand effet, mais qu'il m'a paru assez important de conserver, parce qu'il est un récit exact de tout ce qui a été fait depuis.

Cet article parut dans *le Moniteur*, le 10 juillet 1804, le même jour que l'on y rendit compte de l'audience que l'empereur donna à tous les ambassadeurs, qui venaient de recevoir de nouvelles lettres de créance auprès de lui ; quelques-unes étaient accompagnées de paroles flatteuses des souverains étrangers sur son avénement au trône. Voici l'article :

« De tout temps, la capitale a été le pays des *on dit*. Chaque jour fait naître une nouvelle que le lendemain voit démentir. Quoiqu'on ait remarqué récemment plus d'activité et une certaine direction dans les *on dit* dont s'amuse la crédulité des oisifs, on serait disposé à penser qu'il faut s'en remettre au temps à cet égard, et que le silence est, de toutes les réponses qu'on peut faire, la meilleure et la plus sensée. Quel est, d'ailleurs, le Français, homme de sens, qui, mettant quelque intérêt à découvrir la vérité, ne parvienne bientôt à reconnaître, dans les bruits qui se répandent, le résultat d'une malignité plus ou moins intéressée à les propager? Dans un pays où tant d'hommes savent ce qui est, et peuvent juger ce qui n'est pas, si quelqu'un croit trouver dans les *on dit* des sujets d'inquiétudes réelles, si la crédule confiance trompe les spéculations de son commerce ou ses intérêts intérieurs, son erreur n'est pas durable, ou bien il doit s'en prendre à son défaut de réflexion.

» Mais les étrangers, les personnes attachées aux missions diplomatiques, n'ayant ni les mêmes moyens d'arrêter leurs jugements, ni la même connaissance du pays, sont souvent abusés. Quoiqu'ils aient eu lieu d'observer, depuis longtemps, avec quelle constance les événements se jouent des bruits qui circulent, ils ne les propagent pas moins dans les pays étrangers, et leurs récits font naître sur la France les idées les plus fausses. Nous croyons, en conséquence, qu'il n'est pas hors de propos de dire dans ce journal quelques mots sur les *on dit*.

» *On dit* que l'empereur va réunir sous son gouvernement, la république italienne, la république ligurienne, la république de Lucques, le royaume d'Étrurie, les états du saint-père, et, par une suite nécessaire, Naples et la Sicile. *On dit* que la Suisse et la Hollande auront le même sort; *on dit* que le pays de Hanovre offrira à l'empereur, par sa réunion, le moyen de devenir membre du Corps germanique.

» On tire plusieurs conséquences de ces suppositions, et la première qui se présente, c'est que le pape abdiquera, et que le cardinal Fesch ou le cardinal Ruffo occupera le trône pontifical.

» Nous avons déjà dit, et nous répétons, que, si la France devait influer sur des changements relatifs au souverain pontife, ce serait plutôt pour influer d'autant sur le bonheur du saint-père, et pour accroître la considération du saint-siège et ses domaines, au lieu de les diminuer.

» Quant au royaume de Naples, les agressions de M. Acton, et son système constamment hostile, auraient autrefois donné à la France assez de motifs légitimes pour faire la guerre, qu'elle n'eût jamais entreprise avec le projet de réunir les deux Siciles à l'Empire français.

» Les républiques italienne et ligurienne, et le royaume d'Étrurie ne cesseront pas d'exister comme États indépendants, et il est assurément peu vraisemblable que l'empereur méconnaisse en même temps les devoirs attachés au pouvoir qu'il tient des comices, et la gloire personnelle qu'il a acquise en rendant deux fois à l'indépendance des États qu'il avait deux fois conquis.

» On peut se demander, à l'égard de la Suisse, qui a empêché sa réunion à la France avant l'acte de médiation? Cet acte, résultat immédiat des soins et des pensées de l'empereur, a rendu la tranquillité à ces peuples, est la garantie de leur indépendance et de leur sûreté, tant qu'eux-mêmes ne briseront point cette égide, en substituant aux éléments dont elle est formée les volontés d'un des corps constitués ou d'un des partis.

» Si la France eût voulu réunir la Hollande, la Hollande serait française comme la Belgique. Si elle est puissance indépendante, c'est que la France a senti à l'égard de ce pays, ainsi que pour la Suisse, que ces localités exigeaient une existence individuelle et une organisation particulière.

» Le Hanovre est l'objet d'une supposition qui a quelque chose de plus ridicule. La réunion de cette province serait le présent le plus funeste qu'on pût faire à la France, et il ne fallait pas de longues méditations pour s'en apercevoir. Le Hanovre deviendrait un sujet de rivalité entre le peuple français et le prince qui s'est montré l'allié et l'ami de la France dans un temps où l'Europe était conjurée contre elle.

» Le Hanovre, pour être conservé, exigerait un état militaire dont les dépenses seraient hors de toute proportion avec quelques millions qui constituent tous les revenus de ce pays. Le gouvernement, qui a sacrifié aux principes de la nécessité d'une ligne de frontières simple et continue jusqu'aux fortifications mêmes de Strasbourg et de Mayence, sur la rive droite, serait-il assez peu éclairé pour vouloir l'incorporation du Hanovre? Mais on dit qu'à cette possession est attaché l'avantage d'être membre du Corps germanique. Le titre seul d'empereur des Français répond à cette singulière idée. Le Corps germanique se compose de rois, d'électeurs, de princes, et n'admet, relativement à lui, qu'une seule dignité impériale. Ce serait, d'ailleurs, mal connaître la noble vanité de notre pays que de croire possible qu'il consentît à entrer comme élément dans un corps particulier. Si telle chose eût été compatible avec la dignité nationale, qui eût empêché la France de conserver ses droits au cercle de Bourgogne et ceux que lui donnait la possession du Palatinat? Nous le disons même, avec le sentiment d'un juste orgueil que personne ne pourra blâmer, qui a empêché la France de garder une partie des États de Bade et du territoire de la Souabe?

» Non, la France ne passera jamais le Rhin, et ses armées ne le franchiront plus, à moins qu'il ne faille garantir l'empire germanique et ses princes, qui lui inspirent tant d'intérêt par leur affection pour elle, et par leur utilité pour l'équilibre de l'Europe.

» Si ces *on dit* sont nés de l'oisiveté, nous y avons assez répondu.

» S'ils doivent leur origine à l'inquiète jalousie de quelques puissances habituées à crier sans cesse que la France est ambitieuse, pour masquer leur propre ambition, il est une autre réponse : Grâce aux deux coalitions successivement formées contre nous, et aux traités de Campo-Formio et de Lunéville, la France n'a, à la proximité de son territoire, aucune province qu'elle doive désirer de garder, et, si, dans les événements passés, elle a fait preuve d'une modération sans exemple dans l'histoire moderne, il en résulte pour elle cet avantage qu'elle n'aura plus désormais besoin de prendre les armes.

» Sa capitale est située au centre de son empire;

ses frontières sont environnées de petits États qui complètent son système politique; elle n'a géographiquement rien à désirer de ce qui appartient à ses voisins, elle n'est donc en inimitié naturelle avec personne, et, comme il n'existe pour elle ni une autre Finlande, ni d'autres lignes de l'Inn, elle se trouve dans une situation qui n'est celle d'aucune autre puissance.

» Parallèlement à ces *on dit* ayant pour but de faire croire que la France a une ambition démesurée, on en fait circuler d'une autre espèce.

» Tantôt la révolte est dans nos camps; avant-hier, trente mille Français ont refusé de s'embarquer à Boulogne; hier, nos légions se battaient dix contre dix, trente contre trente, drapeaux contre drapeaux. On disait aux quatre départements du Rhin que nous allions les rendre à leur ancienne domination.

» Aujourd'hui, *on dit* peut-être que le Trésor public est sans argent, que les travaux ont cessé, que la discorde est partout, et que les contributions ne se payent nulle part. Si l'empereur part pour les camps, on dira peut-être qu'il court y apaiser des troubles.

» Enfin qu'il reste à Saint-Cloud, qu'il aille aux

Tuileries, qu'il demeure à la Malmaison, ce sera autant de sujets de propos tous plus ridicules les uns que les autres.

» Et si ces bruits, simultanément colportés dans les pays étrangers, avaient à la fois pour but d'alarmer sur l'ambition de l'empereur et de s'enhardir, en donnant quelque espoir sur la faiblesse de son administration, à des démarches inconvenantes et erronées, nous ne pourrions que répéter ce qu'un ministre a été chargé de dire en quittant la cour : « L'empereur des Français ne » veut la guerre avec qui ce soit, il ne la redoute » avec personne. Il ne se mêle pas des affaires » de ses voisins, et il a droit à une conduite réci-» proque. Une longue paix est le désir qu'il a » constamment manifesté; mais l'histoire de sa » vie n'autorise pas à penser qu'il soit disposé à » se laisser outrager ou mépriser. »

Cependant, après m'être reposée quelque temps à la campagne, je revins, et je rentrai dans le tourbillon de notre cour, où le mal de la vanité semblait de jour en jour s'emparer davantage de nous. L'empereur nomma alors les grands officiers de la maison. Le général Duroc fut grand maréchal du palais; Berthier, grand veneur; M. de Talley-

rand, grand chambellan; le cardinal Fesch, grand
aumônier; M. de Caulaincourt, grand écuyer;
et M. de Ségur, grand maître des cérémonies.
M. de Rémusat reçut le titre de premier chambellan. Il marchait immédiatement après M. de
Talleyrand, qui, paraissant devoir être occupé par
les affaires étrangères, abandonnerait à mon mari
la plus grande partie des attributions de sa place.
Cela fut en effet réglé ainsi d'abord ; mais, peu
après, l'empereur fit des chambellans ordinaires;
parmi eux étaient le baron de Talleyrand, neveu
du grand chambellan, des sénateurs, des Belges
distingués par leur naissance, un peu plus tard
aussi des gentilshommes français. Avec eux commencèrent les petites prétentions de préséance,
les mécontentements des distinctions qui n'étaient
pas pour eux. M. de Rémusat se trouva en butte à
leur jalousie perpétuelle, et dans un certain état
de guerre qui me causa des chagrins dont je rou-
gis aujourd'hui, quand je me les rappelle. Mais,
quelle que soit la cour qu'on fréquente, et celle-là
en était devenue une bien véritable, il est impossible de n'y pas donner de l'importance à tous ces
*riens* qui en composent les éléments. Un honnête
homme, un homme raisonnable a souvent honte,

vis-à-vis de lui-même, des joies ou des peines que lui fait éprouver le métier de courtisan, et cependant il ne peut guère échapper aux unes et aux autres. Un cordon, une légère différence dans un costume, le passage d'une porte, l'entrée de tel ou tel salon; voilà des occasions, chétives en apparence, d'une foule d'émotions toujours renaissantes. En vain on voudrait pourtant s'endurcir contre elles. L'importance qu'un grand nombre de gens y attachent vous force, malgré vous, de les apprécier. En vain l'esprit, la raison se dressent contre un tel emploi des facultés humaines; tout mécontent de soi qu'on est, il faut s'apetisser avec tout le monde, et fuir la cour tout à fait, ou consentir à prendre sérieusement toutes les niaiseries dont est composé l'air qu'on y respire.

L'empereur ajouta encore aux inconvénients attachés aux usages des palais ceux de son caractère. Il ordonna l'étiquette avec la sévérité de la discipline militaire. Le cérémonial s'exécutait comme s'il était dirigé par un roulement de tambour; tout se faisait, en quelque sorte, au pas de charge; et cette espèce de précipitation, cette crainte continuelle qu'il inspirait, jointes au peu d'habitude des formes d'une bonne moitié de ses courtisans donna à sa cour un aspect plutôt triste que digne, et marqua sur tous les visages une impression d'inquiétude qui se retrouvait au milieu des plaisirs et des magnificences dont, par ostentation, il voulut sans cesse être entouré.

La nouvelle impératrice eut pour dame d'honneur sa cousine, madame de la Rochefoucauld, et pour dame d'atours madame de la Valette. On leur nomma douze dames du palais. Peu à peu leur nombre fut augmenté, et nous y vîmes appeler des grandes dames de tous les pays, des personnes fort étonnées de se trouver ainsi rapprochées. Mais, sans entrer ici dans aucun détail, aujourd'hui fort inutile, combien ne vis-je pas à cette époque de demandes faites par des personnes qui, maintenant, affectent une sévérité de royalisme peu compatible avec les tentatives qu'elles essayèrent alors! Disons-le franchement : toutes les classes voulurent dans ce moment prendre leur part de ces nouvelles créations, et je pus remarquer, à part moi, nombre de gens qui, après m'avoir blâmée d'être arrivée à cette cour par suite d'une ancienne amitié, n'épargnèrent rien pour s'y placer par ambition. Quant à l'impératrice, elle était enchantée de se voir environnée d'une suite nombreuse et qui plaisait à sa vanité. La victoire qu'elle avait remportée sur madame de la Rochefoucauld en l'attachant à sa personne, le plaisir de compter M. d'Aubusson de la Feuillade parmi ses chambellans, mesdames d'Arberg, de Ségur, et des maréchales parmi les dames du palais, l'enivrait un peu; mais il faut convenir que sa joie toute féminine n'ôtait rien à sa bonne grâce accoutumée; elle eut toujours une adresse infinie pour conserver la supériorité de son rang, tout en montrant une sorte de déférence polie envers ceux ou celles qui, par l'éclat de leurs noms, y ajoutaient un lustre nouveau.

Dans le même temps, le ministère de la police générale fut recréé, et Fouché y fut, de nouveau, nommé. L'époque du couronnement fut fixée d'abord au 18 brumaire, et, en attendant, pour montrer qu'on ne perdait pas de vue les époques révolutionnaires, le 14 juillet de cette année, l'empereur se rendit en grande pompe aux Invalides, et, après avoir entendu la messe, il y distribua les croix de la Légion d'honneur à une foule considérable composée de toutes les classes qui formaient le gouvernement, l'armée et la cour. Comme on doit s'attendre à retrouver dans ces souvenirs, de temps en temps, des particularités qui rappellent qu'ils sont dictés par une mémoire féminine, je ne négligerai pas, à cette occasion, de dire à quel point l'impératrice sut, par le goût de sa parure et l'habileté de sa recherche, paraître jeune et agréable en tête d'un nombre considérable de jeunes et jolies femmes dont, pour la première fois, elle se montrait entourée. Cette cérémonie se fit à l'éclat d'un soleil brillant. On la vit, au grand jour, vêtue d'une robe de tulle rose, semée d'étoiles d'argent, fort découverte selon la mode du moment; couronnée d'un nombre infini d'épis de diamants, et cette toilette fraîche et resplendissante, l'élégance de sa démarche, le charme de son sourire, la douceur de ses regards produisirent un tel effet, que j'ai ouï dire à nombre de personnes qui assistèrent à la cérémonie qu'elle effaçait tout le cortège qui l'environnait.

Peu de jours après, l'empereur partit pour le camp de Boulogne, et, si l'on en croit les bruits publics qui se répandirent, les Anglais commencèrent à redouter réellement la tentative de la descente. Pendant plus d'un mois, il parcourut les côtes, passa en revue les différents corps de son armée, alors si nombreuse, si florissante et si animée. Il assista à plusieurs engagements qui eurent lieu entre les vaisseaux qui nous bloquaient et nos flottilles, qui prenaient un aspect redoutable. Tout en se livrant à ces occupations militaires, il rendit plusieurs décrets qui tendaient à fixer les préséances, et le rang des diverses autorités qu'il venait de créer. Sa préoccupation atteignait tout à la fois. Il avait déjà conçu le projet secret d'appeler le pape à son couronnement, et, pour y parvenir, il ne négligeait ni la puissance de sa volonté, qu'il lui manifestait de manière à ne point éprouver de refus, ni l'adresse avec laquelle il pouvait espérer de le gagner. Il envoya la croix de la Légion d'honneur au cardinal Caprara, légat du pape. Cette distinction fut accompagnée de paroles flatteuses pour le souverain pontife, et consolantes pour le rétablissement de la religion. On les publia dans *le Moniteur*.

Quand il communiqua cependant au conseil d'État son projet d'appuyer son élévation d'une telle pompe religieuse, il eut à soutenir la résistance d'une partie de ses conseillers d'État effarouchés de ce saint appareil. Treilhard, entre autres, s'y opposa fortement. L'empereur le laissa parler, et lui répondit ensuite : « Vous connaissez moins que moi le terrain sur lequel nous sommes; sachez que la religion a bien moins perdu de sa puissance que vous ne pensez. Vous ignorez tout ce que je viens à bout de faire par le moyen des prêtres que j'ai su gagner. Il y a en France trente départements assez religieux pour que je ne voulusse pas être obligé d'y lutter de pouvoir contre le pape. Ce n'est qu'en compromettant successivement toutes les autorités que j'assurerai la mienne, c'est-à-dire celle de la Révolution que nous voulons tous consolider. »

Tandis que l'empereur parcourait les ports, l'impératrice partit pour prendre les eaux d'Aix-la-Chapelle. Elle y fut accompagnée d'une partie de sa nouvelle maison. M. de Rémusat[1] eut ordre de la suivre, pour attendre l'empereur qui devait la rejoindre dans cette ville. Je fus assez contente de ce nouveau répit; je ne pouvais pas trop me dissimuler que tant de nouveaux venus effaçaient un peu de la valeur que m'avait donnée pendant les premières années l'impossibilité des comparaisons, et, quoique jeune encore sur les expé-

1. Il venait d'être nommé premier chambellan de l'empereur. (P. R.).

riences du monde, je compris qu'un peu d'absence me serait utile pour reprendre ensuite, non la première place, mais celle que je choisirais.

L'impératrice emmena donc madame de la Rochefoucauld [1]. C'était une femme d'environ trente-six à quarante ans, petite, bossue, d'une physionomie assez piquante, d'un esprit ordinaire, mais dont elle tirait bon parti, hardie comme les femmes mal faites qui ont eu quelques succès malgré leur difformité, gaie et nullement méchante. Elle affichait toutes les opinions de ce qu'on appelait les *aristocrates* pendant la Révolution; et, comme elle eût été embarrassée de les allier avec sa situation présente, elle prenait son parti d'en rire, et ses plaisanteries retombaient sur elle-même avec assez de bonne grâce. Elle plut à l'empereur, parce qu'elle était légère, sèche et incapable d'intrigue. Au reste, soit sagesse, heureux hasard, ou impossibilité, jamais cour aussi nombreuse par les femmes n'offrit moins de

---

[1] « Une personne de haute naissance, a dit M. Thiers (tome V, livre XIX, p. 124), madame de la Rochefoucauld, privée de beauté mais non d'esprit, distinguée par son éducation et ses manières, autrefois fort royaliste, et riant maintenant avec assez de grâce de ses passions éteintes, fut destinée à être dame d'honneur de Joséphine. » (P. R.)

chances pour aucune espèce d'intrigue. Les affaires de l'État se concentraient dans le seul cabinet de l'empereur; on les ignorait, et on savait que personne n'eût pu s'en mêler; de faveur, personne, non plus, ne pouvait se flatter d'en avoir. Le petit nombre de ceux que l'empereur distinguait, habituellement suspendus à l'exécution de sa volonté, étaient inabordables sur tout. Duroc, Savary, Maret ne laissaient échapper aucune parole inutile, et s'appliquaient à nous communiquer immédiatement les ordres qu'ils recevaient. Nous ne leur apparaissions, et nous ne nous apparaissions nous-mêmes, en faisant uniquement la chose qui nous était ordonnée, que comme de vraies machines à peu près pareilles, ou peu s'en fallait, aux meubles élégants et dorés dont on venait d'orner les palais des Tuileries et de Saint-Cloud.

Une remarque que je fis dans ce temps, et qui m'amusait assez, fut qu'à mesure que les grands seigneurs d'autrefois arrivèrent à cette cour, ils éprouvèrent tous, quelle que fût la différence de leurs caractères, un petit désappointement assez curieux à observer. Quand ils apparaissaient pour la première fois, en se retrouvant dans quelques-unes des habitudes de leur première jeunesse, en respirant de nouveau l'air des palais, en revoyant des distinctions, des cordons, des salles du trône, en reprenant les locutions ordinaires dans les demeures royales, ils cédaient assez vite à l'illusion et croyaient pouvoir apporter la manière d'être qui leur avait réussi dans ces mêmes palais, où le maître seul était changé. Mais, bientôt, une parole sévère, une volonté cassante et neuve, les avertissait tout à coup, et durement, que tout était renouvelé dans cette cour unique au monde. Alors il fallait voir comme, gênés et contraints sur toutes leurs futiles habitudes, et sentant le terrain se mouvoir sous leurs pas, ils perdaient tout aplomb, malgré leurs efforts. Déroutés de leurs usages, trop vains ou trop faibles pour les remplacer par une gravité étrangère aux mœurs qu'ils s'étaient faites dès longtemps, ils ne savaient quel langage tenir. Le métier de courtisan auprès de Bonaparte était nul. Comme il ne menait à rien, il n'avait aucune valeur; il y avait du risque à rester *homme* en sa présence, c'est-à-dire à conserver l'exercice de quelques-unes de ses facultés intellectuelles; il fut donc plus court et plus facile pour tout le monde, ou à peu près tout le monde, de se donner l'attitude de la servitude, et, si j'osais, je dirais bien à quelle espèce d'individus ce parti parut le moins coûter; mais, en m'étendant davantage sur ce sujet, je donnerais à ces mémoires la couleur d'une satire, et cela n'est pas dans mes goûts, ni dans mon esprit.

Pendant que l'empereur était à Boulogne, il envoya à Paris son frère Joseph, qui fut harangué, ainsi que sa femme, par tous les corps du gouvernement. Il faisait ainsi, peu à peu, la place de chacun, et dictait la suprématie des uns comme la servitude des autres. Vers le 3 septembre, il rejoignit sa femme à Aix-la-Chapelle; il y demeura quelques jours, y tenant une cour fort brillante et recevant les princes d'Allemagne, qui commençaient à venir remettre leurs intérêts dans ses mains. Pendant ce séjour, M. de Rémusat eut ordre de faire venir à Aix-la-Chapelle le second théâtre français de Paris, dirigé alors par Picard, et on donna, en présence des Électeurs, quelques fêtes assez belles, quoiqu'elles n'approchassent point encore de la magnificence de celles que nous avons vu donner plus tard. L'électeur archichancelier de l'empire germanique et l'électeur de Bade firent à nos souverains une cour assidue.

L'empereur et l'impératrice visitèrent Cologne et remontèrent le Rhin jusqu'à Mayence, où ils trouvèrent encore une foule de princes et d'étrangers distingués qui les attendaient.

Ce voyage dura jusqu'au mois d'octobre. Le 11 de ce mois, madame Louis Bonaparte accoucha d'un second fils[1]; l'empereur arriva à Paris peu de jours après. Cet événement causait une grande joie à l'impératrice; elle en tirait des conséquences flatteuses pour la certitude de son avenir, et cependant, dans ce moment même, il se tramait contre elle un nouveau complot qu'elle ne parvint à déjouer qu'après beaucoup d'efforts et d'inquiétudes.

Depuis que l'on avait appris que le pape viendrait à Paris pour le couronnement, la famille de l'empereur était fort empressée à empêcher que madame Bonaparte n'eût sa part d'une si grande cérémonie. La jalousie de nos princesses s'était fort échauffée sur cet article. Il leur semblait qu'un pareil honneur mettrait trop de diffé-

---

1. Ce second fils de la reine Hortense était Napoléon-Louis, mort subitement pendant l'insurrection des États pontificaux contre le pape, à laquelle il prenait part, en 1831. Le troisième fils de la reine, Napoléon III, est né le 20 avril 1808. (P. R.)

rence entre elles et leur belle-sœur, et, d'ailleurs, la haine n'a pas besoin d'un motif d'intérêt qui lui soit personnel pour être blessée de ce qui satisfait l'objet haï. L'impératrice désirait vivement son couronnement; il devait à ses yeux consolider son rang, et elle s'inquiétait du silence de son époux. Il paraissait hésiter sur ce point. Joseph Bonaparte n'épargnait rien pour l'engager à ne faire de sa femme qu'un témoin de la cérémonie du sacre. Il allait même jusqu'à renouveler la question du divorce; il conseillait de profiter de l'événement qu'on préparait pour s'y déterminer. Il démontrait l'avantage de s'allier à quelque princesse étrangère, ou, au moins, à quelque héritière d'un grand nom en France; il présentait habilement l'espoir qu'un autre mariage donnerait d'une succession directe, et il se faisait d'autant mieux écouter sur ce point qu'en même temps il faisait valoir le désintéressement avec lequel il poussait à une détermination qui devait personnellement l'éloigner du trône.

L'empereur, harcelé sans cesse par sa famille, semblait prêter l'oreille à ces discours, et quelques paroles qui lui échappaient jetaient sa femme dans un trouble extrême. L'habitude qu'elle avait de me confier ses peines me rendit toutes ses confidences. J'étais assez embarrassée à lui donner un bon conseil, et je craignais d'être un peu compromise dans un si grand démêlé. Un incident inattendu pensa hâter le coup que nous redoutions. Depuis un temps, madame Bonaparte croyait s'apercevoir d'un redoublement d'intimité entre son époux et madame ***. En vain je la conjurais de ne point fournir à l'empereur le prétexte d'une querelle dont on tirerait parti contre elle; trop animée pour se montrer prudente, elle épiait, malgré mes avis, l'occasion de se convaincre de ce qu'elle soupçonnait. A Saint-Cloud, l'empereur occupait l'appartement qui donne sur le jardin et qui est de plain-pied avec lui. Au-dessus de cet appartement, il avait fait meubler un petit logement particulier qui communiquait avec le sien par un escalier dérobé; l'impératrice avait quelque raison de craindre la destination de cette retraite mystérieuse. Un matin qu'il se trouvait assez de monde dans son salon ( madame *** étant établie depuis quelques jours à Saint-Cloud), l'impératrice, la voyant sortir tout à coup de l'appartement, se lève peu d'instants après son départ, et, me prenant dans l'embrasure d'une fenêtre : « Je vais, me dit-elle, éclaircir tout à l'heure mes soupçons; demeurez dans ce salon avec tout mon cercle, et, si on cherche ce que je suis devenue, vous direz que l'empereur m'a demandée. » J'essayai de la retenir, mais elle était hors d'elle-même, et ne m'écouta point; elle sortit au même moment, et je demeurai très inquiète de ce qui allait se passer. Au bout d'une demi-heure d'absence, elle rentra brusquement par la porte de son appartement opposée à celle par où elle était sortie; elle paraissait fort émue et pouvait à peine se contraindre; elle se rassit à un métier qui était dans le salon. Je me tenais loin d'elle, occupée de quelque ouvrage, et évitant de la regarder; mais je m'apercevais facilement de son trouble à la précipitation de tous ses mouvements, habituellement si doux.

Enfin, comme elle était incapable de garder en silence une forte émotion quelle qu'elle fût, elle ne put demeurer longtemps dans cette contrainte, et, m'appelant à haute voix, elle m'ordonna de la suivre, et, dès qu'elle fut dans sa chambre : « Tout est perdu! me dit-elle; ce que j'avais prévu n'est que trop avéré. J'ai été chercher l'empereur dans son cabinet, et il n'y était point; alors je suis montée par l'escalier dérobé dans le petit appartement; j'en ai trouvé la porte fermée, et, à travers la serrure, j'ai entendu la voix de Bonaparte et de madame ***. J'ai frappé fortement en me nommant. Vous concevez le trouble que je leur ai causé; ils ont fort tardé à m'ouvrir, et, quand ils l'ont fait, l'état dans lequel ils étaient tous deux, leur désordre, ne m'a pas laissé le moindre doute. Je sais bien que j'aurais dû me contraindre; mais il ne m'a pas été possible, j'ai éclaté en reproches. Madame *** s'est mise à pleurer. Bonaparte est entré dans une colère si violente, que j'ai eu à peine le temps de m'enfuir pour échapper à son ressentiment. En vérité, j'en suis encore tremblante, car je ne sais à quel excès il l'aurait porté. Sans doute, il va venir, et je m'attends à une terrible scène. »

L'émotion de l'impératrice excita la mienne, comme on peut bien le penser. « Ne faites pas, lui dis-je, une seconde faute; car l'empereur ne vous pardonnerait pas d'avoir mis qui que ce soit dans votre confidence. Laissez-moi vous quitter, madame. Il faut l'attendre; qu'il vous trouve seule, et tâchez de l'adoucir et de réparer une si grande imprudence. » Après ce peu de mots, je la quittai

et je rentrai dans le salon, où je trouvai madame ***
qui lança sur moi des yeux inquiets. Elle était
fort pâle, ne parlait que par mots entrecoupés, et
cherchait à deviner si j'étais instruite. Je me remis
à mon ouvrage le plus tranquillement que je pus ;
mais il était assez difficile que madame ***, en
me voyant sortir de cet appartement, ne comprît
pas que je venais d'y recevoir une confidence.
Tout le monde dans ce salon se regardait et ne
comprenait rien à ce qui se passait.

Peu de moments après, nous entendîmes un
grand bruit dans l'appartement de l'impératrice,
et je compris que l'empereur y était, et quelle
scène violente se passait. Madame *** avait demandé ses chevaux et elle partit pour Paris. Cette
absence subite ne devait point adoucir l'orage. J'y
devais retourner dans la soirée. Avant mon départ, l'impératrice me fit appeler, et m'apprit, avec
beaucoup de larmes, que Bonaparte, après l'avoir
outragée de toutes manières, et avoir brisé dans
sa fureur quelques-uns des meubles qui s'étaient
rencontrés sous sa main, lui avait signifié qu'il
fallait qu'elle se préparât à quitter Saint-Cloud, et
que, fatigué d'une surveillance jalouse, il était décidé à secouer un pareil joug et à écouter désor-

mais les conseils de sa politique, qui voulait qu'il prît une femme capable de lui donner des enfants. Elle ajouta qu'il avait envoyé à Eugène de Beauharnais l'ordre de venir à Saint-Cloud, pour régler les circonstances du départ de sa mère, et qu'elle se voyait perdue sans ressources. Elle m'ordonna d'aller voir sa fille dès le lendemain à Paris, et de lui faire le récit de tout ce qui s'était passé.

En effet, je me rendis chez madame Louis Bonaparte. Elle venait de voir son frère, qui arrivait de Saint-Cloud. L'empereur lui avait signifié sa résolution de divorcer, qu'Eugène avait reçue avec sa soumission accoutumée, et en refusant tous les dédommagements personnels qui lui avaient été offerts comme consolation, déclarant qu'il n'accepterait rien, au moment où un tel malheur allait tomber sur sa mère, et qu'il la suivrait dans la retraite qu'on lui donnerait, fût-ce à la Martinique même, sacrifiant tout au besoin qu'elle aurait d'une pareille consolation. Bonaparte avait paru frappé de cette résolution généreuse, et l'avait écouté dans un farouche silence. Je trouvai madame Louis moins émue de cet événement que je ne m'y étais attendue. « Je ne puis me mêler de rien, me dit-elle ; car mon mari m'a positivement défendu la moindre démarche. Ma mère a été bien imprudente; elle va perdre une couronne, mais au moins elle aura du repos. Ah! croyez-moi, il y a des femmes plus malheureuses. » Elle prononça ces mots avec une tristesse qui faisait deviner toute sa pensée ; mais, comme elle ne permettait jamais un mot sur sa situation personnelle, je n'osai pas lui répondre de manière à lui prouver que je l'eusse comprise. « Au reste, me dit-elle, en finissant, s'il y a une chance de raccommodement dans cette affaire, cette chance se trouvera dans l'empire que la douceur et les larmes de ma mère exercent sur Bonaparte; il faut les laisser à eux-mêmes, éviter de se trouver entre eux, et je vous conseille de ne point aller à Saint-Cloud, d'autant que madame *** vous a nommée, et croit que vous donneriez des conseils violents. »

Et voilà, pour le dire en passant, comme il est assez souvent impossible d'être mieux comprise dans les cours, et comme des circonstances, puériles en apparence, nous mettent dans une évidence dont on n'est pas maître de se débarrasser.

Je demeurai deux jours sans me montrer à Saint-Cloud, pour suivre les avis de madame Louis Bonaparte; et, le troisième, j'allai retrouver mon impératrice dont le sort m'inquiétait profondément.

Elle était hors d'une partie de ses angoisses. Ses larmes et sa soumission avaient, en effet, désarmé Bonaparte; il n'était plus question de son courroux, ni de ce qui l'avait causé. Mais, après un tendre raccommodement, l'empereur venait de mettre sa femme dans une nouvelle agitation, en lui montrant de quelle importance le divorce était pour lui. « Je n'ai pas le courage, lui disait-il, d'en prendre la dernière résolution, et, si tu me montres trop d'affliction, si tu ne fais que m'obéir, je sens que je ne serai jamais assez fort pour t'obliger à me quitter; mais j'avoue que je désire beaucoup que tu saches te résigner à l'intérêt de ma politique, et que, toi-même, tu m'évites tous les embarras de cette pénible séparation. » En parlant ainsi, l'impératrice ajoutait qu'il avait répandu beaucoup de larmes.

Tandis qu'elle me parlait, je me souviens encore que je concevais intérieurement pour elle le plan d'un grand et généreux sacrifice. Croyant alors le sort de la France irrévocablement attaché à celui de Napoléon, je pensais qu'il y aurait une véritable grandeur d'âme à se dévouer à tout ce qui devait l'affermir, et que, si j'avais été la femme à qui on eût adressé un pareil discours, j'aurais été fortement tentée d'abandonner ce poste si brillant où l'on ne me voyait qu'avec une sorte de regret, pour me retirer dans une solitude où j'aurais vécu paisiblement, et satisfaite de mon sacrifice. Mais, en considérant le trouble dont les paroles impériales avaient laissé les traces sur le visage de madame Bonaparte, je me rappelai, ce que j'avais souvent entendu dire à ma mère, que, pour donner un conseil utile, il fallait toujours le mesurer au caractère de la personne à qui on l'adressait. Je jugeai en même temps de l'effroi que la retraite inspirerait à l'impératrice, à son goût pour le luxe et l'éclat, à l'ennui qui la dévorerait, quand elle aurait rompu avec le monde ; et alors, revenant du sentiment exalté qui s'était emparé de moi un moment, je lui dis que je ne voyais pour elle que deux partis à prendre : ou se dévouer avec dignité et résolution à ce qu'on exigeait d'elle, et dans ce cas, dès le lendemain matin, partir pour la Malmaison, d'où elle écrirait à l'empereur qu'elle lui rendait sa liberté; ou bien, si elle voulait demeurer, se montrer incapable de rien décider de son sort, toujours prête à obéir, mais déclarer bien positivement qu'elle attendrait des ordres directs pour descendre du trône où on l'avait fait monter.

Ce dernier conseil fut celui qu'elle adopta, et, avec une douceur adroite et tendre, prenant toute l'attitude d'une victime soumise, elle parvint à émousser, encore pour cette fois, les traits que la jalousie de sa famille avait lancés contre elle. Triste, complaisante, entièrement soumise, mais adroite à profiter de l'ascendant qu'elle exerçait sur son époux, elle le réduisit à un état d'agitation et d'incertitude dont il ne pouvait sortir.

Enfin, harcelé un peu trop vivement par ses frères, et s'apercevant de la joie que les Bonapartes laissèrent voir en se croyant arrivés au but de leurs vœux, touché de la comparaison intérieure qu'il fit de la conduite de sa femme et de ses enfants, et, autant que je puis m'en souvenir, blessé de l'air de triomphe des siens, qui eurent l'imprudence de se vanter de l'avoir amené à leurs fins, éprouvant un secret plaisir à déjouer le plan qu'il voyait ourdi autour de lui, après une longue hésitation pendant laquelle l'impératrice se livrait à de mortelles inquiétudes, tout à coup, il lui déclara un soir que le pape allait arriver, qu'il les couronnerait tous les deux, et qu'elle pouvait s'occuper sérieusement des préparatifs de cette cérémonie.

On peut se représenter la joie causée par un pareil dénouement et la mauvaise humeur des Bonapartes, et de Joseph particulièrement; car l'empereur, fidèle à ses habitudes, ne manqua point de dire à sa femme toutes les tentatives qu'on avait faites pour le déterminer, et on conçoit que ces révélations ajoutèrent encore à la haine secrète entre les deux partis.

Ce fut à cette occasion que l'impératrice me confia que, depuis longtemps, elle désirait affermir encore son mariage par la cérémonie religieuse qui avait été négligée à l'époque où il fut conclu. Elle en parlait quelquefois à l'empereur, qui n'y montrait aucune répugnance, mais qui répondait qu'en faisant même venir un prêtre chez lui, ce ne pourrait jamais être avec assez de mystère pour qu'on n'apprît pas par là que, jusqu'alors, il n'avait point été marié devant l'Église; et, soit que ce fût sa vraie raison, soit qu'il voulût garder pour l'avenir cette facilité de rompre son mariage, quand il le croirait vraiment utile, il repoussait toujours, mais avec douceur, les demandes de sa femme à cet égard. Elle se détermina à attendre l'arrivée du pape, se flattant avec raison qu'en pareille occasion, il entrerait facilement dans ses intérêts.

A ce moment, toute la cour se livra sans relâche aux apprêts des cérémonies du couronnement, et l'impératrice s'entoura des meilleurs artistes de Paris et des marchands les plus fameux. Aidée de leurs conseils, elle détermina la forme du nouvel habit de cour et son costume particulier. On pense bien qu'il ne fut pas question de reprendre le panier, mais seulement d'ajouter à nos vêtements ordinaires ce long manteau qu'on a conservé lors du retour du roi, et une collerette de blonde, appelée *chérusque*, qui montait assez haut derrière la tête, était attachée sur les deux épaules, et rappelait le costume de Catherine de Médicis. On l'a supprimée depuis, quoique, à mon avis, elle donnât de la grâce et de la dignité à tout l'habit. L'impératrice avait déjà des diamants pour une somme considérable. L'empereur en ajouta encore à sa parure. Il mit dans ses mains ceux qu'on possédait au trésor public, et voulut qu'elle les portât ce jour-là. On lui monta un diadème brillant qui devait être surmonté de la couronne fermée que l'empereur lui poserait sur la tête. On fit secrètement des répétitions de cette cérémonie, et le peintre David, qui devait en faire ensuite le tableau, dirigea les positions de chacun. Il y eut d'abord de grandes discussions sur le couronnement particulier de l'empereur. La première idée était que le pape placerait cette couronne de ses propres mains; mais Bonaparte se refusait à l'idée de la tenir de qui que ce fût, et il dit à cette occasion ce mot que madame de Staël a rappelé dans son ouvrage : « J'ai trouvé la couronne de France par terre, je l'ai ramassée. » Il eût pu ajouter : « Avec la pointe de mon épée. »

Enfin, après de longues délibérations, on détermina que l'empereur se couronnerait lui-même, et que le pape donnerait seulement sa bénédiction. Rien ne fut négligé pour l'éclat des fêtes. L'affluence devint nombreuse à Paris; une partie des troupes y fut appelée; toutes les autorités principales des provinces, l'archichancelier de l'empire germanique et une foule d'étrangers y arrivèrent aussi. Quelles que fussent les opinions particulières, on se laissa aller, dans la ville, au plaisir et à la curiosité qu'inspirait un événement si nouveau et la vue d'un spectacle que tout annonçait devoir être magnifique. Les marchands fort occupés, les ouvriers de tout genre employés se réjouissaient d'une telle occasion de gain pour eux; la population de la ville semblait doublée; le commerce, les établissements publics, les théâtres y trouvaient leur profit, et tout paraissait actif et content. On invita les poètes à célébrer ce grand événement; Chénier eut ordre de composer une tragédie qui en consacrât le souvenir, il prit Cyrus pour son héros. L'Opéra prépara ses ballets. Dans l'intérieur du palais nous reçûmes de l'argent pour les dépenses que nous avions à faire, et l'impératrice fit à ses dames du palais de beaux présents en diamants.

On régla aussi le costume des hommes autour de l'empereur; il était beau et allait très bien. L'habit français de couleurs différentes pour les services qui dépendaient du grand maréchal, du grand chambellan et du grand écuyer; une broderie d'argent pour tous; le manteau sur une épaule, en velours et doublé de satin; l'écharpe, le rabat de dentelle et le chapeau retroussé sur le devant garni d'un panache. Les princes devaient porter cet habit en blanc et or; l'empereur en habit long, ressemblant assez à celui de nos rois, un manteau de pourpre semé d'abeilles, et sa couronne formée d'une branche de laurier comme celle des Césars.

Je crois encore rappeler un rêve, mais un rêve qui tient un peu des contes orientaux, quand je me retrace quel luxe fut étalé à cette époque, et quelle était en même temps l'agitation des préséances, des prétentions de rang, des réclamations de chacun. L'empereur voulut que les princesses portassent le manteau de l'impératrice; on eut bien de la peine à les déterminer à y consentir; et je me souviens même qu'elles s'y prêtèrent de si mauvaise grâce, qu'on vit le moment où l'impératrice, emportée par le poids de ce manteau, ne pourrait point avancer, tant ses belles-sœurs le soulevaient faiblement. Elles obtinrent que la queue de leur habit serait portée par leurs chambellans, et cette distinction les consola un peu de l'obligation qui leur était imposée [1].

1. Les mémoires du comte Miot de Mélito renferment des renseignements précieux sur l'intérieur de la cour du premier consul et de l'empereur, et sur les querelles de celui-ci avec ses frères à propos de l'hérédité du trône et de l'adoption du jeune fils de Louis Bonaparte, et racontent en détail la grande question du manteau de l'impératrice. C'est après une orageuse

Cependant, on avait appris que le pape avait quitté Rome le 2 novembre. La lenteur de son voyage et l'immensité des préparatifs firent reculer le couronnement jusqu'au 2 décembre, et, le 24 novembre, la cour se rendit à Fontainebleau pour y recevoir Sa Sainteté, qui y arriva le lendemain.

Avant de clore ce chapitre, je veux rappeler une circonstance qui me paraît bonne encore à conserver. L'empereur, ayant renoncé pour ce moment au divorce, mais toujours pressé du désir d'avoir un héritier, demanda à sa femme si elle consentirait à en accepter un qui n'appartiendrait qu'à lui, et à feindre une grossesse avec assez d'habileté pour que tout le monde y fût trompé. Elle était loin de se refuser à aucune de ses fantaisies à cet égard. Alors Bonaparte, faisant venir son premier médecin, Corvisart, en qui il avait une confiance étendue et méritée, lui confia son pro-

---

discussion entre l'archichancelier, l'architrésorier, le ministre de l'intérieur, le grand chambellan, le grand écuyer et le grand maréchal de la cour, les princes Louis et Joseph, présidés par l'empereur, que l'on renonça à donner à ces derniers princes le grand manteau d'hermine, « attribut, disait-on, de la souveraineté », et que l'on se décida à employer dans le procès-verbal les mots *soutenir le manteau*, au lieu de *porter la queue*. (*Mémoires du comte Miot de Mélito*, t. II, p. 323 et suiv.).

(P. R.)

## CHAPITRE NEUVIÈME.

jet : « Si je parviens, lui dit-il, à m'assurer de la naissance d'un garçon qui sera mon fils à moi, je voudrais que, témoin du feint accouchement de l'impératrice, vous fissiez tout ce qui serait nécessaire pour donner à cette ruse toutes les apparences d'une réalité. » Corvisart trouva que la délicatesse de sa probité était compromise par cette proposition ; il promit le secret le plus inviolable, mais il refusa de se prêter à ce qu'on voulait exiger de lui. Ce n'est que longtemps après, et depuis le second mariage de Bonaparte, qu'il m'a confié cette anecdote en m'attestant la naissance légitime du roi de Rome, sur laquelle on avait essayé d'exciter des doutes parfaitement injustes.

## CHAPITRE X.

### (DÉCEMBRE 1804.)

Arrivée du pape à Paris. — Plébiscite. — Mariage de l'impératrice Joséphine. — Le couronnement. — Fêtes au Champ-de-Mars, à l'Opéra, etc. — Cercles de l'impératrice.

Il est vraisemblable qu'on ne détermina le pape à venir en France qu'en lui présentant les avantages et les concessions qu'il retirerait pour le rétablissement de la religion d'une pareille complaisance. Il arriva à Fontainebleau, déterminé à se prêter à tout ce qu'on exigerait de lui et qu'il pourrait se permettre ; et, malgré la supériorité que pensait avoir sur lui le vainqueur qui l'avait contraint à ce grand déplacement, et le peu de dispositions que toute cette cour eût à éprouver du respect pour un souverain qui ne comptait point l'épée au nombre de ses ornements royaux, il imposa à tout le monde par la dignité de ses manières et la gravité de son maintien.

L'empereur alla au-devant de lui de quelques lieues, et, quand les voitures se rencontrèrent, il mit pied à terre ainsi que Sa Sainteté. Tous deux s'embrassèrent, et remontèrent dans le même carrosse, l'empereur montant le premier pour donner la droite au pape (dit *le Moniteur* de ce jour), et ils revinrent ensemble au château.

Le pape était arrivé un dimanche[1], à midi. Après avoir pris quelque repos dans son appartement, où l'avaient conduit le grand chambellan (c'est-à-dire M. de Talleyrand), le grand maréchal et le grand maître des cérémonies, il alla faire une visite à l'empereur, qui le reçut en dehors de son cabinet, et qui, au bout d'un entretien d'une demi-heure, le reconduisit jusqu'à la salle dite alors des grands officiers. L'impératrice avait reçu l'ordre de le faire asseoir à sa droite.

Après ces visites, le prince Louis, les ministres, l'archichancelier et l'architrésorier, le cardinal Fesch et les grands officiers qui se trouvaient à Fontainebleau furent présentés au pape. Il reçut tout le monde avec bonté et politesse. Il dîna ensuite avec l'empereur, et se retira de bonne heure pour prendre du repos.

1. 25 novembre 1804, ou 4 frimaire an XIII.   (P. R.)

Le pape, à cette époque, était âgé de soixante-deux ans. Sa taille parut assez haute, sa figure belle, grave et bienveillante. Il était entouré d'un nombreux cortège de prêtres italiens qui furent loin d'imposer comme lui, et dont les manières vives, communes et étranges ne pouvaient entrer en comparaison avec la bonne tenue ordinaire au clergé français. Le château de Fontainebleau offrait en ce moment un aspect bizarre, par le mélange de personnages variés dont il était habité : souverains, princes, militaires, prêtres, femmes, tout était à peu près pêle-mêle, dans les différents salons où l'on se réunissait, à des heures indiquées. Dès le lendemain, Sa Sainteté reçut toutes les personnes de la cour qui se présentèrent chez elle. Nous fûmes tous admis à l'honneur de lui baiser la main, et de recevoir sa bénédiction. Sa présence, en pareil lieu et pour une si grande occasion, me causa une assez forte émotion.

Ce même lundi, les visites entre les souverains recommencèrent. Quand le pape fut venu pour la seconde fois chez l'impératrice, celle-ci exécuta le plan secret qu'elle avait formé, et lui confia qu'elle n'était point mariée à l'église. Sa Sainteté, après l'avoir félicitée des actes de bonté auxquels elle employait sa puissance, et l'appelant toujours du nom de *sa fille*, lui promit d'exiger de l'empereur qu'il fît précéder son couronnement d'une cérémonie nécessaire à la légitimité de son union avec elle, et, en effet, l'empereur se trouva forcé de consentir à ce qu'il avait éludé jusqu'alors. Ce fut au retour à Paris que le cardinal Fesch le maria, comme je le dirai tout à l'heure.

Dans la soirée du lundi, on avait fait venir quelques chanteurs pour exécuter un concert dans les appartements de l'impératrice. Mais le pape refusa d'y assister, et se retira au moment où on allait commencer.

A cette époque, le goût de l'empereur pour madame de X... commença à se faire sentir au dedans de lui. Soit que la satisfaction qu'il éprouvait du succès des projets qu'il avait formés lui donnât une joie qui éclaircissait son humeur, soit que son amour naissant lui inspirât quelque désir de plaire, il parut, durant le petit voyage de Fontainebleau, serein et d'un abord plus facile que de coutume. Quand le pape était retiré, il demeurait chez l'impératrice, et causait de préférence avec les femmes qui s'y trouvaient. Sa femme, frappée de son changement, et très avisée sur tout ce qui pouvait éveiller sa jalousie, soupçonna que quelque nouvelle fantaisie en était la cause; mais elle ne put encore découvrir le véritable objet de sa préoccupation parce qu'il mit assez d'adresse à s'occuper de nous toutes, tour à tour; et madame de X..., montrant une extrême réserve, ne parut pas voir, dans ce moment, si elle était le but caché de cette galanterie générale que l'empereur affecta assez bien de partager entre nous. Quelques personnes eurent même l'idée que la maréchale Ney allait recevoir ses hommages. Elle est fille de M. Auguié, ancien receveur général des finances, et de madame Auguié, femme de chambre de la dernière reine. Elle avait été élevée par madame Campan, sa tante, et se trouvait par cela même compagne et amie de madame Louis Bonaparte. Elle avait alors vingt-deux ou vingt-trois ans; son visage et sa personne étaient assez agréables, quoiqu'un peu trop maigres. Elle avait peu d'usage du monde, une extrême timidité, et elle ne pensait nullement à attirer les regards de l'empereur, dont elle avait une extrême peur.

Pendant notre séjour à Fontainebleau, parut dans *le Moniteur* le sénatus-consulte qui, vu la vérification faite par une commission du Sénat des registres des votes émis sur la question de l'empire, reconnaissait Bonaparte et sa famille comme appelés au trône de France.

Le total général des votants se montait à 3,574,898. Pour le *oui*, 3,572,329 ; pour le *non*, 2,569.

La cour retourna à Paris le jeudi 29 novembre. L'empereur et le pape revinrent dans la même voiture, et Sa Sainteté fut logée au pavillon de Flore, l'empereur ayant nommé une partie de sa maison pour le servir.

Dans les premiers jours de sa présence à Paris, le pape ne trouva pas dans les habitants le respect auquel on devait s'attendre. Une vive curiosité poussait la foule sur son passage, quand il visitait les églises, et sous son balcon, aux heures où il s'y montrait pour donner sa bénédiction. Mais, peu à peu, les récits que faisaient ceux qui l'approchaient de la dignité de ses manières, quelques paroles nobles et touchantes qu'il prononça en diverses occasions et qui furent répétées, et l'aplomb avec lequel il soutenait une situation si étrange pour le chef de la chrétienté, produisirent un changement marqué, même chez les classes inférieures du peuple. Bientôt la terrasse des Tuileries se vit couverte, durant toutes les matinées, d'un monde immense qui l'appelait à grands cris, et qui s'agenouillait devant sa bénédiction. On avait permis que la galerie du Louvre se remplît à certaines heures de la journée, et alors le pape la parcourait et y bénissait ceux qui s'y trouvaient. Nombre de mères lui présentaient leurs enfants, qu'il accueillait avec une bienveillance particulière. Un jour, un homme, connu par ses opinions antireligieuses, se trouvait dans cette galerie, et, voulant satisfaire seulement une vaine curiosité, se tenait à l'écart comme pour éviter d'être béni. Le pape, s'approchant de lui et devinant sa secrète et hostile intention, lui adressa ces paroles d'un ton doux : « Pourquoi me fuir, monsieur? La bénédiction d'un vieillard a-t-elle quelque danger? »

Bientôt tout Paris retentit des louanges du pape, et bientôt aussi l'empereur commença à en être jaloux. Il prit quelques arrangements qui obligèrent Sa Sainteté à se refuser à l'empressement trop vif des fidèles, et le pape, qui pénétra l'inquiétude dont il était l'objet, redoubla de réserve, sans jamais laisser paraître la moindre apparence du plus petit orgueil humain.

Deux jours avant le couronnement, M. de Rémusat, qui en même temps que premier chambellan était aussi maître de la garde-robe, et qui, par cette raison, se trouvait chargé de tous les préparatifs des costumes impériaux, allant porter à l'impératrice son élégant diadème qui venait d'être achevé, la trouva dans un état de satisfaction qu'elle avait peine à dissimuler publiquement. Prenant mon mari à part, elle lui confia que, dans la matinée de cette journée, un autel avait été préparé dans le cabinet de l'empereur, et que le cardinal Fesch l'avait mariée en présence de deux aides de camp. Après la cérémonie, elle avait exigé du cardinal une attestation par écrit de ce mariage. Elle la conserva toujours avec soin, et jamais, quelques efforts que l'empereur ait faits pour l'obtenir, elle n'a consenti à s'en dessaisir.

On a dit, depuis, que tout mariage religieux qui n'a point pour témoin le curé de la paroisse où il est célébré renferme, par cela même, une cause de nullité, et que c'est à dessein qu'on se réserva ce moyen de rupture pour l'avenir. Il faudrait, dans ce cas, que le cardinal lui-même eût consenti à cette fraude. Cependant la conduite qu'il tint dans la suite ne le donne point à penser, car, lors des scènes assez vives auxquelles le divorce a donné lieu, l'impératrice alla quelquefois jusqu'à menacer son époux de publier l'attestation qu'elle avait entre les mains, et le cardinal Fesch, consulté alors, répondait toujours qu'elle était en bonne forme, et que sa conscience ne lui permettrait pas de nier que le mariage n'eût été consacré de manière qu'on ne pouvait le rompre que par un acte arbitraire d'autorité.

Après le divorce, l'empereur voulut ravoir encore cette pièce dont je parle ; le cardinal conseilla à l'impératrice de ne pas s'en dessaisir. Ce qui prouvera à quel point était poussée la défiance entre tous les personnages de cette famille, c'est que l'impératrice, tout en profitant d'un conseil qui lui plaisait, me disait alors qu'il lui arrivait quelquefois de croire que le cardinal ne le lui donnait que de concert avec l'empereur, qui eût voulu la pousser à quelque éclat, afin d'avoir une occasion de la renvoyer de France. Cependant l'oncle et le neveu étaient brouillés alors, par suite des affaires du pape.

Enfin, le 2 décembre, la cérémonie du couronnement eut lieu. Il serait assez difficile d'en décrire toute la pompe et d'entrer dans les détails de cette journée. Le temps était froid, mais sec et beau ; les rues de Paris pleines de monde ; le peuple plus curieux qu'empressé ; la garde sous les armes et parfaitement belle.

Le pape précéda l'empereur de plusieurs heures, et montra une patience admirable, en demeurant longtemps assis sur le trône qui lui avait été préparé dans l'église, sans se plaindre du froid ni de la longueur des heures qui se passèrent avant l'arrivée du cortège. L'église Notre-Dame était décorée avec goût et magnificence. Dans le fond de l'église, on avait élevé un trône pompeux pour l'empereur, où il pouvait paraître entouré de toute sa cour. Avant le départ pour Notre-Dame, nous fûmes introduites dans l'appartement de l'impératrice. Nos toilettes étaient fort brillantes, mais leur éclat pâlissait devant celui de la famille impériale. L'impératrice, surtout, resplendissante de diamants, coiffée de mille boucles comme au temps de Louis XIV, semblait n'avoir que vingt-cinq ans[1]. Elle était vêtue d'une robe et d'un manteau de cour de satin blanc, brodés en or et en argent mélangés. Elle avait un bandeau de dia-

---

1. Elle avait quarante et un ans, étant née à la Martinique, le 23 juin 1763. (P. R.)

mants, un collier, des boucles d'oreilles et une ceinture du plus grand prix, et tout cela était porté avec sa grâce ordinaire. Ses belles-sœurs brillaient aussi d'un nombre infini de pierres précieuses, et l'empereur, nous examinant toutes les unes après les autres, souriait à ce luxe, qui était, comme tout le reste, une création subite de sa volonté.

Lui-même aussi portait un costume brillant. Ne devant revêtir qu'à l'église ses habits impériaux, il avait un habit français de velours rouge brodé en or, une écharpe blanche, un manteau court semé d'abeilles, un chapeau retroussé par devant avec une agrafe de diamants et surmonté de plumes blanches, le collier de la Légion d'honneur en diamants. Toute cette toilette lui allait fort bien. La cour entière était en manteau de velours brodé d'argent. Nous nous faisions un peu spectacle les uns aux autres, il faut en convenir ; mais ce spectacle était réellement beau.

L'empereur monta dans une voiture à sept glaces toute dorée, avec sa femme et ses deux frères, Joseph et Louis. Chacun, ensuite, se rendit à la voiture qui lui était désignée, et ce nombreux cortège alla, au pas, jusqu'à Notre-Dame. Les acclamations ne manquèrent pas sur notre passage. Elles n'avaient point cet élan d'enthousiasme qu'aurait pu désirer un souverain jaloux de recevoir les témoignages d'amour de ses sujets; mais elles pouvaient satisfaire la vanité d'un maître orgueilleux et point sensible.

Arrivé à Notre-Dame, l'empereur demeura quelque temps à l'archevêché pour y revêtir ses grands habits, qui paraissaient l'écraser un peu. Sa petite taille se fondait sous cet énorme manteau d'hermine. Une simple couronne de laurier ceignait sa tête; il ressemblait à une médaille antique. Mais il était d'une pâleur extrême, véritablement ému, et l'expression de ses regards paraissait sévère et un peu troublée.

Toute la cérémonie fut très imposante et belle. Le moment où l'impératrice fut couronnée excita un mouvement général d'admiration, non pour cet acte en lui-même, mais elle avait si bonne grâce, elle marcha si bien vers l'autel, elle s'agenouilla d'une manière si élégante et en même temps si simple, qu'elle satisfit tous les regards. Quand il fallut marcher de l'autel au trône, elle eut un moment d'altercation avec ses belles-sœurs qui portaient son manteau avec tant de répugnance, que je vis l'instant où la nouvelle impératrice ne pourrait point avancer. L'empereur, qui s'en aperçut, adressa à ses sœurs quelques mots secs et fermes qui mirent tout le monde en mouvement.

Le pape, durant toute cette cérémonie, eut toujours un peu l'air d'une victime résignée, mais résignée noblement par sa volonté et pour une grande utilité.

Vers deux ou trois heures, nous reprîmes en cortège le chemin des Tuileries, et nous n'y rentrâmes qu'à la nuit, qui vient de bonne heure au mois de décembre, éclairés par les illuminations et par un nombre infini de torches qui nous accompagnaient. Nous dînâmes au château, chez le grand maréchal, et, après, l'empereur voulut recevoir un moment les personnes de la cour qui ne s'étaient point retirées. Il était gai et charmé de la cérémonie ; il nous trouvait toutes jolies, se récriait sur l'agrément que donne la parure aux femmes, et nous disait en riant : « C'est à moi, mesdames, que vous devez d'être si charmantes. » Il n'avait point voulu que l'impératrice ôtât sa couronne, quoiqu'elle eût dîné en tête à tête avec lui, et il la complimentait sur la manière dont elle portait le diadème ; enfin il nous congédia.

Quand je rentrai chez moi, je trouvai un assez grand nombre de mes amis et de personnes de ma connaissance, qui, demeurant étrangers à toutes ces brillantes nouveautés, s'étaient rassemblés pour se donner l'amusement de me voir dans mes nouveaux atours. Dans le détail comme dans l'ensemble de cette journée, tout ce qui se passa servit de spectacle à la ville de Paris ; mais on applaudit en général, parce qu'il faut convenir que la représentation fut magnifique.

Pendant un mois, un nombre infini de fêtes et de réjouissances suivirent. Le 5 décembre, l'empereur se rendit au Champ-de-Mars avec le même cortège que celui du 2, et il distribua les aigles à nombre de régiments. L'enthousiasme des soldats fut bien plus vif que celui du peuple. Le mauvais temps nuisit à cette seconde journée ; il pleuvait à verse ; une foule de monde couvrait cependant les gradins du Champ-de-Mars. « Si la situation des spectateurs était pénible, il n'en est pas un qui ne trouvât un dédommagement dans le sentiment qui l'y faisait demeurer, et dans l'expression des vœux que ses acclamations manifestaient de la manière la plus éclatante. » Voilà comme M. Maret rendait compte de cette pluie dans *le Moniteur*.

Une des flatteries les plus communes dans tous les temps, quoiqu'elle soit la plus ridicule, c'est celle qui tend à faire croire que le besoin qu'un roi a du soleil arrive à avoir de l'influence sur sa présence. J'ai vu, au château des Tuileries, l'opinion comme établie que l'empereur n'avait qu'à déterminer une revue ou une chasse à tel ou tel jour, et que le ciel, ce jour-là, ne manquerait pas d'être serein. On remarquait avec assez de bruit chaque fois que cela arrivait, et on glissait sur les temps de brouillard et de pluie. On voit au reste que c'était la même chose sous Louis XIV. Je voudrais, pour l'honneur des souverains, qu'ils reçussent avec tant de froideur, je dirais presque de dégoût, cette puérile flatterie, que personne ne s'avisât plus d'en essayer l'effet. Il ne fut pourtant pas possible de dire qu'il n'avait pas plu au Champ-de-Mars pendant la distribution des aigles; mais combien ai-je vu de gens qui assuraient, le lendemain, que la pluie ne les avait pas mouillés!

On avait élevé pour la famille impériale et sa suite un grand échafaudage, sur lequel était le trône recouvert du mieux qu'on avait pu, à cause du mauvais temps. Les toiles et les tentures furent promptement percées. L'impératrice fut forcée de se retirer avec sa fille, qui relevait de couches, et leurs belles-sœurs, à l'exception de madame Murat, qui demeura courageusement exposée au mauvais temps, quoique légèrement vêtue. Elle s'accoutumait dès lors « à supporter, disait-elle en riant, les contraintes inévitables du trône ».

Ce même jour, il y eut aux Tuileries un banquet somptueux. Dans la galerie de Diane, sous un dais éclatant, on dressa une table pour le pape, l'empereur, l'impératrice et le prince archichancelier de l'empire germanique. L'impératrice avait l'empereur à sa droite et le pape à sa gauche. Ils étaient servis par les grands officiers. Plus bas, une table pour les princes, parmi lesquels était le prince héréditaire de Bade; une autre, pour les ministres; une, pour les dames et les officiers de la maison impériale; le tout servi avec un grand luxe; une belle musique pendant le repas; ensuite un cercle nombreux, un concert auquel le pape voulut bien assister, et un ballet exécuté au milieu du grand salon des Tuileries par les danseurs de l'Opéra. A l'instant où commença le ballet, le pape se retira. On joua à la fin de la soirée, et l'empereur, en se retirant, donna le signal du départ de tout le monde.

Le jeu à la cour de l'empereur entrait seulement dans le cérémonial. Il ne voulut jamais qu'on jouât d'argent chez lui; on faisait des parties de whist et de loto; on se mettait à une table pour avoir une contenance; mais, le plus souvent, on tenait les cartes sans les regarder, et on causait. L'impératrice aimait à jouer, même sans argent, et faisait réellement un whist. Sa partie, ainsi que celle des princesses, était établie dans le salon qu'on appelait le cabinet de l'empereur, et qui précède la galerie de Diane. Elle jouait avec les plus grands personnages qui se trouvaient dans le cercle, étrangers, ambassadeurs, ou français. Les deux dames de semaine du palais demeuraient assises derrière elle, un chambellan près de son fauteuil. Tandis qu'elle jouait, toutes les personnes qui remplissaient les salons venaient, les unes après les autres, lui faire une révérence. Les sœurs et les frères de Bonaparte jouaient et faisaient inviter à leurs parties par leurs chambellans; de même sa mère, qu'on appela Madame Mère, qu'on fit princesse, et à qui on donna une maison. Tout le reste de la cour jouait dans les autres salons. L'empereur se promenait partout, parlait à droite et à gauche, précédé de quelques chambellans qui annonçaient sa présence. Quand il approchait, il se faisait un grand silence, on demeurait sans bouger, les femmes se levaient et attendaient les paroles insignifiantes, et assez souvent peu obligeantes, qu'il allait leur adresser. Il ne se souvenait jamais d'un nom, et presque toujours la première question était : « Comment vous appelez-vous? » Il n'y avait pas une femme qui ne fût charmée de le voir s'éloigner de la place où elle était.

Ceci me rappelle une assez jolie anecdote relative à Grétry. Comme membre de l'Institut, il se rendait souvent aux audiences du dimanche, et il était arrivé déjà plus d'une fois à l'empereur, qui s'était accoutumé à reconnaître son visage, de s'approcher de lui presque machinalement en lui demandant son nom. Un jour, Grétry, fatigué de cette éternelle question, et peut-être un peu blessé de n'avoir pas produit un souvenir plus durable, à l'instant où l'empereur lui disait avec la brusquerie ordinaire de son interrogation : « Et vous, qui êtes-vous donc? » Grétry répondit avec un peu d'impatience : « Sire, toujours Grétry. » Depuis ce temps, l'empereur le reconnut parfaitement.

L'impératrice, au contraire, avait une mémoire admirable pour les noms et les petites circonstances particulières de chacun.

Les cercles se passèrent longtemps comme je viens de le conter. Plus tard, on y ajouta des concerts et des ballets, tels que ceux qu'on avait imaginés à l'occasion du couronnement, et ensuite des spectacles ; je dirai tout cela dans son temps. Dans ces brillantes assemblées, l'empereur voulut qu'on donnât aux dames du palais des places particulières ; ces petites préséances excitèrent de petites humeurs qui enfantèrent de grandes haines, comme il arrive dans les cours. La vanité est toujours, de toutes les faiblesses humaines, celle qui reprend le plus vite son métier.

A cette époque, l'empereur ne s'épargna aucune cérémonie ; il les aimait, surtout parce qu'elles faisaient partie de ses créations ; il les compliquait toujours un peu par sa précipitation naturelle, dont il avait peine à se défendre, et par la crainte extrême qu'on éprouvait que tout ne se fît point à sa fantaisie. Un jour, placé sur son trône, environné des grands officiers, des maréchaux et du Sénat, il reçut les révérences de tous les préfets et de tous les présidents des col-

## CHAPITRE DIXIÈME.

lèges électoraux. Dans une seconde audience qu'il donna aux premiers, il leur recommanda fortement d'exécuter la conscription : « Sans elle, leur dit-il (et ses paroles furent insérées dans *le Moniteur*), il ne peut y avoir ni puissance ni indépendance nationales. » Il nourrissait sans doute dès lors le projet de placer sur sa tête la couronne d'Italie, et sentait que ses projets devaient finir par allumer la guerre. D'ailleurs l'impossibilité de la descente en Angleterre, quoiqu'on en continuât les préparatifs, lui était démontrée, et bientôt il lui faudrait employer son armée, dont la présence pouvait être un poids pour la France. Il eut au milieu de cela une petite occasion d'humeur contre les Parisiens. Il avait ordonné à Chénier une tragédie qui pût être donnée à l'occasion du couronnement. Chénier avait traité le sujet de Cyrus, et le cinquième acte de son ouvrage représentait assez fidèlement, en effet, le couronnement de ce prince et la cérémonie de Notre-Dame. La pièce était médiocre, les applications commandées et trop indiquées. Le parterre parisien, toujours indépendant, siffla l'ouvrage et se permit même de rire au moment de l'installation sur le trône. L'empereur fut mécontent ; il bouda mon mari, chargé de l'administration de ce théâtre, comme s'il eût dû lui répondre de l'approbation du public, et, dès lors, ce même public apprit par quel côté faible il pourrait se venger, au théâtre, du silence qui, partout ailleurs, lui était rigoureusement imposé.

Le Sénat donna aussi une belle fête; plus tard, le Corps législatif l'imita. Le 16, on en célébra une magnifique qui endetta la ville de Paris pour plusieurs années. Grand festin, feu d'artifice, bal, service de vermeil, et toilette de vermeil aussi, offerts à l'empereur et à l'impératrice, harangues, légendes flatteuses à outrance inscrites partout. On a beaucoup parlé des éloges prodigués à Louis XIV sous son règne; je suis sûre qu'en les réunissant tous ils ne feraient pas la dixième partie de ceux qu'a reçus Bonaparte. Je me rappelle que, dans une autre fête donnée encore à l'empereur par la ville quelques années après, comme on était à bout d'inscriptions, on inventa de mettre en lettres d'or, au-dessus du trône où il devait s'asseoir, ces paroles de l'Écriture : « Ego sum qui sum! » et personne ne s'en montra scandalisé.

La France, aussi, fut dévouée pendant ce temps

aux fêtes et aux réjouissances, on frappa des médailles qui furent distribuées avec profusion. Enfin les maréchaux donnèrent aussi leur fête, dans la salle de l'Opéra. Cette fête coûta dix mille francs à chaque maréchal. On avait mis le théâtre de plain-pied avec la salle ; les loges étaient décorées de gaze d'argent, éclairées de lustres brillants et ornées de femmes très parées ; la famille impériale sur une estrade ; on dansait dans cette grande enceinte. La profusion des fleurs et des diamants, la richesse des costumes, la magnificence de la cour donnèrent à cette fête beaucoup d'éclat. Il n'est pas une d'entre nous qui ne fît de grandes dépenses pour toutes ces cérémonies. On accorda aux dames du palais dix mille francs pour les en dédommager ; cet argent fut loin de nous suffire. Les dépenses du couronnement se montèrent à quatre millions.

Les princes et les étrangers de marque qui se trouvaient à Paris faisaient une cour assidue à nos souverains, et, de son côté, l'empereur mettait assez de grâce à leur faire les honneurs de Paris. Le prince Louis de Bade était alors fort jeune, assez embarrassé de sa personne, et se mettant peu en évidence. Le prince primat était un homme de plus de soixante ans, aimable, gai, un tant soit peu bavard, connaissant bien la France et Paris, qu'il avait habité dans sa jeunesse, amateur des lettres, et lié avec les anciens académiciens. Ils étaient admis, et quelques autres encore, aux petits cercles qui se tenaient chez l'impératrice. Durant cet hiver, une ou deux fois par semaine, on invitait une cinquantaine de femmes et un bon nombre d'hommes à souper aux Tuileries. On s'y rendait à huit heures, dans une toilette recherchée, mais sans habit de cour. On jouait dans le salon du rez-de-chaussée qui est aujourd'hui celui de Madame. Quand Bonaparte arrivait, on passait dans une salle où des chanteurs italiens donnaient un concert qui durait une demi-heure; ensuite on rentrait dans le salon et on reprenait les parties; l'empereur allant et venant, causant ou jouant, selon sa fantaisie. A onze heures, on servait un grand et élégant souper; les femmes seules s'y asseyaient. Le fauteuil de Bonaparte demeurait vide; il tournait autour de la table, ne mangeait rien, et, le souper fini, il se retirait. A ces petites soirées étaient toujours invités les princes et princesses, les grands officiers de l'Empire, deux ou trois ministres et quelques maréchaux, des généraux, des sénateurs et des conseillers d'État avec leurs femmes. Il y avait là de grands assauts de toilettes; l'impératrice y paraissait toujours, ainsi que ses belles-sœurs, avec une parure nouvelle, et beaucoup de perles et de pierreries. Elle a eu dans son écrin pour un million de perles. On commençait alors à porter beaucoup d'étoffes lamées en or et en argent. Pendant cet hiver, la mode des turbans s'établit à la cour; on les faisait avec de la mousseline, blanche ou de couleur, semée d'or ou bien avec des étoffes turques très brillantes. Les vêtements peu à peu prirent aussi une forme orientale; nous mettions sur des robes de mousseline richement brodées, de petites robes courtes, ouvertes par devant, en étoffe de couleur, les bras, les épaules et la poitrine découverts. Souvent, pendant cette saison, il arriva que l'empereur, de plus en plus amoureux comme je le dirai plus bas, et cherchant à dissimuler sa préférence en s'occupant de toutes les femmes, semblait n'être à l'aise qu'au milieu d'elles; et chacun des hommes de la cour, s'apercevant que sa présence le gênait, se retirait dans un autre salon voisin de celui où on se tenait. Alors nous pouvions assez bien figurer un harem; j'en fis un soir la plaisanterie à Bonaparte; il était en belle humeur et s'en amusa; mais cela ne plut nullement à l'impératrice. .

Pendant ce temps, le pape, qui vivait fort retiré le soir, employait ses matinées à visiter les églises, les hôpitaux et les établissements publics. Il alla officier à Notre-Dame, et une foule considérable fut admise à lui baiser les pieds. Il parcourut Versailles, les environs de Paris, fut reçu d'une manière touchante aux Invalides, et c'est alors qu'il commença à produire plus d'effet que l'empereur ne l'eût voulu.

J'entendais dire à cette époque que Sa Sainteté désirait fort de retourner à Rome. Je ne sais pourquoi l'empereur le retenait toujours, je n'en n'ai pas pu éclaircir le motif.

Le pape était toujours vêtu de blanc; il avait une robe de moine, parce que d'abord il avait été moine. Cette robe était de laine, et, par-dessus, une sorte de camisole en mousseline garnie de dentelle qui faisait un assez étrange effet. Sa calotte était de laine blanche.

A la fin de décembre, le Corps législatif fut ouvert en grande cérémonie; on s'y évertua en discours sur l'importance et le bonheur du grand

## CHAPITRE DIXIEME.

événement qui venait de se passer ; et on y fit encore un rapport beau et vrai de l'état prospère de la France.

Cependant, les demandes se multipliaient pour obtenir des places à la nouvelle cour ; l'empereur accéda à quelques-unes. Il prit aussi des sénateurs parmi les présidents des collèges électoraux. Il fit Marmont colonel général des chasseurs à cheval, et il distribua le grand cordon de la Légion d'honneur à Cambacérès, à Lebrun, aux maréchaux, au cardinal Fesch, à MM. Duroc, de Caulaincourt, de Talleyrand, de Ségur, et à plusieurs ministres, au grand juge, à M. Gaudin et à M. Portalis, ministre des cultes. Ces nominations, ces faveurs, ces promotions tenaient tout le monde en haleine. Dès ce moment, le mouvement fut donné ; on s'accoutuma à désirer, à attendre, à voir incessamment quelque nouveauté ; chaque jour produisit un petit incident, inattendu dans le détail, mais prévu par l'habitude que nous prîmes tous de voir toujours quelque chose. Depuis, l'empereur a étendu à toute la nation, à toute l'Europe, ce système d'éveiller sans cesse l'ambition, la curiosité et l'espérance ; ce n'a pas été un des secrets les moins habiles de son gouvernement.

## CHAPITRE XI.

(1807.)

L'empereur amoureux.— Madame de X...— Madame de Damas.— Confidences de l'impératrice. — Intrigues de palais. — Murat est élevé au rang de prince.

L'impératrice ne pouvait s'empêcher de se plaindre secrètement quelquefois, en voyant que son fils n'avait aucune part aux promotions qui se faisaient journellement ; mais elle avait le très bon goût de renfermer son mécontentement à cet égard, et Eugène conservait au milieu de cette cour une attitude naturelle et paisible qui lui faisait honneur, et qui contrastait avec la jalouse impatience de Murat. L'épouse de celui-ci harcelait sans cesse l'empereur, pour qu'il donnât enfin à son mari un rang qui le tirât de pair d'avec les maréchaux, parmi lesquels il s'irritait de se voir confondu. Pendant l'hiver, ce ménage sut habilement profiter de la faiblesse de l'empereur, et acquit des droits à ses dons en le servant soigneusement, comme nous allons le voir, dans ses nouvelles amours.

J'ai dit déjà qu'Eugène était assez occupé de madame de X... Cette jeune femme, alors âgée de vingt-quatre ou vingt-cinq ans, était blonde et blanche; ses yeux bleus avaient toutes les impressions qu'elle voulait leur donner, hors celle de la franchise, parce que je crois que les habitudes de son caractère la portaient à une assez grande dissimulation. Son nez aquilin était un peu long, sa bouche charmante, ornée de belles dents qu'elle montrait beaucoup. Sa taille moyenne avait de l'élégance, mais manquait un peu d'embonpoint; son pied était petit, et elle dansait à merveille. Elle ne montrait pas un esprit bien remarquable, mais elle ne manquait point de finesse; elle était calme, un peu sèche, et difficile à émouvoir, et encore plus à troubler.

L'impératrice avait commencé par la traiter avec beaucoup de distinction; elle louait sa figure, approuvait toujours sa toilette, la cajolait de préférence à d'autres, à cause de son fils, et contribua peut-être à la faire remarquer à son époux. Celui-ci s'en occupa dès le voyage de Fontainebleau.

Madame Murat, qui devina la première le goût naissant de son frère, chercha à s'emparer de la confiance de cette jeune femme, et elle y réussit assez pour la mettre promptement en défiance de l'impératrice. Murat, par suite, je crois, d'un arrangement très intérieur, feignait d'être amoureux de madame de X..., et donna ainsi le change pendant quelque temps aux observations de la cour.

L'impératrice, qui ne doutait pas de la nouvelle préoccupation de l'empereur, mais qui n'en pouvait deviner l'objet, soupçonna d'abord, comme je l'ai dit, la maréchale Ney, à qui, en effet, il adressait assez souvent la parole; et, pendant quelques jours, la pauvre maréchale devint l'objet des regards et de la mauvaise humeur de sa patronne. Je recevais, comme de coutume, la confidence de cette jalouse inquiétude, et je ne voyais rien encore qui la justifiât.

L'impératrice se plaignait à madame Louis Bonaparte de ce qu'elle appelait *la perfidie* de la maréchale; cette dernière fut sermonnée et interrogée; et, après avoir assuré qu'elle n'éprouvait réellement qu'une sorte de peur vis-à-vis de l'empereur, elle avoua qu'il avait paru quelquefois s'occuper d'elle, et que madame de X... lui avait fait son compliment sur la grande conquête qu'elle était au moment de faire. Ce récit éclaira tout à coup l'impératrice. Plus attentive, elle vit la vérité, découvrit que Murat ne feignait de l'amour que pour se charger de porter les déclarations de l'empereur. Elle trouva, dans la déférence qu'elle vit à Duroc pour madame de X..., une preuve des sentiments de son maître, et dans la conduite de madame Murat un plan assez bien ourdi contre sa propre tranquillité. Dès lors, on vit l'empereur plus souvent dans l'appartement de sa femme. Presque tous les soirs, il redescendait au rez-de-chaussée, et ses regards et quelques paroles instruisirent également et l'impératrice et l'objet de sa préférence. Si sa femme se rendait au spectacle dans une petite loge, car l'empereur n'aimait point qu'elle parût en public sans lui, il venait l'y joindre tout à coup ; et, de jour en jour moins maître de lui, il paraissait plus occupé. Madame de X... conservait une apparence froide, mais elle usait de toutes les ressources de la coquetterie féminine. Sa toilette était de plus en plus recherchée, son sourire plus fin, ses regards plus manégés, et bientôt il fut assez facile de deviner tout ce qui se passait. L'impératrice soupçonna que madame Murat avait favorisé chez elle de secrètes entrevues. Elle m'assura un peu plus tard qu'elle en avait la certitude. Alors elle éclata en plaintes et en larmes selon sa coutume, et je me vis encore une fois obligée de recevoir des confidences qui me compromettaient, et de recommencer des sermons qui n'étaient guère écoutés.

L'impératrice voulut tenter des explications qui furent très mal reçues. Son mari prit de l'humeur, la traita durement, lui reprocha de s'opposer à ses moindres distractions, lui imposa silence, et, tandis qu'en public elle dévorait ses peines et paraissait triste et abattue, lui, gai, ouvert, animé plus que nous ne l'avions vu encore, s'occupait de nous toutes, et nous prodiguait les expressions de sa sauvage galanterie. Dans ces réunions chez l'impératrice dont j'ai parlé tout à l'heure, il paraissait en vrai sultan. Il se plaçait à une table de jeu, faisait appeler pour sa partie assez ordinairement sa sœur Caroline, madame de X... et moi; et, tenant à peine les cartes, il commençait avec nous des dissertations, sentimentales à sa manière, où il mettait plus d'esprit que de sensibilité, quelquefois du mauvais goût, mais assez d'exaltation. Dans ces entretiens, madame de X..., fort réservée et craignant peut-être que je ne la découvrisse, ne répondait que par monosyllabes. Madame Murat y prenait peu d'intérêt, marchant à son but et se souciant peu du détail. Quant à moi, ces conversations m'amusaient, et j'y répondais avec toute la liberté d'esprit dont j'avais l'avantage sur ces trois autres personnes plus ou moins préoccupées. Quelquefois, sans nommer qui que ce fût, Bonaparte commençait à disserter sur la jalousie, et alors il était facile de voir quelles applications il voulait faire à sa femme ; je le comprenais et je la défendais de mon mieux, gaiement, et en évitant de la désigner ; et alors je voyais assez clairement que madame de X... et madame Murat m'en savaient mauvais gré.

Dans ces soirées, madame Bonaparte, jouant assez tristement à un autre bout du salon, nous regardait de loin, et souffrait de ces entretiens qui l'inquiétaient toujours. Quoiqu'elle eût bien des raisons de compter sur moi, comme elle était naturellement défiante, quelquefois elle craignait que je ne la sacrifiasse à l'envie de plaire à l'empereur, et, du moins, elle me savait mauvais gré de ne pas témoigner un blâme pour sa conduite.

Tantôt elle me demandait d'aller le trouver et de lui parler fortement sur le tort qu'elle prétendait que sa nouvelle liaison lui faisait dans le monde; tantôt elle m'engagait à faire épier madame de X... dans sa propre maison, où elle savait que Bonaparte se rendait quelquefois le soir; ou bien elle me faisait écrire, en sa présence, des lettres anonymes pleines de reproches, que je composais devant elle pour lui plaire, et pour qu'elle ne les fît pas faire à d'autres, et que j'avais soin de brûler, après l'avoir assurée que je les avais envoyées. Ses domestiques affidés étaient employés à découvrir les preuves de ce qu'elle cherchait. Des ouvriers de marchands favoris étaient dans sa confidence, et je souffrais d'autant plus de ces imprudences, que j'appris peu après que madame Murat mettait sur mon compte les découvertes que faisait l'impératrice, et m'accusait d'un assez vilain métier, dont assurément je n'étais nullement capable.

Madame Bonaparte souffrait d'autant plus que son fils éprouvait un chagrin assez vif de ce qui se passait. Madame de X..., qui, d'abord, par coquetterie, goût ou vanité, l'avait assez bien écouté, depuis sa nouvelle et plus éclatante conquête, évitait jusqu'aux moindres apparences d'aucune relation avec lui. Peut-être se vantait-elle à l'empereur de l'amour qu'elle inspirait à Eugène. Ce qui est certain, c'est que ce dernier était froidement traité par son beau-père. L'impératrice s'en montrait irritée; madame Louis s'en affligeait, mais dissimulait ses secrètes impressions, Eugène souffrait et se renfermait dans une apparence calme qui donnait heureusement peu de prise sur lui.

On voit que, dans tout cela, se retrouvait encore la haine éternelle des Bonapartes et des Beauharnais, dans laquelle il était de ma destinée, quelque modérée que je fusse, de me voir toujours froissée. J'ai bien fait cette expérience, c'est que tout, ou presque tout, est hasard dans les cours. La prudence humaine n'est point de force à s'y défendre, et je ne sais pas de moyens d'échapper aux interprétations, à moins que le souverain lui-même ne se montre point accessible aux soupçons; mais, loin de là, l'empereur accueillait tous les rapports, et même avait une sorte de crédulité pour accepter tous ceux qui étaient malveillants, de quelque genre qu'ils fussent. Le plus sûr moyen d'acquérir sa faveur était de lui conter tous les *on dit*, de lui dénoncer toutes les conduites; voilà pourquoi

M. de Rémusat, placé très près de lui, ne l'a jamais obtenue ; c'est qu'il s'est refusé à ce métier que Duroc lui indiquait souvent.

Un soir, l'empereur, outré d'une scène violente qu'il avait eue avec sa femme et dans laquelle, poussée à bout, celle-ci lui avait déclaré qu'elle finirait par défendre à madame de X... l'entrée de son appartement, s'adressa à M. de Rémusat et se plaignit de ce que je n'employais pas le crédit que j'avais sur elle à modérer la vivacité de ses imprudences. Il finit par lui dire qu'il voulait m'entretenir en particulier, et que je n'avais qu'à lui demander une audience. M. de Rémusat me rendit cet ordre, et, en effet, dans la journée du lendemain, je demandai l'audience qui fut fixée à la matinée suivante.

On avait préparé une grande chasse pour ce jour-là. L'impératrice était partie d'avance avec les princes étrangers et attendait l'empereur au bois de Boulogne ; j'arrivai comme l'empereur allait monter en voiture, sa suite était toute rassemblée ; il rentra dans son cabinet pour me recevoir, au grand étonnement de la cour, pour qui tout faisait événement.

Il commença par se plaindre amèrement du

## CHAPITRE ONZIÈME.

trouble de son intérieur, il se déchaîna contre les femmes en général, et contre la sienne surtout. Il me reprocha de favoriser son espionnage, et m'accusa de mille faits qui m'étaient étrangers, suite des rapports qu'on lui avait faits. Je reconnus dans ses récits les mauvais offices de madame Murat, et ce qui me fit le plus de peine, c'est que je démêlai aussi que l'impératrice, pour appuyer ses plaintes, m'avait quelquefois nommée et, m'avait prêté ce qu'elle avait dit ou pensé. Cela, et les paroles de l'empereur, m'émut un peu, et les larmes me vinrent aux yeux. L'empereur, qui s'en aperçut, repoussa rudement la peine qu'il me faisait, avec cette phrase qui lui était ordinaire et que j'ai déjà citée : « Les femmes ont toujours deux moyens habiles de faire effet : le rouge et les larmes. » Dans ce moment, ces paroles prononcées avec un ton ironique, et dans l'intention de me déconcerter, produisirent l'effet contraire ; elles m'irritèrent et me donnèrent la force de lui répondre : « Non, sire, il arrive aussi que, lorsqu'on est injustement accusée, on ne peut s'empêcher de pleurer d'indignation. »

Il faut rendre cette justice à l'empereur, c'est qu'il n'était guère frappé d'une manière fâcheuse pour vous quand on lui montrait quelque fermeté, soit que, n'en rencontrant pas souvent dans les autres, il fût moins préparé à y répondre, soit que la justesse de son esprit approuvât ce qu'on avait ressenti justement.

Le sentiment un peu vif que j'éprouvais ne lui déplut pas. « Si vous n'approuvez point, me dit-il, l'inquisition qu'exerce contre moi l'impératrice, comment n'avez-vous pas assez de crédit sur elle pour la retenir? Elle nous humilie tous deux par l'espionnage dont elle m'environne; elle fournit des armes à ses ennemis. Puisque vous êtes dans sa confidence, il faut que vous m'en répondiez, et je me prendrai à vous de toutes ses fautes. » Il s'égaya un peu en prononçant ces mots; alors je lui représentai que j'aimais tendrement l'impératrice, que j'étais incapable de la guider dans une route inconvenante; mais qu'on ne pouvait guère avoir de crédit sur une personne passionnée. Je lui dis encore qu'il ne mettait nulle adresse dans sa manière d'agir avec elle, que soit qu'elle le soupçonnât à tort ou à raison, il la brusquait, et la traitait trop rudement.

Je n'osais pas blâmer l'impératrice dans ce que sa conduite avait de réellement blâmable, parce que je savais qu'il ne manquerait pas de rapporter à sa femme tout ce que j'aurais dit. Je finis par l'assurer que, pendant quelque temps, je me tiendrais à l'écart du palais, et qu'il verrait si les choses en iraient mieux. Alors, il entreprit de me prouver « qu'il n'était ni ne pouvait être amoureux, qu'il n'avait pas plus regardé madame de X... qu'une autre; que l'amour était fait pour des caractères autres que le sien, que la politique l'absorbait tout entier; qu'il ne voulait nullement dans sa cour de l'empire des femmes, qu'elles avaient fait tort à Henri IV et à Louis XIV; que son métier, à lui, était bien plus sérieux que celui de ces princes, et que les Français étaient devenus trop graves pour pardonner à leur souverain des liaisons affichées et des maîtresses en titre ».

Il parla un peu légèrement de la conduite passée de sa femme, ajoutant qu'elle n'avait pas le droit de se montrer sévère. Je crus pouvoir l'arrêter sur ce discours, et il ne s'en fâcha point. Enfin il me questionna sur les gens qui servaient d'espions à l'impératrice; je lui répondis toujours que je n'en connaissais point. Là-dessus, il me reprocha de ne pas lui être assez dévouée. J'essayai de lui prouver que je lui étais plus sincèrement attachée que ceux qui lui rapportaient tant de petites choses peu dignes d'être écoutées. Cette conversation se termina mieux qu'elle n'avait commencé ; je crus voir que je lui avais laissé une assez bonne impression sur moi.

L'entretien avait été fort long. L'impératrice, qui s'ennuyait au bois de Boulogne, avait envoyé un valet à cheval pour savoir ce qui arrêtait son époux. On lui avait rapporté qu'il était enfermé avec moi. Son inquiétude devint très vive ; elle revint aux Tuileries ; et, comme elle ne m'y trouva plus, elle envoya chez moi madame de Talhouet, chargée de s'informer de ce qui s'était passé. Pour obéir aux ordres de l'empereur, je répondis qu'il n'avait été question que de demandes relatives à M. de Rémusat.

Le soir, le général Savary donnait un petit bal où l'empereur avait promis d'assister. Pendant cet hiver, il cherchait toutes les occasions de réunions ; il s'y montrait gai, et même y dansait un peu, et assez gauchement. J'arrivai chez madame Savary, un peu avant la cour ; je vis venir au-devant de moi le grand maréchal Duroc, qui me donna le bras jusqu'à ma place ; le maître de la maison me fit nombre de politesses. La longue audience que j'avais eue le matin donnait à penser; on me soignait comme une personne en faveur, ou dans les grandes confidences. Je souriais intérieurement de ces précautions de courtisans. L'empereur arriva avec sa femme; en parcourant le cercle, il s'arrêta devant moi, et me parla d'une manière obligeante. L'impératrice avait les yeux sur nous, et mourait d'inquiétude; madame Murat paraissait surprise, madame de X..., un peu troublée. Tout cela m'amusait; je ne prévis pas ce qui allait en résulter. Le lendemain, l'impératrice me fit mille questions auxquelles je n'eus garde de répondre; elle se blessa, prétendit que je la sacrifiais à l'empereur, que j'allais du côté du crédit, que je ne l'aimais pas mieux qu'une autre; elle m'affligea profondément. Je rapportais à mon excellente mère tous mes secrets chagrins; j'acquérais une pénible expérience, et j'étais encore assez jeune pour que ce ne fût pas sans verser des larmes. Ma mère me consolait et me conseillait de me tenir à l'écart, ce que je fis; mais cela ne me servit guère. L'empereur ne manqua point de me faire parler, et de s'appuyer des opinions qu'il me prêta, en reprochant à sa femme ses imprudences; l'impératrice me traita froidement; je vis qu'elle évitait de me parler, et, de mon côté, je crus ne pas devoir chercher ses confidences.

L'empereur, qui aimait à brouiller, voyant notre refroidissement, ne m'en traita que mieux; mais madame de X..., à qui on avait persuadé qu'elle ne devait pas m'aimer, inquiète de cette petite faveur dans laquelle je paraissais être, peut-être me faisant l'honneur d'un peu de jalousie, chercha les moyens de me nuire, et, comme toutes les choses de ce monde ne s'arrangent que trop bien, quand il s'agit du mal, elle en trouva une occasion qui lui réussit parfaitement.

D'un autre côté, Eugène et madame Louis se persuadèrent que j'avais trahi leur mère en la dénonçant, et cela par suite de l'ambition de mon mari, qui aimait mieux la faveur du maître que celle de la maîtresse. M. de Rémusat se tenait fort étranger à toutes ces manœuvres, mais, en fait d'ambition, auprès des habitants des cours, ce qui est vraisemblable est toujours vrai. Eugène, qui avait de l'amitié pour mon mari, s'éloigna de lui. Comme courtisans, notre situation n'eût pas été mauvaise, mais nous n'étions qu'honnêtes gens, nous prîmes, l'un et l'autre, du chagrin, et nous ne voulûmes faire aucun profit honteux.

## CHAPITRE ONZIÈME.

Il me reste à dire comment madame de X... parvint à frapper le dernier coup. Parmi les personnes avec lesquelles, ma mère et moi, nous étions liées était madame la comtesse Charles de Damas, dont la fille mariée au comte de Vogué était l'amie de ma sœur, et en assez intime relation avec moi. Madame de Damas avait des opinions royalistes fort exaltées; elle les énonçait assez imprudemment, et même on l'avait accusée, après l'événement du 3 nivôse (la machine infernale), d'avoir caché des chouans qui se trouvaient compromis. Dans l'automne de 1804, madame de Damas ayant été dénoncée pour quelques mauvais propos, fut exilée à quarante lieues de Paris. Cette sévérité mit au désespoir la mère et la fille près d'accoucher. Témoin de leurs larmes et partageant leur peine, je portai à l'impératrice mon chagrin; elle en parla à son mari, qui voulut bien m'écouter, et qui finit par m'accorder la révocation de son arrêt. Madame de Damas, vive et tendre, proclama le service que je lui avais rendu, et enchaînée par la reconnaissance qu'elle devait à l'impératrice, effrayée du danger qu'elle avait couru, devint plus prudente dans ses paroles. Elle ne me parlait jamais des affaires publiques, et ménageait ma situation, comme je respectais ses sentiments. Il se trouva qu'elle avait une ennemie dans la marquise de ..., celle qui avait fait tant de bruit à la cour et dans le monde d'autrefois par la vivacité de ses reparties. Madame de ... était bien avec madame de X... Elle parvint à pénétrer sa liaison avec l'empereur; elle en arracha la confidence, et son esprit actif et un peu intrigant voulut diriger madame de X... dans la conduite que devait tenir la maîtresse d'un souverain. Il fut question de moi entre elles; et madame de ..., voyant éternellement les intrigues de Versailles dans les incidents de la cour de l'empereur, s'imagina vraisemblablement que j'avais le projet de supplanter la nouvelle favorite. Comme on m'accordait un peu d'esprit dans le monde, et que la réputation de ma mère sur ce point paraît fort la mienne, on en conclut que je devais être portée à l'intrigue. Madame de ..., voulant jouer un tour à madame de Damas et me faire tort tout en même temps, parla d'elle à madame de X... comme d'une personne plus exaltée que jamais dans son royalisme, prête à entretenir des correspondances secrètes, et profitant de l'indulgence qu'on lui avait témoignée pour agir contre l'empereur autant qu'elle le pourrait. Ma liaison avec elle fut présentée comme plus intime encore qu'elle ne l'était. Tous ces discours, rapportés à l'empereur, l'aigrirent contre moi ; il cessa de m'appeler à son jeu et de me parler ; il ne me fit inviter à aucune des chasses ou des parties de la Malmaison qu'on faisait de temps en temps, et je fus bientôt en disgrâce, sans pouvoir deviner quelle en était la cause ; car j'avais vécu assez renfermée et solitaire, ma santé s'altérant beaucoup. Mon mari et moi, nous étions trop unis pour que la défaveur ne fût pas pour l'un comme pour l'autre, et, maltraités tous deux, **nous ne comprenions rien à ce qui nous arrivait.**

Le refroidissement de l'empereur me rendit la confiance de sa femme, qui me reprit avec la même légèreté qu'elle m'avait quittée, et sans explications. Je commençais à la connaître assez pour en comprendre l'inutilité. Elle me découvrit le secret de l'humeur de l'empereur, et sut de lui-même que c'était par madame de ... et madame de X... que ces dénonciations lui étaient arrivées. Il en était venu au point d'avouer à sa femme qu'il était amoureux, et de lui signifier qu'on le laissât tranquille dans sa liaison, ajoutant, pour la tranquilliser, que ce serait une fantaisie passagère qu'on irriterait en la tourmentant, et qui durerait d'autant moins qu'on la laisserait aller.

L'impératrice avait donc pris, à peu près, le parti de la résignation; seulement elle n'adressait point la parole à madame de X..., mais celle-ci ne s'en souciait guère, et voyait avec une indifférence un peu impudente les troubles dont elle était la cause. D'ailleurs, dirigée par madame Murat, elle satisfaisait les goûts de l'empereur en lui disant beaucoup de mal d'une infinité de personnes. Sa faveur a fait assez de victimes, et a encore aigri le caractère si naturellement soupçonneux de l'empereur.

Je pris le parti de le voir, quand je sus le nouveau tort dont j'étais accusée; mais, cette fois, toute sa manière fut sévère avec moi. Il me reprocha de n'être liée qu'avec ses ennemis, d'avoir soutenu les Polignac, de me faire l'agent des aristocrates. « Je voulais faire de vous, me dit-il, une grande dame, élever très haut votre fortune; mais tout cela ne peut être le prix que d'un dévouement absolu. Il faut que vous rompiez avec vos anciennes liaisons, que, la première fois que madame de Damas sera chez vous, vous la fassiez mettre à la porte de votre salon, en lui signifiant que vous ne pouvez vivre avec mes ennemis, et, alors, je croirai à votre attachement. » Je n'essayai point de lui démontrer combien cette manière d'agir était étrangère à mes habitudes ; mais je m'engageai à voir moins souvent madame de Damas, dont j'entrepris pourtant de justifier la conduite, du moins depuis la grâce qu'elle avait obtenue. Il me traita fort mal, il était profondément prévenu. Je vis que je ne pouvais espérer que du temps qu'il fût détrompé.

Peu de jours après, madame de Damas fut de nouveau exilée. Elle était assez malade et au lit ; l'empereur lui envoya Corvisart pour avérer si, en effet, elle ne pouvait pas être transportée. Corvisart était mon ami, et il se prêta à répondre comme je le désirais ; mais, enfin, sa santé se remit, et elle quitta Paris. Elle n'a pu y revenir que longtemps après. Je n'allai plus chez elle, elle ne vint plus chez moi ; mais elle m'a toujours conservé de l'amitié, et comprit fort bien les motifs de la conduite que je fus forcée de tenir avec elle. Le comte Charles de Damas, rentré des pays étrangers, loyal, simple, et moins imprudent que sa femme, ne fut jamais tourmenté par la police, qui surveilla toujours madame de Damas. Mais, quelques années plus tard, l'empereur fit signifier à madame de Vogué qu'elle devait se faire présenter; ce fut sous le règne de l'archiduchesse.

Cependant les Bonapartes triomphaient; Eugène, l'objet de leur perpétuelle jalousie, était réellement maltraité, et donnait une secrète inquiétude à l'empereur. Tout à coup, vers la fin de janvier, par le temps le plus rigoureux, il reçut l'ordre de partir pour l'Italie avec son régiment. Cet ordre devait être exécuté dans les vingt-quatre heures. Eugène ne douta point que sa disgrâce ne fût complète. Madame Bonaparte la crut l'ouvrage de madame de X...; elle pleura beaucoup, mais son fils exigea d'elle positivement qu'elle ne fît aucune réclamation. Il prit congé de l'empereur qui le traita froidement, et, le lendemain, nous apprîmes que le régiment des guides de la garde était parti, son colonel en tête, marchant avec lui, malgré la saison, à petites journées.

Madame Louis Bonaparte, me parlant de cette rigueur, jouissait pourtant de la soumission de son frère. « Si l'empereur, me disait-elle, avait exigé pareille chose d'un des siens, vous verriez le bruit et les réclamations; mais, ici, il n'a été prononcé aucune parole, et je crois que Bonaparte sera frappé de cette obéissance. » Il le fut en effet, et surtout de la maligne joie de ses frères et sœurs. Il aimait à déjouer; il avait éloigné son beau-fils dans un mouvement de jalousie, mais il voulut aussitôt récompenser sa bonne conduite, et, le 1ᵉʳ février 1805, le Sénat reçut deux lettres de l'empereur. Dans l'une, il annonçait l'élévation du maréchal Murat au rang de prince, grand amiral de l'Empire ; c'était la récompense de ses complaisances récentes, et le ré-

1. Voici les deux messages que l'empereur adressait, le même jour, 12 pluviôse an XIII (1ᵉʳ février 1805) au Sénat conservateur : « Sénateurs, nous avons nommé grand amiral de l'Empire notre beau-frère, le maréchal Murat. Nous avons voulu reconnaître, non seulement les services qu'il a rendus à la patrie et l'attachement particulier qu'il a montré à notre personne dans toutes les circonstances de sa vie, mais rendre aussi ce qui est dû à l'éclat et à la dignité de notre couronne, en élevant au rang de prince une personne qui nous est de si près attachée par les liens du sang. — Sénateurs, nous avons nommé notre beau-fils, Eugène Beauharnais, archichancelier d'État de l'Empire. De tous les actes de notre pouvoir, il n'en est aucun qui soit plus doux à notre cœur Élevé par nos soins et sous nos yeux, depuis son enfance, il s'est rendu digne d'imiter, et, avec l'aide de Dieu, de surpasser, un jour, les exemples et les leçons que nous lui avons donnés. Quoique jeune encore, nous le considérons, dès aujourd'hui, par l'expérience que nous en avons faite dans les plus grandes circon-

sultat des fréquentes intercessions de madame Murat. Dans l'autre lettre, qui était affectueuse et flatteuse pour le prince Eugène, celui-ci était créé archichancelier d'État ; c'était encore une des grandes charges de l'Empire. Eugène apprit cette promotion à quelques lieues de Lyon, où le courrier le trouva à cheval, devant son régiment, couvert de la neige qui tombait par torrents.

Avant de parler du grand événement qui nous donna un spectacle nouveau, et qui, sans doute, fut la cause de la guerre qui éclata dans l'automne de cette année, l'adjonction de la couronne d'Italie à celle de France, je veux terminer tout ce qui a rapport à madame de X...

Elle paraissait de plus en plus l'objet de la préoccupation de l'empereur, et, à mesure qu'elle était

stances, comme un des soutiens de notre trône et un des plus habiles défenseurs de la patrie. Au milieu des sollicitudes et des amertumes du haut rang où nous sommes placé, notre cœur a eu besoin de trouver des affections douces dans la tendresse et la consolante amitié de cet enfant de notre adoption ; consolation nécessaire sans doute à tous les hommes, mais plus éminemment à nous, dont tous les instants sont dévoués aux affaires des peuples. Notre bénédiction paternelle accompagnera ce jeune prince dans toute sa carrière, et, secondé par la Providence, il sera un jour digne de l'approbation de la postérité. » (P. R.)

plus sûre de son empire, elle négligeait davantage
d'observer sa conduite à l'égard de l'impératrice,
et semblait s'amuser de ses peines. La cour fit un
petit voyage à la Malmaison, où la contrainte fut
plus que jamais mise de côté. L'empereur, au
grand étonnement de ceux qui le voyaient, se promenait dans les jardins avec madame de X... et la
jeune madame Savary, dont on ne craignait ni les
rapports, ni la surveillance, et donnait à ses affaires moins de temps que de coutume. L'impératrice demeurait dans sa chambre, répandant beaucoup de larmes, dévorée d'inquiétude, ne rêvant
plus que *maîtresses en titre*, que disgrâce, oubli
d'elle-même, et peut-être à la fin *divorce*, objet
toujours renaissant de ses inquiétudes. Elle n'a-
vait plus la force de faire des scènes inutiles ; mais
seulement sa tristesse déposait pour sa souffrance
secrète et finit par toucher son époux. Soit qu'elle
réveillât la tendresse qu'il lui portait, soit que son
amour satisfait s'affaiblît peu à peu, soit enfin
qu'il fût honteux du pouvoir que ce sentiment
exerçait sur lui, il arriva enfin ce que précisément
il avait prévu lui-même. Tout à coup, se trouvant seul avec sa femme, un jour, et la voyant
prête à pleurer sur quelques mots qu'il lui

adressait, il reprit avec elle le ton affectueux qu'il avait quelquefois, et, la mettant dans la plus intime confidence de tout ce qui s'était passé, il lui avoua qu'il avait été fort amoureux, mais que cela était fini. Il ajouta qu'il croyait s'apercevoir qu'on avait voulu le gouverner; il lui confia que madame de X... lui avait fait une foule de révélations assez malignes; il poussa ses aveux jusqu'à des confidences intimes qui manquaient à toutes les lois de la plus simple délicatesse, et finit par demander à l'impératrice de l'aider à rompre une liaison qui ne lui plaisait plus.

L'impératrice n'était nullement vindicative; cette justice lui doit être rendue. Dès qu'elle vit qu'elle n'avait plus rien à craindre, son courroux s'éteignit. Charmée, d'ailleurs, d'être hors de son inquiétude, elle ne s'avisa d'aucune sévérité envers l'empereur, et redevint pour lui cette épouse facile et indulgente qui lui pardonnait toujours à si bon marché. Elle s'opposa à ce qu'aucun éclat fût fait à cette occasion, et même assura son mari que, s'il allait changer de manières avec madame de X..., elle, de son côté, en changerait aussi, et s'efforcerait de la soutenir, et de couvrir le tort qu'un tel éclat pourrait lui faire dans le monde. Elle se réserva seulement le droit d'un entretien avec elle. Et, en effet, la faisant venir, elle lui parla assez sincèrement, lui représenta le risque qu'elle avait couru, voulut mettre sur le compte de sa jeunesse et de son imprudence les apparences de sa légèreté, et, lui recommandant plus de prudence à l'avenir, elle lui promit l'oubli du passé.

Dans cette conversation, madame de X... se montra parfaitement maîtresse d'elle-même ; niant avec sang-froid qu'elle méritât de pareils avertissements, ne laissant voir aucune émotion, encore moins aucune reconnaissance, et, devant toute la cour qui eut pendant quelque temps les yeux sur elle, elle conserva une attitude froide et contenue, qui prouva que son cœur n'était pas fortement intéressé à la liaison qui venait de se rompre, et aussi qu'elle avait un empire remarquable sur ses secrètes impressions, car il est bien difficile de ne pas croire qu'au moins sa vanité ne fût profondément blessée. L'empereur, qui, je l'ai déjà dit, craignait pour lui les apparences du moindre joug, mit une sorte d'affectation à faire paraître que celui sous lequel il avait plié un moment, était rompu. Il oublia, à l'égard de madame de X..., jusqu'aux démonstrations de la politesse; il ne la regardait plus, parlait d'elle légèrement, soit à madame Bonaparte qui ne pouvait se refuser au plaisir de répéter ce qu'il disait, soit à quelques-uns des hommes qui étaient dans son intimité, s'appliquant à présenter ses sentiments comme une fantaisie passagère, dont il racontait les différentes phases avec une sincérité peu décente. Il rougissait d'avoir été amoureux, parce que c'était avouer qu'il avait été soumis à une puissance supérieure à la sienne.

Cette conduite me convainquit de cette vérité que souvent j'avais adressée à l'impératrice pour la consoler : c'est qu'il pouvait être beau et satisfaisant d'être la femme d'un tel homme, et que, du moins, l'orgueil y trouvait des occasions de jouissances, mais qu'il serait toujours pénible et infructueux d'être sa maîtresse, et qu'il n'était pas de nature à dédommager une femme faible et sensible des sacrifices qu'elle lui ferait, ou à laisser à une femme ambitieuse les moyens d'exercer son pouvoir.

Avec madame de X..., tomba encore, pour ce

moment, le crédit des Bonapartes et de Murat ; car l'empereur, rendu à sa femme, reprit sa confiance en elle, et alors il apprit d'elle toutes les petites intrigues dont elle avait été la victime, et dont lui-même avait été l'objet. Je regagnai quelque chose à ce changement ; cependant l'impression donnée ne s'effaça point tout à fait, et il conserva toujours l'idée que M. de Rémusat et moi étions incapables de cette sorte de dévouement qu'il exigeait, et qui demande le sacrifice des goûts et des convenances. Peut-être avait-il raison de prétendre à celui des goûts, et faudrait-il renoncer à vivre dans une cour, lorsqu'on n'y apporte pas l'intention d'en faire le cercle unique de ses pensées et de ses actions. Mais ni mon mari ni moi n'avions en nous-mêmes ce qui donne une telle disposition. J'ai toujours eu besoin de m'attacher par les sentiments là où je suis forcée de vivre, et mon cœur, à cette époque, était déjà trop froissé pour que je ne trouvasse pas de la contrainte aux devoirs qui m'étaient imposés. L'empereur commençait à n'être plus pour moi l'homme que j'avais rêvé ; il m'inspirait déjà plus de crainte que d'intérêt, et, à mesure que j'étais plus attentive à lui obéir, je sentais que mon âme blessée se repliait sur des illusions détruites, et souffrait d'avance des vérités qu'elle pressentait. Le mouvement du sol sur lequel nous marchions nous troublait, M. de Rémusat et moi, et lui surtout se voyait avec résignation, mais avec dégoût, dévoué à une vie qui lui déplaisait extrêmement.

Quand je me rappelle ces agitations, combien je me trouve heureuse, aujourd'hui, de voir mon mari, paisible et satisfait, à la tête de l'administration d'une belle province, remplissant dignement les devoirs d'un bon citoyen, utile à son pays[1]! Quel plus digne emploi des facultés d'un homme éclairé dans son esprit, noble dans ses sentiments! quel contraste avec ce métier si dangereux, si minutieux, si près du ridicule, qu'il faut exercer dans les cours, et cela sans se donner un instant de relâche! Et je dis *dans les cours*, car elles se ressemblent toutes. Sans doute, la différence du caractère des souverains influe sur l'existence des gens qui l'entourent; il y a des nuances entre le service exigé par Louis XIV, notre roi Louis XVIII, l'empereur Alexandre, ou Bonaparte. Mais, si les maîtres diffèrent, les courtisans sont partout les

1. Dans le moment où j'écris, au mois de septembre 1818, mon mari est préfet du département du Nord.

## CHAPITRE ONZIÈME.

mêmes; les passions restent semblables, puisque la vanité en est toujours le secret mobile. Les jalousies, le désir de supplanter, la crainte de se voir arrêter dans son chemin, les préférences, tout cela donne et donnera toujours les mêmes agitations, et je suis intimement convaincue, pour le passé comme pour l'avenir, qu'un homme, vivant dans un palais, qui veut y conserver les facultés de penser et de sentir, y doit être presque continuellement malheureux.

Vers la fin de cet hiver, notre cour fut encore augmentée. Un nombre infini de personnes, parmi lesquelles j'en pourrais nommer qui se montrent aujourd'hui très implacables envers ceux qui ont servi l'empereur, se pressaient alors pour obtenir sa faveur. L'impératrice, M. de Talleyrand et M. de Rémusat recevaient des demandes et présentaient à Bonaparte des listes considérables, qui le faisaient sourire, quand il voyait sur la même colonne les noms de certains hommes jusque-là libéraux dans leurs opinions, de militaires qui avaient paru jaloux de son élévation, et de gentilshommes qui, après s'être moqués de ce qu'ils appelaient nos parades royales, sollicitaient tous la préférence, pour en faire partie. On accéda à quelques demandes. Mesdames de Turenne, de Montalivet, de Bouillé, Devaux et Marescot furent nommées dames du palais; MM. Hédouville, de Croÿ, de Mercy d'Argenteau, de Tournon et de Bondy, chambellans de l'empereur; MM. de Béarn, de Courtomer, et le prince de Gavre, chambellans de l'impératrice; M. de Canisy, écuyer; M. de Beausset, préfet du palais, etc.

Cette cour nombreuse se trouva bientôt composée d'éléments étrangers les uns aux autres, mais tous nivelés par la crainte du maître. Il y avait peu de rivalités entre les femmes; elles ne se connaissaient point, ne se liaient point entre elles; madame Bonaparte les traitait toutes également; madame de la Rochefoucauld, légère et facile, ne se montrait jalouse d'aucun crédit. La dame d'atours n'était que bonne et silencieuse. Je reculais de jour en jour devant l'amitié un peu dangereuse de l'impératrice, et il faut en convenir, en général, la partie de la cour qui l'environnait, grâce à l'égalité de son caractère et à l'aménité de ses manières, n'a guère éprouvé de troubles et de jalousies.

Il n'en fut pas de même autour de l'empereur; mais c'est que lui-même cherchait à entretenir l'inquiétude. Par exemple, M. de Talleyrand, après avoir un peu nui à la position de M. de Rémusat, non par aucune intention personnelle, mais pour satisfaire les nouveaux venus à qui mon mari inspirait de la jalousie, se trouvant ensuite en relation avec lui, commença à l'apprécier ce qu'il valait, et à lui montrer quelque intérêt. Bonaparte s'en aperçut, et, comme l'ombre d'une liaison l'effarouchait, et que, sur ce point, ses précautions étaient minutieuses, prenant une fois avec mon mari un ton de bonhomie qui ne lui était pas ordinaire :

« Prenez-y garde, lui dit-il, M. de Talleyrand semble se rapprocher de vous; mais j'ai la certitude qu'il vous veut du mal. — Et pourquoi M. de Talleyrand me voudrait-il du mal? » me disait mon mari, en me rapportant ces paroles. Et cependant, sans en comprendre les motifs, cela nous mettait en défiance, et c'est tout ce qu'on avait voulu.

Voilà donc, à peu près, l'état de la cour de l'empereur au printemps de 1805. Maintenant, je vais revenir sur mes pas, et rendre compte des grandes déterminations prises, relativement à la couronne d'Italie.

# LIVRE II

(1805-1808.

## CHAPITRE XII.

(1805.)

Ouverture de la session du Sénat. — Rapport de M. de Talleyrand. — Lettre de l'empereur au roi d'Angleterre. — Réunion de la couronne d'Italie à l'Empire. — Madame Bacciochi devient princesse de Piombino. — Représentation d'*Athalie*. — Voyage de l'empereur en Italie. — Mécontentement de l'empereur. — M. de Talleyrand. — Projets de guerre avec l'Autriche.

Le 4 février de cette année 1805, on apprit en France, par *le Moniteur*, que le discours du roi au parlement d'Angleterre, lors de son ouverture le 16 janvier, avait donné à entendre que l'empereur avait fait de nouvelles propositions d'accommodement, et que la réponse du ministère avait été qu'on ne pourrait convenir de rien, avant d'en avoir conféré avec les puissances étrangères du continent, et particulièrement avec l'empereur Alexandre.

Selon la coutume, des notes assez vives servaient

de commentaires à ce discours, et, en présentant un tableau de notre bonne intelligence, du moins apparente, avec les souverains de l'Europe, ces notes avouaient cependant quelque refroidissement entre l'empereur de Russie et celui de France, et l'attribuaient à l'intrigue de MM. de Marcoff et de Woronzoff, tous deux dévoués à la politique anglaise. Le message du roi d'Angleterre annonçait aussi la guerre entre l'Angleterre et l'Espagne.

Ce même jour, 4 février, le Sénat ayant été réuni, M. de Talleyrand présenta un rapport très habilement fait, dans lequel il développa le lystème de conduite qu'avait suivi Bonaparte à s'égard des Anglais. Il le montra faisant toujours des démarches pour la paix, tout en ne craignant point la guerre, fort des préparatifs qui menaçaient les côtes anglaises, ayant plusieurs flottilles équipées et prêtes dans les ports, une armée considérable et animée. Il rendit compte des moyens de se défendre que l'ennemi avait réunis sur ses côtes, ce qui prouvait qu'il ne regardait point la descente comme impossible, et, après avoir donné de grands éloges à la conduite de l'empereur, il lut au Sénat assemblé cette lettre que celui-ci avait adressée, le 2 janvier, au roi d'Angleterre :

« Monsieur mon frère, appelé au trône de France par la Providence et par les suffrages du Sénat, du peuple et de l'armée, notre premier sentiment est un vœu de paix.

» La France et l'Angleterre usent leur prospérité; elles peuvent lutter des siècles. Mais leurs gouvernements remplissent-ils bien le plus sacré de leurs devoirs? et tant de sang versé, inutilement et sans la perspective d'aucun but, ne les accuse-t-il pas dans leur propre conscience? Je n'attache point de déshonneur à faire le premier pas. J'ai assez, je pense, prouvé au monde que je ne redoute aucune des chances de la guerre. Elle ne m'offre d'ailleurs rien que je doive redouter. La paix est le vœu de mon cœur; mais la guerre n'a jamais été contraire à ma gloire. Je conjure Votre Majesté de ne pas se refuser au bonheur de donner elle-même la paix au monde. Qu'elle ne laisse pas cette douce satisfaction à ses enfants! Car, enfin, il n'y eut jamais de plus belle circonstance, ni de moment plus favorable, pour faire taire toutes les passions et écouter uniquement le sentiment de l'humanité et de la raison. Ce moment une fois perdu, quel terme assigner à une guerre que tous mes efforts n'auraient pu terminer? Votre Majesté a plus gagné depuis dix ans en territoires et en richesses que l'Europe n'a d'étendue ; sa nation est au plus haut point de prospérité. Que veut-elle espérer de la guerre? Coaliser quelques puissances du continent? Le continent restera tranquille. Une coalition ne ferait qu'accroître la prépondérance et la grandeur continentale de la France. Renouveler des troubles intérieurs? Les temps ne sont plus les mêmes. Détruire nos finances? Des finances fondées sur une bonne agriculture ne se détruisent jamais. Enlever à la France ses colonies? Les colonies sont pour la France un objet secondaire, et Votre Majesté n'en possède-t-elle pas déjà plus qu'elle n'en peut garder? Si Votre Majesté veut elle-même y songer, elle verra que la guerre est sans but, sans aucun résultat présumable pour elle. Eh! quelle triste perspective de faire battre des peuples pour qu'ils se battent!

» Le monde est assez grand pour que nos deux nations puissent y vivre, et la raison a assez de puissance pour qu'on trouve le moyen de tout concilier, si de part et d'autre on en a la volonté. J'ai toutefois rempli un devoir saint et précieux à mon cœur. Que Votre Majesté croie à la sincérité des sentiments que je viens de lui exprimer, et à mon désir de lui en donner des preuves. Sur ce, etc.........

Paris { 12 nivôse an XIII.
2 janvier 1805.

NAPOLÉON. »

Après avoir présenté cette lettre, au fond assez remarquable, comme une preuve éclatante de l'amour de Bonaparte pour les Français, de son désir de la paix, et de sa modération généreuse. M. de Talleyrand donna communication de la réponse que lui avait faite lord Mulgrave, ministre des affaires étrangères. La voici :

« Sa Majesté a reçu la lettre qui lui a été adressée par le chef du gouvernement français, datée du deuxième jour de ce mois.

» Il n'y a aucun objet que Sa Majesté ait plus à cœur que de saisir la première occasion de procurer de nouveau à ses sujets les avantages d'une paix fondée sur des bases qui ne soient pas incompatibles avec la sûreté permanente et les intérêts essentiels de ses États. Sa Majesté est persuadée que ce but ne peut être atteint que par des arrangements qui puissent, en même temps, pourvoir à la sûreté et à la tranquillité à venir de l'Europe, et prévenir le renouvellement des dangers et des malheurs dans lesquels elle s'est trouvée enveloppée. Conformément à ce sentiment, Sa Majesté sent qu'il lui est impossible de répondre plus particulièrement à l'ouverture qui lui a été faite, jusqu'à ce qu'elle ait eu le temps de communiquer avec les puissances du continent, avec lesquelles elle se trouve engagée par des liaisons et des rapports confidentiels, et particulièrement avec l'empereur de Russie, qui a donné les preuves les plus fortes de la sagesse et de l'élévation des sentiments dont il est animé, et du vif intérêt qu'il prend à la sûreté et à l'indépendance de l'Europe.

» 14 janvier 1805. »

Le caractère vague et indéterminé de cette réponse, toute diplomatique, donnait un grand avantage à la lettre de l'empereur plus ferme, et, en apparence, portant toutes les marques d'une magnanime sincérité. Elle fit donc un assez grand effet, et les différents rapports de ceux qui furent chargés de la porter aux trois grands corps de l'État, la présentèrent plus ou moins habilement dans le jour qui devait lui être le plus favorable.

Le rapport de Regnault de Saint-Jean d'Angely, envoyé comme conseiller d'État au Tribunat, est très remarquable, et encore intéressant aujourd'hui. Les louanges données à l'empereur, quoique poussées à l'extrême, y ont de la grandeur; le tableau de l'Europe est habilement tracé; celui du mal que la guerre doit faire à l'Angleterre est au moins spécieux, et, enfin, la peinture de nos prospérités à cette époque est imposant, et peu ou point exagéré.

« La France, dit-il, n'a rien à demander au ciel, sinon que le soleil continue à luire, que la pluie continue à tomber sur nos guérets, et la terre à rendre les semences fécondes. »

Et, alors, tout cela était vrai, et une sage administration, un gouvernement modéré, une constitution libérale donnée à la France, eussent à jamais consolidé cette prospérité! Mais les idées constitutionnelles n'entraient nullement dans le plan de Bonaparte. Soit que réellement il crût, comme il le disait souvent, que le caractère français et la position continentale de la France fussent en opposition avec les lenteurs d'un gouvernement représentatif; soit que, se sentant fort et habile, il ne pût consentir à faire à l'avenir de la France le sacrifice des avantages qu'il croyait nous donner par la puissance seule de sa volonté, il ne laissait guère échapper les occasions de discréditer la forme du gouvernement de nos voisins.

« La situation malheureuse dans laquelle vous avez mis votre peuple, disait-il dans les notes du *Moniteur*, en s'adressant aux ministres anglais, ne peut s'expliquer que par le malheur d'un État dont la politique intérieure est mal assise, et d'un gouvernement jouet misérable des factions parlementaires, et des mouvements d'une puissante oligarchie. »

Cependant, il se doutait bien, quelquefois, qu'il résistait aux tendances générales du siècle, mais il croyait avoir la force de les contenir. Un peu plus tard, il lui est arrivé de dire : « Tant que je vivrai, je régnerai comme je l'entends ; mais mon fils sera forcé d'être libéral. » Et, en attendant, il ne rêvait que des créations féodales. Il pensait pouvoir les faire accepter, et les préserver de la critique, qui commençait à décrier les anciennes institutions, en les établissant sur une si grande échelle, qu'elles intéressaient notre orgueil, et imposaient silence à la raison. Il croyait pouvoir encore une fois, comme l'histoire des siècles en avait déjà présenté l'exemple, soumettre le monde à la puissance d'un peuple-roi, puissance à la vérité toute représentée dans sa personne. Un mélange d'institutions orientales, romaines, et offrant aussi quelques ressemblances avec les temps de Charlemagne, devait faire de tous les souverains de l'Europe de grands feudataires de celui de l'Empire français, et peut-être que, si la mer n'eût pas irrévocablement préservé l'Angleterre de notre invasion, ce gigantesque projet eût été exécuté.

Peu de temps après, on eut l'occasion de voir jeter par l'empereur les fondements d'un plan qu'il roulait dans le secret de ses pensées. Je veux parler de la réunion de la couronne de Fer à celle de France.

Le 17 mars, M. de Melzi, vice-président de la république italienne, accompagné des principaux membres de la Consulte d'État, et d'une nombreuse députation de présidents de collèges électoraux, de députés du Corps législatif et de personnages importants, vint apporter à l'empereur, placé sur son trône, le vœu de la Consulte, qui demandait qu'il voulût bien régner aussi sur la république ultramontaine. « On ne peut nous conserver, disait M. de Melzi, le gouvernement actuel, parce qu'il nous arrière de l'époque où nous vivons. La monarchie constitutionnelle est indiquée partout, par le progrès des lumières. La république italienne demande un roi, et son intérêt veut que ce roi soit Napoléon, à cette condition que les deux couronnes ne seront réunies que sur sa tête, et qu'il se nommera lui-même un successeur pris dans sa descendance, dès que la mer Méditerranée aura recouvré la liberté. »

A ce discours, l'empereur répondit qu'il avait toujours travaillé pour l'intégrité de l'Italie, que, dans ce but, il acceptait la couronne, parce qu'il concevait que le partage serait dans ce moment funeste à son indépendance. Il promit enfin de placer la couronne de Fer plus tard, avec plaisir, sur une plus jeune tête, prêt à se sacrifier toujours pour les intérêts des États sur lesquels il était appelé à régner.

Le lendemain 18, il se rendit au Sénat en grande cérémonie, et il annonça le vœu de la Consulte, et son acceptation. M. de Melzi et tous les Italiens lui prêtèrent serment; et le Sénat d'approuver et d'applaudir comme de coutume. L'empereur termina son discours en déclarant « qu'en vain le génie du mal chercherait à remettre en guerre le continent, que ce qui avait été réuni à l'Empire demeurerait réuni. »

Sans doute, il prévoyait alors que ce dernier événement serait la cause d'une guerre prochaine, au moins avec l'empereur d'Autriche; mais il était loin de la redouter. L'armée se fatiguait de son inaction; trop de périls étaient attachés à la descente; on pouvait espérer qu'un temps favorable en faciliterait, à toute force, l'exécution; mais comment se maintenir ensuite dans un pays où il ne serait guère possible de se recruter? Et quelles chances pour la retraite, en cas de mauvais succès? On peut observer dans l'histoire de Bonaparte qu'il a toujours évité, du moins autant qu'il l'a pu, et surtout pour sa personne, les situations désespérées. Une guerre devait donc lui rendre le service de le tirer des embarras de ce projet de descente, devenu ridicule le jour où il renonçait à le tenter.

Dans cette même séance, l'État de Piombino fut donné à la princesse Élisa. En annonçant cette nouvelle au Sénat, Bonaparte déclarait que cette principauté avait été mal administrée depuis plusieurs années, qu'elle intéressait le gouvernement français par la facilité qu'elle offrait pour communiquer avec l'île d'Elbe et la Corse, que ce don n'était donc point l'effet d'une tendresse particulière, mais une chose conforme à la saine politique, à l'éclat de la couronne et à l'intérêt des peuples.

Et ce qui prouve à quel point les donations de l'empereur avaient cette forme de fiefs dont je parlais tout à l'heure, c'est que le décret impérial portait que les enfants de madame Bacciochi, en succédant à leur mère, recevraient l'investiture de l'empereur des Français, qu'ils ne pourraient se marier sans son consentement, et que le mari de la princesse, qui devait prendre le titre de prince de Piombino, prononcerait le serment suivant :

« Je jure fidélité à l'empereur; je promets de secourir de tout mon pouvoir la garnison de l'île d'Elbe ; et je déclare que je ne cesserai de remplir, dans toutes les circonstances, les devoirs d'un bon et fidèle sujet envers Sa Majesté l'empereur des Français. »

Peu de jours après, le pape baptisa en grande cérémonie le second fils de Louis Bonaparte, tenu par lui-même et par sa mère. Cette pompe eut lieu à Saint-Cloud. Le parc fut illuminé à raison de cet événement et semé de jeux publics pour le peuple. Le soir, il y eut un cercle nombreux et une première représentation d'*Athalie* au théâtre de Saint-Cloud.

Cette tragédie n'avait point été donnée depuis la Révolution. L'empereur, qui avoua que la lecture de cet ouvrage ne l'avait jamais bien frappé, fut très intéressé par la représentation, et répéta encore à cette occasion qu'il désirait fort qu'une pareille tragédie fût faite pendant son règne. Il consentit à ce qu'elle fût représentée à Paris ; et, à dater de cette époque, on commença à pouvoir remettre sur notre théâtre la plupart de nos chefs-d'œuvre, que la prudence révolutionnaire en avait écartés. Ce ne fut pas, cependant, sans en retrancher quelques vers dont on craignait les applications. Luce de Lancival, l'auteur d'*Hector* et d'*Achille à Scyros*, et, peu après, Esménard, auteur du poëme de *la Navigation*, furent chargés de corriger Corneille, Racine et Voltaire. Mais, n'en déplaise à cette précaution d'une police trop minutieuse, les vers retranchés, comme les statues de Brutus et de Cassius, étaient d'autant plus marquants qu'on les avait fait disparaître.

A la suite de ces grandes déterminations prises

à l'égard de l'Italie, l'empereur annonça qu'il y ferait un prochain voyage et fixa son sacre à Milan, pour le mois de mai. Il convoqua, en même temps, le Corps législatif italien pour la même époque, et il fit paraître nombre de décrets et d'arrêtés relatifs aux nouveaux usages qu'il établissait dans ce pays. Il donna aussi des dames et des chambellans à sa mère, entre autres M. de Cossé-Brissac, qui avait sollicité cette faveur. Dans le même temps, le prince Borghèse fut déclaré citoyen français; et nous eûmes parmi les dames du palais une nouvelle compagne, madame de Canisy, une des plus belles femmes de cette époque.

Madame Murat accoucha dans ce temps; elle occupait alors l'hôtel Thélusson, situé au bout de la rue d'Artois. On vit, à cette occasion, combien le luxe de ces nouvelles princesses allait toujours croissant, et cependant il n'était point encore arrivé au point où il est parvenu depuis. Elle avait imaginé, pour le temps de ses couches, de tendre sa chambre en satin rose, les rideaux de son lit et ceux des fenêtres, de la même étoffe, tous garnis en dentelle très haute et très fine, au lieu de franges.

Bientôt on ne s'occupa plus que des préparatifs

du départ, qui fut fixé au 2 avril, ainsi que celui du pape; et, quelques jours avant, M. de Rémusat partit pour Milan, chargé d'y porter les insignes, ornements royaux et diamants de la couronne qui devaient servir au couronnement. Ce voyage commença pour moi un chagrin nouveau, qui devait se reproduire pendant quelques années. Jamais encore je ne m'étais séparée de mon mari, et j'avais pris l'habitude de jouir si vivement et si intimement des douceurs de mon intérieur, que j'eus beaucoup de peine à supporter cette pénible privation. Cette peine contribua encore à jeter un voile assez sombre sur la vie de cour à laquelle je me trouvais forcée; et elle coûta beaucoup aussi à mon mari, qui eut, ainsi que moi, le tort de le laisser deviner. Je l'ai déjà dit, la vie d'un courtisan est manquée lorsqu'il veut conserver l'habitude de sentiments qui sont toujours une dangereuse distraction aux devoirs minutieux dont cette vie est composée.

Mon inquiétude en voyant mon mari partir pour un voyage qui me paraissait si long, et presque dangereux, tant mon imagination s'exaltait sur tout ce qui le regardait, me fit désirer qu'il emmenât avec lui un ancien officier de marine de nos amis, appelé Salembeni, pauvre, et vivant d'une petite place obscure, et de quelque argent que M. de Rémusat lui donnait, en l'employant comme secrétaire. Je lui confiai le soin de la santé de mon mari. Cet homme avait de l'esprit ; mais il était un peu difficile, assez malin, d'une humeur chagrine. Il nous causa plus d'une peine, et c'est pour cela que j'en fais mention ici [1].

Ma santé devenait trop mauvaise pour qu'on songeât à me mettre du voyage. L'impératrice parut me regretter ; quant à moi, j'étais au fond contente de me reposer de cette vie orageuse que j'avais menée, et de demeurer avec ma mère et mes enfants [2].

---

1. M. Salembeni, qui aimait à écrire, écrivit assez librement d'Italie plutôt sur la chronique scandaleuse de la cour que sur la politique. Les lettres étaient ouvertes et montrées à l'empereur qui lui ordonna de partir dans les vingt-quatre heures, comme on le verra plus loin. Cette disgrâce causa quelques ennuis à mon grand-père. Quoique dans la correspondance de l'auteur de ces mémoires avec son mari on sente quelque gêne, et que bien des phrases s'y trouvent destinées à satisfaire un maître jaloux, il est probable que les lettres du mari et de la femme étaient aussi considérées comme trop libres. (P. R.)

2. Ma grand'mère, toujours faible de santé, commençait à devenir tout à fait malade, et impropre à toute activité. Son caractère s'en ressentit. Elle ne perdit rien de sa douceur, mais elle perdit du calme, de la sérénité, de la gaieté. Elle eut de fréquents

## CHAPITRE DOUZIÈME.

Mesdames de la Rochefoucauld, d'Arberg, de Serrant et Savary accompagnèrent l'impératrice; un assez grand nombre de chambellans, les grands officiers, enfin une cour assez nombreuse et assez jeune, fut du voyage. L'empereur partit le 2 avril, et le pape le 4 du même mois. Celui-ci reçut partout, jusqu'à son arrivée à Rome, de grandes marques de respect, et, alors, il croyait sans doute dire adieu à la France pour jamais.

Murat restait gouverneur de Paris, et chargé d'une surveillance exacte qu'il étendait à tout, mais ne faisant pas, je crois, des rapports toujours désintéressés. Fouché, plus libéral dans sa police, si on peut se servir de cette expression, ayant acquis le droit de se croire nécessaire, dirigeait les choses d'un peu haut, ménageant toujours tous les partis, selon son système, afin de se rendre utile à tous.

maux de nerfs qui, joints à sa vivacité naturelle d'imagination, la rendirent plus accessible à l'inquiétude et à la mélancolie. Le voyage de son mari, si différent cependant des expéditions dangereuses des hommes de ce temps, qui était presque un voyage de plaisirs, la troubla plus qu'on ne le peut croire aujourd'hui, et son chagrin étonnait même les femmes les plus romanesques de ces temps si éloignés de nous. La vie du monde, et surtout celle de la cour, lui devint de plus en plus difficile. (P. R.)

L'archichancelier Cambacérès demeurait pour la direction du Conseil d'État, dont il s'acquittait bien, et pour faire les honneurs de Paris. Il recevait beaucoup de personnes, qu'il accueillait avec une politesse mêlée d'une certaine morgue qui donnait à sa manière une teinte de ridicule.

Au reste, Paris et la France étaient alors dans le plus grand repos; tout semblait s'entendre pour marcher vers l'ordre, et demeurer dans la soumission. L'empereur commença son voyage par la Champagne. Il alla à Brienne, et passa un jour dans le beau château de ce nom, pour visiter le berceau de sa jeunesse. Madame de Brienne faisait profession d'un extrême enthousiasme pour lui, et, comme il savait gré de l'adoration, il fut très aimable chez elle. Il y avait alors quelque chose d'amusant à voir, à Paris, quelques-uns des parents de madame de Brienne recevoir les lettres animées qu'elle écrivait sur ce séjour impérial. Cependant, comme elles rapportaient des faits, ces lettres produisirent bon effet dans ce qu'on appelle chez nous *la bonne compagnie*. Le succès est chose facile aux puissants de ce monde; il faut qu'ils soient ou bien malveillants ou bien maladroits, quand ils ne parviennent pas à nous plaire.

Peu de jours après ces grands départs, l'article suivant parut dans *le Moniteur* :

« Monsieur Jérôme Bonaparte est arrivé à Lisbonne sur un bâtiment américain, sur lequel étaient inscrits comme passagers « monsieur et mademoiselle Patterson ». M. Jérôme a pris aussitôt la poste pour Madrid. Monsieur et mademoiselle sont rembarqués. On les croit retournés en Amérique. »

Je crois qu'ils passèrent alors en Angleterre.

Ce M. Patterson n'était autre chose que le beau-père de Jérôme. Celui-ci, devenu amoureux en Amérique de la fille d'un négociant américain, l'avait épousée, se flattant d'obtenir, après quelque mécontentement, le pardon de son frère. Mais Bonaparte, qui rêvait dès lors d'autres projets pour sa famille, montra le plus grand courroux, cassa

---

1. Voici comment l'empereur annonçait le retour de son frère au ministre de la marine, le vice-amir.l Decrès :

« Milan, 23 floréal an XIII (13 mai 1805).

» Monsieur Decrès, M. Jérôme est arrivé. Mademoiselle Patterson est retournée en Amérique. Il a reconnu son erreur et désavoue cette personne pour sa femme. Il promet de faire des miracles. En attendant, je l'ai envoyé à Gênes pour quelque temps. » (P. R.)

le mariage, et força son frère à une séparation subite. Jérôme se rendit en Italie, et le joignit à Turin ; il fut fort maltraité, et reçut l'ordre de se rendre sur l'une de nos flottes qui croisait dans la Méditerranée ; il demeura en mer pendant un assez long temps, et ne rentra en grâce que plusieurs mois après.

L'empereur fut accueilli dans toute la France avec un enthousiasme réel. Il séjourna à Lyon, où il s'attacha les commerçants par des ordonnances qui leur étaient favorables ; enfin, il passa le mont Cenis, et demeura quelques jours à Turin.

Cependant, M. de Rémusat était arrivé à Milan, où il avait trouvé le prince Eugène, qui le reçut avec cette cordialité qui lui est si naturelle. Ce prince questionna mon mari sur ce qui s'était passé à Paris depuis son départ, et parvint à tirer de lui quelques-unes des particularités relatives à madame de X... qui blessèrent ses anciens sentiments. M. de Rémusat me mandait qu'il menait une vie assez paisible, en attendant la cour. Il parcourait Milan, qui lui parut une triste ville, ainsi que le palais. Les habitants montraient peu d'empressement aux Français ; les nobles se tenaient renfermés chez eux, sous prétexte qu'ils n'étaient point assez riches pour faire convenablement les honneurs de leur maison. Le prince Eugène s'efforçait de les attirer autour de lui, mais il avait peine à y réussir. Les Italiens, encore en suspens, ne savaient s'ils devaient se réjouir de la destinée nouvelle qu'on leur imposait.

M. de Rémusat m'a écrit, à cette époque, des détails curieux sur le genre de vie des Milanais. Leur ignorance de tous les agréments de la société, ce manque absolu des jouissances de la vie de famille, les maris étrangers à leurs femmes laissant un *cavaliere servante* les soigner; la tristesse des spectacles; l'obscurité des salles, qui permet à chacun de s'y rendre sans toilette et de s'occuper souvent à toute autre chose, dans les loges presque closes, qu'à écouter l'opéra; le peu de diversité des représentations; la comparaison des coutumes de ce pays avec les usages de la France; tout cela donnait à M. de Rémusat matière à des observations toutes à l'avantage de notre aimable patrie, et ajoutait à son désir de s'y retrouver près de moi.

Pendant ce temps, l'empereur parcourait les lieux de ses premières victoires. Il fit une revue considérable sur le champ de bataille de Marengo même, et y distribua des croix.

Les troupes qu'on avait réunies sous prétexte de cette revue, et qu'on tint ensuite dans le voisinage de l'Adige, furent une des raisons, ou des prétextes, pour lesquelles le cabinet autrichien accrut encore la ligne de défense déjà considérable qui avait ordre de se tenir derrière ce fleuve; et, par suite, la politique française s'effaroucha de ces précautions.

Le 9 mai, l'empereur arriva à Milan. Sa présence donna à cette ville un grand mouvement, et les circonstances du couronnement y éveillèrent les ambitions, comme il était arrivé à Paris. Les plus grands seigneurs milanais commencèrent à souhaiter les nouvelles distinctions et les avantages qui y étaient attachés; on parlait d'indépendance et d'unité de gouvernement aux Italiens, et ils se livrèrent aux espérances qu'il leur fut permis de concevoir.

Dès l'arrivée de notre cour à Milan, je fus frappée du ton de tristesse des lettres de M. de Rémusat, et, bientôt après, je fus informée qu'il avait à souffrir du mécontentement subit que son maître éprouvait contre lui, un peu injustement. Les lettres étaient assez soigneusement ouvertes; cet officier[1]

---

1. M. Salembeni (P. R.)

dont j'ai parlé, spectateur caustique de ce qui se faisait à Milan, s'imagina d'écrire à Paris des récits assez gais, et un peu railleurs, de ce qui se passait sous ses yeux. M. de Rémusat reçut l'ordre de le faire repartir pour Paris, sans qu'on lui expliquât d'abord pourquoi, et ce ne fut que plus tard qu'il apprit la cause d'une pareille injonction. Le mécontentement de Bonaparte ne s'arrêta point sur le secrétaire, et retomba encore sur celui qui l'avait amené.

En outre, le prince Eugène laissa échapper quelques-unes des particularités qu'il avait obtenues de la confiance de mon mari, et, enfin, on vit dans nos lettres, comme je l'ai déjà dit, des sentiments qui prouvaient que toutes nos pensées n'étaient pas entièrement concentrées dans les intérêts de notre situation. Tous ces motifs réunis suffisaient pour donner de l'humeur à un maître naturellement irascible, et il arriva que, selon sa coutume, qui était d'employer toujours les hommes à son profit, quand ils lui étaient utiles, quelle que fût sa disposition à leur égard, il exigea de mon mari un service d'une exactitude rigoureuse, parce que l'ancienneté de M. de Rémusat dans le palais lui donnait une plus grande habitude sur un cérémonial qui devenait tous les jours plus minutieux, et auquel l'empereur mettait de plus en plus de l'importance. Mais, en même temps, il le traitait avec sécheresse et dureté, répétant toujours à ceux qui, avec raison, lui vantaient les qualités estimables et distinguées de mon mari : « Tout cela peut être, mais il n'est pas à moi comme je voudrais qu'il fût. » Ce reproche a été continuel dans sa bouche pendant toutes les années que nous avons passées près de lui, et peut-être y a-t-il quelque mérite à n'avoir pas cessé de le mériter.

Cette vie animée, et pourtant oisive, d'une cour, donnèrent à M. de Talleyrand et à M. de Rémusat l'occasion de se connaître un peu davantage, et jetèrent les premiers fondements d'une liaison qui, plus tard, m'a causé bien des émotions diverses.

Le tact fin et naturellement droit de M. de Talleyrand démêla l'esprit juste et observateur de mon mari; ils s'entendirent sur une multitude de choses, et ces deux caractères si opposés n'empêchèrent point qu'ils ne trouvassent du charme à l'échange de leurs idées. Un jour, M. de Talleyrand dit à M. de Rémusat : « Vous n'êtes pas, je le vois, sans quelque défiance de moi. Je sais d'où elle vous vient. Nous servons un maître qui n'aime pas les liaisons. En nous voyant attachés tous deux à un même service, il a prévu des relations entre nous. Vous êtes un homme d'esprit, et c'est assez pour lui faire souhaiter que vous et moi demeurions isolés. Il vous a donc prévenu, il a cherché aussi par je ne sais quels rapports à me mettre en défiance, et il ne tiendrait pas à lui que nous ne demeurassions en réserve vis-à-vis l'un de l'autre. C'est une de ses faiblesses qu'il faut reconnaître, ménager et excuser, sans s'y soumettre entièrement. » Cette manière naturelle de parler, accompagnée de cette bonne grâce que M. de Talleyrand sait si bien prendre quand il veut, plut à mon mari, qui trouva dans cette liaison, d'ailleurs, un dédommagement à l'ennui de son métier[1].

1. Cette défiance préparée et entretenue par l'empereur entre son grand chambellan et son premier chambellan, a été lente à s'effacer, et, malgré la bonne volonté et le bon esprit de tous deux, l'intimité n'est venue que plus tard, l'année suivante, pendant le voyage d'Allemagne. Après les premières avances de M. de Talleyrand, mon grand-père écrivait encore à sa femme dans une lettre datée de Milan, le 17 floréal an XIII (7 mai 1805) : « M. de Talleyrand est ici depuis huit jours. Il ne tient qu'à moi de le croire mon meilleur ami. Il en a tout le langage. Je vais assez chez lui ; il prend mon bras partout où il me trouve, cause avec moi à l'oreille pendant deux ou trois heures de suite, me dit des

M. de Rémusat s'aperçut à cette époque que M. de Talleyrand, qui avait sur Bonaparte tout le crédit que donnent des talents vraiment utiles, éprouvait une grande jalousie du crédit de Fouché, qu'il n'aimait point, et qu'il nourrissait intérieurement un véritable mépris pour M. Maret, mépris que, dès cette époque, il satisfaisait par ces railleries mordantes qui lui sont familières, et auxquelles il est difficile d'échapper. Sans aucune illusion sur l'empereur, il le servait bien cependant, mais en s'efforçant de lier ses passions par les situations dans lesquelles il essayait de le mettre, soit à l'égard des étrangers, soit en France, en l'engageant à créer certaines institutions qui devaient, en effet, le contraindre. L'empereur, qui, comme je l'ai dit, aimait à créer, et qui d'ailleurs comprenait vite et saisissait promptement ce qui lui paraissait neuf et imposant, adoptait facilement les conseils de M. de Talleyrand, et jetait avec lui les premiers fondements de ce qui était utile. Mais, ensuite, son

choses qui ont toute la tournure de confidences, s'occupe de ma fortune, m'en entretient, veut que je sois distingué de tous les autres chambellans. Dites donc, ma chère amie, est-ce que je serais en crédit? Ou bien, plutôt, aurait-il quelque tour à me jouer? » Peu de temps après, le langage devient tout différent, et la liaison fut très intime et bien affectueuse des deux côtés. (P. R.)

esprit de domination, sa défiance, sa crainte d'être enchaîné lui faisaient redouter la puissance de ce qu'il avait créé, et, par un caprice inattendu, il sortait tout à coup de la route où il était entré, et suspendait ou brisait lui-même le travail commencé. M. de Talleyrand s'en irritait ; mais, naturellement indolent et léger, il ne trouvait pas en lui la force et la suite qui lutte dans le détail, et finissait par négliger et abandonner une entreprise qui aurait demandé une surveillance fatigante pour lui. La suite des événements expliquera tout cela mieux que je ne fais dans ce moment ; il me suffit d'indiquer ce que M. de Rémusat commença dès lors à apercevoir quoiqu'un peu confusément.

Cependant, la guerre s'allumait entre l'Angleterre et l'Espagne; nous faisions journellement des tentatives sur mer; quelques-unes nous réussirent assez bien. Une flotte, sortie de Toulon, trouva moyen de joindre l'escadre espagnole. On fit dans les journaux beaucoup de bruit de ce succès[1].

Le 23 mai, Bonaparte fut couronné roi d'Italie.

---

1. Il s'agit ici de l'heureuse sortie de l'amiral Villeneuve, qui, ayant mis à la voile le 30 mars, avait pu quitter le port de Toulon sans rencontrer la flotte anglaise. (P. R.)

La cérémonie fut belle, et pareille à celle qui avait eu lieu à Paris. L'impératrice y assista dans une tribune. M. de Rémusat me conta que le frémissement avait été général dans l'église, au moment où Bonaparte, saisissant la couronne de Fer et la plaçant sur sa tête, prononça d'une voix menaçante la formule antique : *Il cielo me la diede, guai a chi la toccherà!* Le reste du temps qu'on demeura à Milan fut employé en fêtes d'une part, et, de l'autre, en décrets qui réglèrent la situation et l'administration du nouveau royaume. Des réjouissances eurent lieu sur tous les points de la France pour cet événement. Cependant il inquiétait un assez grand nombre de gens, qui présageaient que la guerre avec l'Autriche en deviendrait la suite.

Le 4 juin, on vit arriver à Milan le doge de Gênes, qui venait demander la réunion de sa république à l'Empire. Cette démarche, concertée ou commandée d'avance, fut accueillie avec une grande cérémonie ; et, aussitôt, cette portion de l'Italie fut partagée en nouveaux départements. Peu après, la nouvelle constitution fut offerte au Corps législatif italien, et le prince Eugène fut déclaré vice-roi du royaume. On créa l'ordre de la couronne de Fer, et, les distributions étant faites, l'empereur quitta Milan, et fit un voyage qui, en apparence, semblait une course d'agrément, et qui n'était qu'une reconnaissance des forces autrichiennes sur la ligne de l'Adige.

Par le traité de Campo-Formio, Bonaparte avait abandonné à l'empereur d'Autriche les États vénitiens, et cela rendait celui-ci voisin redoutable du royaume d'Italie. Arrivé à Vérone, que l'Adige partage en deux, il reçut la visite du baron de Vincent, qui commandait la garnison autrichienne, dans la partie de la ville de Vérone qui appartenait à son souverain. Le baron parut chargé de s'informer de l'état des forces que nous avions en Italie; l'empereur, de son côté, observa celles de l'étranger. En parcourant les rives de l'Adige, il comprit qu'il faudrait construire des forts qui pussent défendre le fleuve; mais, calculant le temps et la dépense nécessaires, il lui échappa de dire qu'il serait plus court et mieux entendu d'éloigner la puissance autrichienne de cette frontière; et, dès cet instant, on peut croire qu'intérieurement il résolut la guerre qui éclata quelques mois après. D'ailleurs, l'empereur d'Autriche ne pouvait voir avec indifférence, de son côté, la puissance que la

France venait d'acquérir en Italie ; et le gouvernement anglais, qui s'efforçait de nous susciter une guerre continentale, profita habilement des inquiétudes de l'empereur d'Autriche et des mécontentements qui refroidirent peu à peu nos relations avec la Russie. Les journaux anglais se hâtèrent de publier que l'empereur n'avait passé la revue de ses troupes en Italie que pour les mettre sur le pied d'une armée redoutable ; on commença aussi à faire marcher quelques corps autrichiens, et les apparences de paix qui furent encore observées jusqu'à la rupture ne servirent qu'aux préparatifs des deux empereurs, devenus à cette époque ennemis presque déclarés.

# CHAPITRE XIII.

(1805.

Fêtes de Vérone et de Gênes. — Le cardinal Maury. — Ma vie retirée à la campagne. — Madame Louis Bonaparte. — *Les Templiers.* — Retour de l'empereur. — Ses amusements. — Mariage de M. de Talleyrand. — La guerre est déclarée.

L'empereur, dans sa tournée, visita Crémone, Vérone, Mantoue, Bologne, Modène, Parme, Plaisance, et vint à Gênes, où il fut reçu avec enthousiasme. Il fit venir dans cette dernière ville l'architrésorier Le Brun, à qui il confia le soin de surveiller la nouvelle administration qu'il y établissait. Là aussi il se sépara de sa sœur Élisa, qui l'avait accompagné dans son voyage, et à qui il donna encore la petite république de Lucques, qu'il joignit aux États de Piombino. On commença à revoir, à cette époque, les Français décorés des croix et cordons étrangers. Des ordres prussiens, bavarois et espagnols furent envoyés à l'empereur pour qu'il les distribuât à son gré. Il les partagea entre ses grands officiers, quelques-uns de ses ministres, et une partie de ses maréchaux.

A Vérone, on donna à l'empereur le spectacle d'un combat de chiens et de taureaux, dans l'ancien amphithéâtre qui contenait quarante mille spectateurs. A son arrivée, un cri général d'applaudissement s'étant élevé, il fut véritablement ému de ces acclamations, imposantes par leur nombre et le lieu où il se voyait appelé à les recevoir; mais les fêtes données à Gênes furent réellement magiques. On avait construit des jardins flottants sur de vastes barques; ces jardins aboutissaient tous à une sorte de temple, flottant aussi, qui, s'étant approché du rivage, reçut Bonaparte et sa cour. Alors toutes ces barques liées entre elles s'étant éloignées dans le port, l'empereur se trouva au milieu d'une île charmante d'où il put contempler la ville de Gênes, illuminée avec soin et comme embrasée par des feux d'artifice tirés de plusieurs endroits en même temps.

Tandis qu'on était à Gênes, M. de Talleyrand eut un petit plaisir qui se trouva complètement dans son goût, car il s'amusait partout où il pouvait découvrir et faire apercevoir un ridicule. Le cardinal Maury, retiré à Rome depuis son émigration, y jouissait de la réputation que l'ardeur de ses opinions lui avait acquise dans notre fameuse Assemblée constituante. Il avait cependant le désir de rentrer en France. M. de Talleyrand lui écrivit de Gênes et le détermina à venir se présenter à l'empereur. Il arriva, et prenant aussitôt cette attitude obséquieuse que nous lui avons vu garder exactement depuis, il entra dans Gênes en répétant à haute voix qu'il venait voir le grand homme. Il obtint une audience ; le grand homme le jugea vite, et tout en l'estimant ce qu'il valait, se complut dans l'idée de lui faire donner un démenti à sa conduite passée. Il le gagna facilement, en le caressant un peu, l'attira en France, où nous lui avons vu jouer un rôle passablement ridicule. M. de Talleyrand, chez lequel les souvenirs de l'Assemblée constituante ne s'étaient point effacés, trouva bien des occasions d'exercer ses petites vengeances sur le cardinal, en donnant à la sottise de ses flatteries l'évidence la plus maligne.

A Gênes, M. l'abbé de Broglie fut nommé évêque d'Acqui.

Tandis que l'empereur allait ainsi, parcourant l'Italie et y consolidant sa puissance, que tout le monde autour de lui se fatiguait de la représentation continuelle dans laquelle il retenait sa cour, que l'impératrice, heureuse de l'élévation de son fils, et pourtant affligée de s'en voir séparée, s'amusait de toutes ces fêtes dont elle était l'objet, et des exhibitions magnifiques qu'elle faisait de toutes ses pierreries et de ses plus élégantes toilettes, je menais une vie paisible et agréable dans la vallée de Montmorency, chez madame d'Houdetot dont j'ai déjà parlé. Les souvenirs de cette aimable femme me reportaient vers le temps qu'elle se plaisait à conter; je m'amusais à l'entendre parler de ces fameux philosophes qu'elle avait tant connus, et dont elle redisait fort bien les habitudes et les conversations. Tout animée par les confessions de Jean-Jacques Rousseau, je m'étonnais quelquefois de la trouver refroidie sur son compte; et je dirai en passant que l'opinion de madame d'Houdetot, qui semblerait avoir dû conserver plus d'indulgence qu'une autre pour Rousseau, n'a pas peu contribué à me mettre en défiance sur le caractère de cet homme qui, je crois, n'a eu d'élévation que dans le talent[1].

1. Ma grand'mère était, comme on le voit et comme je l'ai dit dans la préface de cet ouvrage, très liée avec madame d'Houdetot, malgré la différence des âges, des sentiments et des situations. On ne lira donc pas sans intérêt ce qu'elle écrivait à son mari,

## CHAPITRE TREIZIÈME.

Paris était, pendant cette absence, solitaire et paisible. La famille impériale vivait dispersée à la campagne. Je voyais quelquefois madame Louis Bonaparte à Saint-Leu que son mari avait acheté. Louis paraissait exclusivement occupé des embellissements de son jardin. Sa femme était solitaire,

durant le séjour qu'elle faisait, en ce moment même, chez cette femme célèbre, par les confessions de Rousseau, et par les mémoires de madame d'Épinay : « Sannois, 22 floréal an XIII (12 mai 1805). Ce matin, après les leçons de Charles, j'ai été voir madame d'Houdetot dans son petit cabinet. Elle m'a trouvée digne d'être admise à de petites confidences sentimentales, que j'ai d'autant mieux reçues que ma pensée habituelle, tournée vers toi, et devenue un peu mélancolique par l'absence, me rend très accessible à entrer dans toutes les émotions de cœur. Elle m'a montré des vers qu'elle avait faits pour son ancien ami (M. de Saint-Lambert), m'a fait voir trois portraits qu'elle avait de lui, et m'a parlé de ses jouissances passées, de ses souvenirs et de ses regrets, avec une sorte de naïveté et d'ignorance du mal, si je puis parler ainsi, qui la rendait touchante et excusable à mes yeux. Mon ami, je suis convaincue que la société de cette femme serait dangereuse pour une femme faible, ou malheureuse dans son choix. Celle qui hésiterait encore entre son cœur et la vertu ferait bien de la fuir, cent fois plus promptement encore qu'elle ne s'éloignerait d'une personne corrompue. Elle est si calme, si heureuse, si peu inquiète de son sort futur ! Il semble enfin qu'elle se repose sur cette parole de l'Évangile qui paraît faite pour elle : « Beaucoup de péchés lui seront remis, parce qu'elle a beaucoup aimé ! »

» N'allez pas croire, pourtant, que ce spectacle d'une vieillesse paisible après une jeunesse un peu égarée, dérange mes principes. Je ne me fais pas plus forte qu'une autre, mon cher ami, et je sens surtout ma vertu bien solide, parce qu'elle est appuyée sur le bonheur et sur l'amour Je réponds de moi, parce que je t'aime et que je te suis chère. Douze années d'expérience m'ont assez prouvé

malade, et toujours craintive de laisser échapper un mot qui lui déplût. Elle n'avait osé ni se réjouir de l'élévation du prince Eugène, ni pleurer son absence qui devenait indéfinie. Elle écrivait peu, car elle ne croyait pas que le secret de ses lettres fût respecté.

que mon cœur t'était uniquement destiné, mais, ta sévérité dût-elle s'en alarmer, je n'aurais pas été si sûre si tu n'avais pas été mon mari. » Quelques années plus tard, vers la fin du mois de janvier 1813, madame d'Houdetot mourait à l'âge de quatre-vingt-trois ans, et ma grand'mère traçait d'elle ce portrait que je retrouve dans un de ses cahiers. « Madame d'Houdetot vient de mourir après une heureuse et longue carrière. Au milieu des orages publics, sa vieillesse a été paisible, sa mort douce et calme. Est-ce donc la puissance d'une raison exercée, est-ce le courage d'une âme forte, est-ce enfin le concours des événements qui ont donné à sa vie un aspect si égal, à ses derniers moments un rep si touchant? Non, sans doute. Son caractère ne devait pas la prémunir contre les choses qui heurtent la vie, mais il a dû l'empêcher de les rencontrer. Semblable à ces enfants aimables qu'un heureux instinct fait passer à côté de l'écueil sans l'avoir prévu ni en être froissés, elle a traversé le monde avec cette confiance qui n'accompagne ordinairement que la jeunesse, et qu'on est accoutumé de respecter, parce qu'on sait qu'en essayant de l'avertir, on serait bien plus sûr d'attrister que d'éclairer sa touchante ignorance.

» Madame d'Houdetot était née dans une époque heureuse et brillante de notre monarchie. Les hommes de génie qui avaient, en quelque sorte, illuminé le règne de Louis XIV, laissaient après eux en s'éteignant une trace de lumière prolongée qui suffisait encore pour échauffer l'esprit de leurs successeurs. La longue et pacifique administration du cardinal de Fleury donnait aux arts et aux talents le temps de se développer. Madame d'Houdetot put

## CHAPITRE TREIZIÈME.

Dans une des visites que je lui fis, elle m'apprit que le bruit s'était répandu que MM. de Polignac, enfermés au château de Ham, avaient fait des tentatives pour s'échapper, qu'on les avait transférés au Temple, qu'on accusait madame Bonaparte d'y prendre, par moi, un assez grand intérêt.

rencontrer facilement, dès sa jeunesse, les occasions de satisfaire les goûts qu'elle apporta dans le monde. Mariée comme on mariait alors, elle tint d'abord dans la société la place qu'on y voit tenir à presque toutes les jeunes personnes. Depuis quinze ans jusqu'à vingt les femmes se ressemblent à peu près. Élevées dans les mêmes habitudes, formées par la même éducation, leur jeunesse se montre, avec plus ou moins d'agréments, mais toujours avec les mêmes apparences des qualités absolument nécessaires à l'éloge qu'on doit pouvoir faire d'une fille à marier. Aussi, la plupart du temps, se marient-elles qu'on ignore encore, même leurs parents, même elles-mêmes, les qualités ou les défauts qui dirigeront leur conduite.

» Il arrive de là que leurs premières actions dans la vie sont moins le résultat de leurs penchants que celui de la seconde éducation qu'elles reçoivent du monde et de l'époux qui les a choisies. Combien de femmes qui ne se sont connues qu'après avoir triomphé de leurs sentiments, ou cédé à leurs faiblesses! Combien se sont ignorées, faute d'événements qui eussent développé leurs secrètes dispositions! Celle d'entre les femmes qui apporte d'avance des principes établis, qui les conserve encore même dans ses fautes, qui sait enfin les retrouver après, celle-là est sans doute d'une trempe forte et particulière. Madame d'Houdetot, dont cette digression ne nous a pas autant écartés qu'on pourrait d'abord le supposer, ne peut pas être assurément comprise dans cette classe. Cependant la couleur d'affection qu'elle a su donner à chacune des actions de sa vie, lui mérite une place particulière que justifie cette touchante uniformité.

Cette accusation, dont madame Louis soupçonnait Murat d'être l'auteur, n'avait assurément aucun fondement; madame Bonaparte ne pensait plus à ces deux prisonniers, et, moi, j'avais entièrement perdu de vue la duchesse de Polignac.

Je m'appliquai à vivre fort retirée, afin de pou-

---

» Madame d'Houdetot fut donc élevée comme ses contemporaines. Des incidents particuliers la placèrent dans une société qui professait des opinions qui la séduisirent, sans l'égarer. Entourée de gens de lettres, elle aima leur esprit, apprécia leurs talents, mais elle ne partagea point leurs passions. Liée surtout avec ceux qu'on appelait alors *les philosophes* ou *les académiciens*, sa jeune et riante imagination s'amusait de la forme piquante qu'ils savaient donner à la censure. Leur philanthropie générale, qu'on a vue s'alimenter souvent aux dépens des affections individuelles, plaisait à son cœur. Elle s'attachait aux principes d'une secte qui prêchait l'amour de l'humanité, et qui n'avait pas prévu, ou peut-être n'avait pas voulu prévoir, que les nouvelles institutions qu'ils voulaient fonder, ne pouvant s'élever que sur les ruines des anciennes, il en résulterait un moment d'anarchie sociale, seule partie de leur plan qui ait été exécutée. Des voix amies prêchaient à madame d'Houdetot une doctrine nouvelle, embellie du prestige de l'esprit et quelquefois du talent. Empressée de jouir, elle donnait peu de temps à la réflexion. Pour écouter les avertissements de la raison, il faut soumettre le plaisir à quelques moments d'interrègne, qui auraient attristé madame d'Houdetot. Si la nature de ses liaisons l'a quelquefois entraînée, si quelque ami sincère en a gémi, je doute qu'il ait jamais tenté de la détromper Son erreur était celle du cœur; le moyen de détruire une semblable illusion?

» On ne peut guère porter plus loin que madame d'Houdetot, je ne dirai pas la bonté, mais la bienveillance. La bonté demande un certain discernement du mal; elle le voit et le pardonne. Madame d'Houdetot ne l'a jamais observé dans qui que ce soit. Nous

voir répondre par ma solitude aux discours que l'on essayerait de tenir sur ma conduite ; mais je fus, de plus en plus, affligée de ces précautions, et surtout de ne pouvoir profiter de la place où je me trouvais, pour être utile autant que je l'aurais désiré, soit à l'empereur lui-même, soit aux per-

l'avons vue souffrir à cet égard, souffrir réellement, lorsqu'on exprimait le moindre blâme devant elle, et dans ces occasions elle imposait silence d'une manière qui n'était jamais désobligeante, car elle montrait tout simplement la peine qu'on lui faisait éprouver. Cette bienveillance a prolongé la jeunesse de ses sentiments et de ses goûts. L'habitude du blâme aiguise peut-être l'esprit, beaucoup plus qu'elle ne l'étend, mais, à coup sûr, elle dessèche le cœur, et produit un mécontentement anticipé qui décolore la vie. Heureux celui qui meurt sans être détrompé ! Le voile clair et léger, qui sera demeuré sur ses yeux, donnera à tout ce qui l'environne une fraîcheur et un charme que la vieillesse ne ternira point. Aussi madame d'Houdetot disait-elle souvent : « Les plaisirs » m'ont quittée, mais je n'ai pas à me reprocher de m'être dégoûtée » d'aucun. » Cette disposition la rendait indulgente dans l'habitude de la vie, et facile avec la jeunesse. Elle lui permettait de jouir des biens qu'elle avait appréciés elle-même, et dont elle aimait le souvenir, car son âme conservait une sorte de reconnaissance pour toutes les époques de sa vie.

» Par une suite du même caractère, elle avait éprouvé de bonne heure un goût très vif pour la campagne. Avide de jouir de tout ce qui s'offrait à ses impressions, elle s'était bien gardée de ne pas connaître celles que peut inspirer la vue d'un beau site et d'une riante verdure. Elle demeurait en extase devant un point de vue qui lui plaisait, elle écoutait avec ravissement le chant des oiseaux, elle aimait à contempler une belle fleur, et tout cela jusque dans les dernières années de sa vie. Jeune, elle eût voulu tout aimer, et ceux de ses goûts qu'elle avait pu garder sur le soir

sonnes qui voulaient obtenir de lui, par moi, quelques grâces.

Il y a dans mon humeur généralement assez de bienveillance; de plus, je mettais un peu d'amour-propre qui, je crois, n'était pas mal entendu, à servir ceux qui, dans le début, m'avaient blâmée, et à

de ses ans, embellissaient encore sa vieillesse, comme ils avaient concouru à parer cette heureuse époque qui nous permet d'attacher un plaisir à chacune de nos sensations.

» Madame d'Houdetot, qui aimait passionnément les vers, en faisait elle-même de fort jolis. En les publiant, elle eût acquis facilement une célébrité qu'elle était loin de souhaiter, car toute espèce de vanité fut étrangère à son caractère. Elle se fit un amusement de son talent; ce talent fut aussi dirigé par son cœur, et ajouta encore à ses plaisirs.

» Sur l'automne de sa vie, elle fut exposée, comme une autre, aux tristes impressions produites par les mouvements politiques. Mais son aimable caractère sut encore la secourir à cette funeste époque. Pendant le *règne de la Terreur*, elle vécut à la campagne; sa retraite y fut respectée; ses parents s'y pressaient autour d'elle. Il se pourrait bien qu'elle n'eût conservé de ce temps que le souvenir de l'obligation, imposée alors, de se rapprocher les uns des autres, pour vivre dans cette intimité de famille et d'affection à laquelle le danger et l'inquiétude donnaient un prix dont on ne se fût pas douté dans un temps de repos et de plaisirs.

» Rentrée dans le monde, quand nos troubles cessèrent, elle y rapporta sa bienveillance accoutumée, et chercha à jouir encore des biens qui ne pouvaient lui échapper. Le besoin d'aimer, qui fut toujours le premier de ses besoins, la conduisit à faire succéder à des amis qu'elle avait perdus, d'autres amis plus jeunes qu'elle choisit avec goût, et dont la nouvelle affection la trompait sur ses pertes. Elle croyait honorer encore ceux qu'elle avait aimés, et dont elle se voyait privée, en cultivant dans un âge avancé les fa-

imposer silence à leurs critiques de ma conduite, par une foule de services qui n'auraient pas été sans générosité. Enfin, je croyais encore que l'empereur s'attacherait des personnes rétives, par la permission qu'il m'accorderait d'apporter jusqu'à lui leurs sollicitations et leurs besoins; et, comme je l'aimais encore, quoiqu'il m'inspirât plus de crainte que par le passé, je souhaitais toujours

cultés de son cœur. Trop faible pour se soutenir dans sa vieillesse par ses seuls souvenirs, elle ne crut pas qu'il fallût cesser d'aimer avant de cesser de vivre. Une providence indulgente la servit encore en préservant ses dernières années de l'isolement qui les accompagne ordinairement. Des soins assidus et délicats embellirent ses vieux jours de quelques-unes des couleurs qui avaient égayé son printemps; une amitié complaisante consentit à prendre avec elle la forme qu'elle était accoutumée de donner à ses sentiments. La raison, austère et détrompée, pouvait quelquefois sourire de cette éternelle jeunesse de son cœur, mais ce sourire était sans malignité, et, sur la fin de sa vie, madame d'Houdetot trouva encore dans le monde cette indulgence affectueuse que l'enfance aimable paraît avoir seule le droit de réclamer.

» D'ailleurs, elle a prouvé, par le courage et le calme qu'elle a montrés dans ses derniers moments, que l'exercice prolongé des facultés du cœur n'en affaiblit point l'énergie. Elle a senti qu'elle mourait, et cependant, en quittant une vie si heureuse, elle n'a laissé échapper que l'expression d'un regret aussi tendre que touchant « Ne m'oubliez pas, » disait-elle à ses parents et à ses amis en pleurs autour de son lit de mort, « j'aurais plus de cou-
» rage s'il ne fallait pas vous quitter, mais du moins que je vive
» dans votre souvenir! » C'est ainsi qu'elle ranimait encore par le sentiment une vie prête à s'éteindre, et ces seuls mots : *J'aime!* ont été le dernier accent que son âme en s'exhalant ait porté vers la Divinité. » (P. R.)

qu'il se fît aimer. Mais il fallut bien m'apercevoir que, mon plan n'étant pas toujours approuvé par lui, je pourrais m'en trouver dupe. Il fallut songer à me défendre, plutôt que chercher à protéger les autres. Je faisais sur tout cela des réflexions qui m'affligeaient ; puis, dans d'autres moments, prenant mon parti, je m'arrangeais des inégalités de ma situation, me déterminant à n'en regarder que le côté agréable. J'avais dans le monde une petite considération qui me plaisait, de l'aisance, pourtant accompagnée d'un peu de gêne, comme il arrive toujours aux gens dont la fortune est peu solide, et dont les dépenses sont obligées. Mais j'étais jeune, et je ne pensais pas beaucoup à l'avenir. La société qui m'entourait était agréable, ma mère parfaite, mon mari aimable et bon, mon fils aîné charmant[1] ; je vivais intime-

1. Les lettres de ma grand'mère, et ce n'en est pas le moindre prix, sont remplies de récits sur l'esprit, la grâce, les heureuses dispositions de ce jeune enfant. On me pardonnera d'en citer un exemple. Dans une lettre du 29 floréal an XIII (19 mai 1805), après quelques éloges de la facilité de son fils à apprendre et à comprendre, elle ajoute : « Je ne sais si, tout paternel que vous êtes, vous ne sourirez pas de ce portrait que ma tendresse trace ainsi, mais je vous assure que je n'exagère rien, et si vous ne me croyez pas, consultez sa grand'mère (madame de Vergennes). Elle a une partie de surveillance sur lui dont elle s'acquitte avec une exactitude qui ne doit vous laisser aucune

ment avec ma sœur bonne et spirituelle. Tout cela détournait mes pensées de la cour, et m'en faisait supporter les inconvénients. Ma santé seule me donnait des inquiétudes de tous les moments; car elle était mauvaise, et, visiblement, une vie agitée l'affaiblissait encore. Au reste, je ne saurais trop dire pourquoi je me suis oubliée à parler de moi dans ce détail; si jamais tout ceci doit être lu par un autre que mon fils, assuré-

inquiétude. Le petit couche près d'elle, et, excepté à l'heure de ses leçons, où on me l'envoie, il reste près d'elle, ou dans le jardin, à jouer sous ses yeux. Il la réveille un peu matin, mais il me semble que cela l'amuse, et c'est ordinairement dans ce moment de la journée qu'elle lui donne ce qu'elle appelle *la leçon d'esprit*; en effet, c'est alors qu'elle le fait causer. Elle s'est imaginée de faire avec lui des dialogues des morts : Charles fait un interlocuteur, et ma mère un autre. Hier, le dialogue était entre Néron et Talma. Après avoir parlé de la tragédie, Charles, sous le nom du second, demanda à Néron s'il avait à Rome un premier chambellan chargé de ses plaisirs. Après avoir répondu, Néron questionne à son tour, et veut savoir quel était le premier chambellan des Français pendant la vie de Talma. Alors celui-ci vous nomme, et fait de grands éloges de vous; après cela, il parle de votre famille, de votre femme qui est une bonne mère, et puis de votre belle-mère, et Talma ajoute avec un air confidentiel : « Seigneur, si vous voulez me garder le secret,
» je vous dirai qu'il a une belle-mère qui est tout à fait folle de
» son petit-fils, » et maman de rire, et d'être ravie en me contant cela. Mais en voilà assez sur ce marmot, à qui j'ai demandé hier pourquoi je l'aimais tant, et qui m'a répondu : « Parce que
» je suis le fils de papa. » Qu'en dites-vous? Est-ce que je ne l'élève pas bien? » (P. R.)

ment il ne faudrait pas hésiter à le supprimer.

Pendant le séjour de l'empereur en Italie, il y eut à la Comédie Française deux succès : *le Tartuffe de mœurs*, traduit ou plutôt imité de l'*École du scandale* de Sheridan, par M. Chéron, et *les Templiers*. Ce M. Chéron était un homme d'esprit qui avait été député à l'Assemblée législative ; il avait épousé une nièce de l'abbé Morellet ; j'étais extrêmement liée avec eux. L'abbé avait écrit à l'empereur pour qu'il donnât une place à M. Chéron. Au retour de ce voyage, *le Tartuffe de mœurs* fut joué devant Bonaparte ; il s'en amusa tellement, qu'après s'être informé près de M. de Rémusat de ce qu'était l'auteur, et avoir appris de lui qu'il méritait qu'on l'employât, dans un moment de facilité et de bienveillance, il l'envoya préfet à Poitiers. Malheureusement pour sa famille, il y mourut au bout de trois ans de séjour ; sa femme est une personne de beaucoup de mérite et d'esprit.

*Les Templiers* avaient été lus à Bonaparte par M. de Fontanes, approuvés dans quelques parties,

---

1. Malgré cette recommandation, personne ne s'étonnera, sans doute, que je n'aie pas supprimé ces détails personnels qui donnent à ce récit du naturel et un intérêt particulier (P. R.)

blâmés dans d'autres. Il voulait qu'on y fît quelques corrections, auxquelles Raynouard, l'auteur, se refusa. L'empereur en demeura un peu piqué. Il ne trouva pas très bon que *les Templiers* eussent un si grand succès. Il se piéta contre l'ouvrage, un peu contre l'auteur, et mit à les blâmer l'un et l'autre une sorte de petitesse et de despotisme, qui s'alliaient fort bien chez lui, quand une personne ou une chose avait excité sa mauvaise humeur. Tout cela arriva quand il fut revenu[1].

En général, il aurait voulu que son goût et ses

1. C'est seulement à son retour à Paris que l'empereur se livra à l'humeur dont il est ici parlé, car voici ce qu'il écrivait de Milan, le 12 prairial an XIII (1er juin 1805), à M. Fouché : « Il me paraît que le succès de la tragédie des *Templiers* dirige les esprits sur ce point de l'histoire française. Cela est bien, mais je ne crois pas qu'il faille laisser jouer des pièces dont les sujets seraient pris dans des temps trop près de nous. Je lis dans un journal qu'on veut jouer une tragédie de Henri IV. Cette époque n'est pas assez éloignée pour ne pas réveiller des passions. La scène a besoin d'un peu d'antiquité, et, sans porter de gêne sur le théâtre, je pense que vous devez empêcher cela, sans faire paraître votre intervention. Vous pourriez en parler à M. Raynouard qui paraît avoir du talent. Pourquoi n'engageriez-vous pas M. Raynouard à faire une tragédie du passage de la première à la seconde race? Au lieu d'être un tyran, celui qui lui succéderait serait le sauveur de la nation. C'est dans ce genre de pièces, surtout, que le théâtre est neuf, car sous l'ancien régime on ne les aurait pas permises. L'oratorio de Saül n'est pas autre chose; c'est un grand homme succédant à un roi dégénéré. » (P. R.)

opinions servissent de règle. Il avait pris à gré la musique des *Bardes*, opéra de Lesueur, et il était tout près de trouver mauvais que le public de Paris n'en jugeât pas comme lui.

L'empereur partit de Gênes pour revenir directement à Paris. C'était la dernière fois qu'il voyait cette belle Italie où il semblait qu'il eût épuisé toutes les manières de frapper les hommes, comme général, comme pacificateur et comme souverain. Il repassa le mont Cenis, et ordonna les travaux qui devaient, ainsi qu'au Simplon, faciliter les communications entre les deux nations. La cour se trouva aussi augmentée des grands seigneurs italiens et des dames qu'il y attacha. Il avait déjà pris des chambellans parmi les Belges, et on commença à entendre autour de lui tous ces différents accents, qui variaient seuls les formules obséquieuses qu'on lui adressait.

Il arriva, le 11 juillet, à Fontainebleau, et de là il vint s'établir à Saint-Cloud. Peu de temps après son arrivée, *le Moniteur* fut hérissé de notes animées et demi-menaçantes qui annonçaient l'orage que l'Europe ne tarderait point à voir éclater. Quelquefois ces notes renfermaient certaines expressions marquantes qui décelaient l'auteur qui

## CHAPITRE TREIZIÈME.

les avait dictées. Il en existe une de ce temps qui me frappa :

Les journaux anglais rapportaient qu'on avait imprimé à Londres une généalogie supposée de la famille Bonaparte, qui faisait remonter assez haut sa noblesse.

« Ces recherches sont bien puériles, dit la note. A tous ceux qui demanderaient de quel temps date la maison de Bonaparte, la réponse est bien facile : Elle date du 18 brumaire. »

Je revis l'empereur avec un mélange de sentiments, dont quelques-uns étaient pénibles. Il était assez difficile de n'être pas ému par sa présence ; mais je souffrais en éprouvant cette émotion mêlée d'une certaine défiance qu'il commençait à m'inspirer [1].

---

[1]. Les indiscrétions ou l'imprudence de M. Salembeni n'avaient pas seules causé quelque souci à mes grands-parents durant ce voyage en Italie. Voici une lettre de mon grand-père qui donne des détails sur une dénonciation plus sérieuse, à laquelle ce passage fait allusion :

« Milan, 18 prairial an XIII (7 juin 1805).

» Je ne veux pas, ma chère amie, laisser partir Corvisart sans lui donner une lettre pour vous. Plus heureux que moi, il compte vous voir dans huit ou dix jours, et moi je ne peux me promettre ce plaisir que dans cinq semaines, au plus tôt. Gardez pour vous ce que je vous dis de l'époque de mon arrivée, parce que l'empereur veut laisser croire qu'il n'arrivera à Paris que dans deux mois, mais la vérité est que son projet serait d'arri-

L'impératrice me revit avec amitié. Je lui livrai assez franchement les peines secrètes que je ressentais. Je lui témoignai ma surprise de voir que, vis-à-vis de son époux, les dévouements passés ne défendaient nullement contre aucune prévention subite. Elle lui redit mes paroles. Comme elles ne

> ver à Fontainebleau le 22 ou le 23, au plus tard, du mois prochain. J'ai encore un motif de vous écrire par Corvisart, c'est que toutes nos lettres sont lues, ou dans le cas de l'être, ce qui ne laisse pas de me gêner fort quand je veux m'entretenir avec vous. C'est une lettre de Salembeni contenue dans un de mes paquets qui, lue à la poste, a occasionné son renvoi. Cela m'a empêché bien des fois de vous écrire à cœur ouvert, et m'a bien des fois rendu malheureux. J'aurais eu, par exemple, à vous prévenir, ma chère amie, que vous avez encore été calomniée auprès de l'empereur dans des rapports de Paris qui vous ont accusée d'avoir pris part à de mauvaises plaisanteries faites par madame de Damas sur le voyage en Italie et sur les frères de l'empereur. Sa Majesté ne m'en a pas parlé, mais il en a cependant été frappé, et en a parlé à d'autres, plusieurs fois. Il paraît vouloir exiger que vous rompiez absolument avec cette famille. Vous sentez ce que j'ai eu à répondre aux personnes qui m'en ont parlé de la part de l'empereur, sans me permettre de m'en expliquer avec lui. Vous pensez bien que je n'ai rien cru de cette absurde calomnie. Mais je voulais qu'on me dît quel est le dénonciateur. J'ai même assuré que, si c'était un rapport de Fouché, je passerais entièrement condamnation. On ne m'a rien répondu, parce que, j'en suis sûr, cela vient de M. dont les intrigues existent toujours, et toujours pour le métier délicat que nous lui avons vu faire cet hiver. Quoiqu'il ne convienne pas que vous écriviez sur cela à l'empereur, ni à l'impératrice, vous pourriez cependant voir Fouché, et lui demander de vous rendre le service de vous

manquaient ni de vérité, ni de force, il les entendit assez bien. Il revint toujours sur ce qu'il n'appelait *dévouement* que celui qui donnait toute la personne, tous les sentiments, toutes les opinions, et répéta qu'il fallait que nous abandonnions jusqu'à la plus petite de nos anciennes habitudes pour n'avoir plus qu'une pensée, celle de son intérêt et de ses volontés. Il promettait, en récompense, une grande élévation, beaucoup de fortune, bien des jouissances pour l'orgueil. « Je leur donnerai, disait-il en parlant de nous, de quoi se moquer de ceux qui les blâment aujourd'hui, et

dire, franchement, si ce sont ses rapports qui vous ont accusée. Vous pourriez peut-être, aussi, vous expliquer un peu ouvertement avec lui, et il trouverait sans doute le moyen de nous servir. Si vous écriviez à l'impératrice, ce qui serait bien, car vous ne lui écrivez pas assez souvent, vous pourriez, sans rien dire de positif, toucher quelque chose de votre manière de vivre. Il me vient l'idée qu'il serait possible que votre sœur, qui fréquente davantage les Damas, eût donné lieu à quelque méprise. Voyez surtout cela avec votre bonne tête et vos réflexions ordinaires, et faites votre profit de ce que je puis vous mander, enfin, en toute sûreté, car il y a déjà longtemps que cela dure. Ne croyez pas, d'ailleurs, que je sois pour cela maltraité par le maître. Il pourrait être mieux, mais je n'ai pas lieu de me plaindre. Quant à l'impératrice elle ne me parle jamais que d'elle et de ce qui l'intéresse personnellement. Il est impossible d'être plus complètement personnelle qu'elle n'est devenue. Cependant, elle prend plaisir à se vanter de vos lettres, et elle les fait toujours lire à l'empereur. » (P. R.)

s'ils veulent rompre avec mes ennemis, je mettrai mes ennemis à leurs pieds. » Au reste, comme, durant le séjour qu'il fit en France avant la campagne d'Austerlitz, son esprit fut tendu vers des affaires fort importantes, nous eûmes alors peu de tracas intérieurs, et notre position redevint assez douce.

Je me souviens, dans le moment, d'une petite anecdote qui n'a d'importance que parce qu'elle peut encore servir à peindre cet homme étrange; et, pour cette raison, je ne crois pas devoir la passer sous silence.

Le despotisme de sa volonté s'étendait à mesure qu'il agrandissait le cercle dont il voulait s'entourer. Il est très vrai de dire qu'il eût voulu être seul le maître des réputations, pour les faire et défaire à son gré. Il compromettait un homme, flétrissait une femme pour un mot, sans aucune espèce de précautions. Mais il trouvait très mauvais que le public osât regarder et juger la conduite de ceux, ou de celles, qu'il avait mis comme en sauvegarde sous l'auréole dont il s'entourait.

Pendant le voyage d'Italie, le rapprochement et l'oisiveté des palais avaient donné lieu à quelques galanteries plus ou moins sérieuses, dont on avait écrit les récits à Paris, et dont la médisance s'était un peu amusée. Un jour que nous étions un assez grand nombre de dames du palais déjeunant avec l'impératrice, et parmi lesquelles se trouvaient celles qui avaient été en Italie, Bonaparte entre tout à coup dans la salle à manger, et, avec un visage assez gai, s'appuyant sur le dos du fauteuil de sa femme, nous adresse aux unes et aux autres quelques paroles insignifiantes ; puis, nous questionnant toutes sur la vie que nous menons, il nous apprend, d'abord à mots couverts, que, parmi nous, il y en a quelques-unes qui sont l'objet des discours du public. L'impératrice, qui connaissait son mari, et qui savait que, de paroles en paroles, il pouvait aller très loin, veut rompre cette conversation ; mais l'empereur, la suivant toujours, arrive en peu de moments à la rendre assez embarrassante. « Oui, mesdames, dit-il, vous occupez les bons habitants du faubourg Saint-Germain. Ils disent, par exemple, que vous, madame \*\*\*, vous avez telle liaison avec M.\*\*\* ; que vous, madame... » en s'adressant ainsi à deux ou trois d'entre nous, les unes après les autres. On peut se figurer aisément l'embarras dans lequel un semblable discours nous mettait toutes. Je crois encore, en vérité, que l'empereur s'amusait de ce malaise qu'il excitait : « Mais, ajouta-t-il tout à coup, qu'on ne croie pas que je trouve bons de semblables propos! Attaquer ma cour, c'est m'attaquer moi-même; je ne veux pas qu'on se permette une parole, ni sur moi, ni sur ma famille, ni sur ma cour. » Et alors, son visage devenant menaçant, son ton de voix plus sévère, il fit une longue sortie contre la partie de la société de Paris qui se montrait encore rebelle, disant qu'il exilerait toute femme qui prononcerait un mot sur une dame du palais, et s'échauffant sur ce texte absolument à lui seul, car aucune de nous n'était tentée de lui répondre. L'impératrice abrégea le déjeuner, pour terminer une pareille scène. Le mouvement qu'on fit interrompit l'empereur, qui s'en alla comme il était venu. Une de nos dames, béate admiratrice de *tout* Bonaparte, était toute prête à s'attendrir sur la bonté d'un tel maître qui voulait que notre réputation fût quelque chose de sacré. Mais madame de ***, femme de beaucoup d'esprit, lui répondit avec impatience : « Oui, madame, que l'empereur nous défende encore de cette manière, et nous serons perdues! »

Il s'étonna beaucoup lorsque l'impératrice lui représenta le ridicule de cette scène, et il prétendit toujours que nous devions lui savoir gré de la chaleur avec laquelle il s'offensait, quand on nous attaquait.

Pendant son séjour à Saint-Cloud, il travailla beaucoup, et fit une grande quantité de décrets relatifs à l'administration des nouveaux départements qu'il avait acquis en Italie. Il augmenta aussi son conseil d'État, auquel, de jour en jour, il donnait plus d'influence, parce qu'il était bien sûr de l'avoir sous sa dépendance. Il se montra à l'Opéra, et fut bien reçu des Parisiens; cependant il les trouvait toujours un peu froids, en les comparant au peuple des provinces. Il menait une vie pleine et sérieuse, prenant quelquefois le délassement de la chasse, se promenant seulement une heure par jour, et ne recevant du monde qu'une fois par semaine. Ces jours-là, la Comédie française venait à Saint-Cloud, et y représentait des tragédies ou des comédies, sur un très joli théâtre qu'on y avait construit. Ce fut alors que commencèrent les embarras de M. de Rémusat, pour amuser celui que M. de Talleyrand appelait *l'inamusable*. En vain, on choisissait dans notre répertoire théâtral quelques-uns de nos chefs-d'œuvre; en vain, nos meilleurs comédiens s'évertuaient à lui plaire;

le plus souvent il apportait à ces représentations un esprit préoccupé et distrait par la gravité de ses rêveries. Il s'en prenait à son premier chambellan, à Corneille, à Racine, aux acteurs, du peu d'attention qu'il avait donné au spectacle. Il aimait le talent, ou plutôt la personne de Talma, avec qui il avait eu quelque liaison, pendant l'obscurité de sa première jeunesse. Il lui donnait beaucoup d'argent, et le recevait familièrement; mais Talma lui-même ne venait guère plus qu'un autre à bout de l'intéresser. Tel qu'un malade qui se prend aux autres du mauvais état de sa santé, il s'irritait de voir glisser sur lui les plaisirs qui convenaient à autrui, et croyait toujours qu'en grondant et tourmentant, il ferait inventer enfin ce qui arriverait à le distraire. Il fallait plaindre très sérieusement l'homme chargé de ses plaisirs. Malheureusement pour nous, M. de Rémusat a été cet homme-là, et je pourrais dire ce qu'il a eu à souffrir.

En ce même temps, l'empereur se flattait encore de pouvoir lutter contre les Anglais, par quelques succès maritimes. Les flottes réunies, espagnoles et françaises, faisaient souvent des tentatives; on essayait de défendre les colonies. L'amiral Nelson, nous poursuivant partout, sans doute dérangeait la plupart de nos entreprises, mais on le cachait soigneusement, et à croire nos journaux, nous battions les Anglais journellement.

Il est vraisemblable que le projet de la descente était abandonné. Le ministère anglais nous suscitait des ennemis redoutables sur le continent. L'empereur de Russie, jeune et appelé à l'indépendance par son caractère, se blessait déjà peut-être de la prépondérance que voulait exercer le nôtre, et quelques-uns de ses ministres étaient soupçonnés de favoriser la politique anglaise qui voulait qu'il devînt notre ennemi. La paix avec l'Autriche ne tenait qu'à un fil, le roi de Prusse seul semblait décidé à demeurer notre allié.

« Pourquoi, disait encore une note du *Moniteur*, tandis que l'empereur de Russie exerce son influence sur la Porte, ne voudrait-il pas que celui de France exerçât la sienne sur quelques parties de l'Italie? Lorsque, avec le télescope d'Herschell, il observe de la terrasse du palais de Tauride ce qui se passe entre l'empereur des Français et quelques peuplades de l'Apennin, il n'exige pas sans doute que l'empereur des Français ne voie pas ce que devient cet ancien et illustre empire de Soliman, et ce que devient la Perse. Il est à la mode d'accuser la France d'ambition ; cependant quelle a été sa modération passée ! etc., etc... »

Au mois d'août, l'empereur partit pour Boulogne. Il n'entrait plus alors dans ses projets de visiter les flottilles, mais de passer en revue la nombreuse armée qui campait dans le Nord, et qu'il n'allait point tarder à faire marcher. Pendant cette absence, l'impératrice fit un voyage aux eaux de Plombières ; et je puis, il me semble, employer ce répit à revenir un peu sur nos pas, pour donner quelques détails sur M. de Talleyrand, détails que, je ne sais pourquoi, j'ai omis jusqu'à présent.

On sait comment M. de Talleyrand, rentré en France depuis quelque temps, fut nommé ministre des relations extérieures[1], par les soins de madame de Staël qui indiqua ce choix au directeur Barras. Ce fut sous le gouvernement des directeurs qu'il fit connaissance avec madame Grand. Quoiqu'elle ne fût plus de la première jeunesse, cette belle Indienne était encore remarquée, alors, pour sa beauté. Elle voulait passer en Angleterre où vivait

---

1. Le 15 juillet 1797. Il était rentré en France depuis le mois de septembre 1795. (P. R.)

son mari, et elle alla demander un passeport à
M. de Talleyrand. Sa visite et sa vue produisirent
sur lui un tel effet, apparemment, que le passeport ne fut point donné, ou devint inutile. Madame
Grand demeura à Paris, et, peu après, on la vit
fréquenter l'hôtel des relations extérieures, et
plus tard elle y fut logée. Cependant Bonaparte
était premier consul; ses victoires et ses traités
avaient amené à Paris les ambassadeurs des premières puissances de l'Europe, et une foule d'é-
trangers. Les hommes obligés, par leur état, de
fréquenter M. de Talleyrand, prenaient assez bien
leur parti de trouver à sa table et dans son salon
madame Grand qui en faisait les honneurs; seulement, ils s'étonnaient de la faiblesse qui avait
consenti à mettre dans une telle évidence une
femme belle seulement, et d'un esprit si médiocre, et d'un caractère si difficile, qu'elle blessait continuellement M. de Talleyrand par les
platitudes qui lui échappaient, comme elle troublait son repos par l'inégalité de son humeur.
M. de Talleyrand a de la douceur et un grand
*laisser aller* pour toutes les habitudes journalières.
Il est assez aisé de le dominer en l'effarouchant,
parce qu'il n'aime point le bruit, et madame Grand

employait, assez habilement, ses charmes et ses exigences pour le dominer.

Cependant, quand il fut question de présenter les ambassadrices chez le ministre, il s'éleva des difficultés. Quelques-unes ne voulurent point être exposées à être reçues par madame Grand. Elles se plaignirent, et ces mécontentements parvinrent aux oreilles du premier consul. Aussitôt, il eut avec M. de Talleyrand, à ce sujet, un entretien décisif, et il déclara à son ministre qu'il devait bannir madame Grand de sa maison. Celle-ci, à peine eut-elle appris une pareille décision, qu'elle vint trouver madame Bonaparte; et, à force de larmes et de supplications, elle obtint qu'elle lui procurât une entrevue avec Bonaparte. Elle ne fut pas plus tôt en sa présence, qu'elle tomba à ses genoux, et le supplia de révoquer un arrêt qui la réduisait au désespoir. Bonaparte finit par être ému des pleurs et des cris de cette belle personne; et, après l'avoir un peu calmée : « Je ne vois qu'un moyen, dit-il. Que Talleyrand vous épouse, et tout sera arrangé; mais il faut que vous portiez son nom, ou que vous ne paraissiez plus chez lui. » Madame Grand fut très satisfaite de cette décision. Le consul la répéta à M. de Talleyrand en ne lui donnant que vingt-quatre heures pour se déterminer. On a dit qu'il avait trouvé un malin plaisir à le faire marier, et qu'il était secrètement charmé de cette occasion de le flétrir, et, suivant son système favori, de se donner ainsi une garantie de plus de la fidélité que celui-ci serait forcé de lui garder. Il est bien possible que cette idée soit entrée dans sa tête ; il est certain aussi que madame Bonaparte, sur laquelle les larmes avaient toujours un extrême empire, usa de tout son crédit auprès de son époux, pour le rendre favorable à madame Grand.

M. de Talleyrand rentra chez lui, assez troublé de la prompte détermination qu'on exigeait de lui. Il y fut accueilli par des scènes violentes ; on l'attaqua avec tous les moyens qui devaient le plus épuiser sa résistance ; il fut pressé, poursuivi, agité contre ses inclinations. Un reste d'amour, la puissance de l'habitude, peut-être aussi la crainte d'irriter une femme qu'il est impossible qu'il n'eût pas mise dans quelques-uns de ses secrets, le déterminèrent. Il céda, partit pour la campagne, et trouva dans un village de la vallée de Montmorency un curé qui consentit à le marier. Deux jours après on apprit que madame Grand était devenue madame de Talleyrand, et tous les embarras du Corps diplomatique furent aplanis. Il paraît que M. Grand, qui habitait en Angleterre, quoique peu désireux de retrouver une femme avec laquelle il avait rompu depuis longtemps, ne négligea point l'occasion de se faire payer alors chèrement les réclamations contre ce mariage dont il menaça, à plusieurs reprises, les deux nouveaux époux. Pour avoir quelques distractions dans sa propre maison, M. de Talleyrand fit venir de Londres la fille d'une de ses amies qui, en mourant, lui avait recommandé cette enfant. C'est cette petite Charlotte qu'on a vu élever chez lui, et qu'on a crue, très faussement, être sa fille. Il s'y attacha vivement, soigna beaucoup son éducation, et, à l'âge de dix-sept ans, l'ayant adoptée et décorée de son nom, il l'a mariée à son cousin le baron de Talleyrand. Elle se conduit fort bien aujourd'hui, et elle est venue à bout de gagner la bienveillance des Talleyrand, tous d'abord assez justement mécontents de ce mariage.

Les gens qui connaissent M. de Talleyrand, qui savent à quel point il porte la délicatesse du goût, l'habitude d'une conversation fine et spirituelle, et le besoin d'un repos intérieur, se sont étonnés qu'il ait uni sa vie à celle d'une personne qui le choquait à tous les moments de la journée. Il est donc assez vraisemblable que des circonstances impérieuses l'ont forcé, et que la volonté de Bonaparte, et le peu de temps qu'on lui a donné pour se déterminer, se sont opposés à la rupture, qui, dans le fond, lui eût bien mieux convenu. En effet, quelle différence pour M. de Talleyrand, si, en s'affranchissant d'un tel joug, il eût dès lors pris pour but de sa conduite son rapprochement futur avec l'Église qu'il avait abandonnée! Sans oser lui souhaiter que ce retour eût été fait avec une véritable bonne foi, combien il eût gagné de considération, si, plus tard, quand tout fut à peu près recréé et replacé, il eût revêtu l'automne de sa vie de la pourpre romaine, et du moins réparé, pour le monde, le scandale de sa vie! Cardinal, grand seigneur, homme vraiment distingué, il aurait eu des droits à tous les respects, à tous les égards, et sa marche n'aurait pas eu ce caractère d'embarras et d'hésitation qui l'a tant gêné depuis. Mais dans la situation où il s'est mis, quelles précautions n'a-t-il pas dû prendre pour échapper, autant que possible, au ridicule toujours suspendu sur lui! Sans doute il s'est mieux tiré qu'un autre de l'étrange évidence dans laquelle il était. Un profond silence sur les ennuis secrets, les apparences d'une complète indifférence pour les niaiseries qui échappaient à sa compagne et pour les écarts qu'elle se permit, un peu de hauteur à l'égard de ceux qui auraient tenté de sourire de lui ou d'elle, une extrême politesse qui appelait la bienveillance, un grand crédit, une considération politique immense, une fortune énorme, dépensée noblement, une patience à toute épreuve pour dévorer l'insulte, une grande habileté pour s'en venger à propos, voilà ce qu'il opposa, avec une suite vraiment remarquable, au blâme général qu'il avait excité, mais qui ne savait sous quelle forme se montrer; et, malgré ses fautes qui sont immenses, le mépris public n'a jamais osé l'atteindre. Mais il ne faut pas croire qu'intérieurement il n'ait pas été puni de son imprudente conduite. Privé de tout bonheur intime, à peu près brouillé avec sa famille qui ne pouvait guère se mettre en relations avec madame de Talleyrand, il fut forcé de se livrer à une vie toute factice, qui pût l'arracher à l'ennui de sa maison, et peut-être à l'amertume de ses secrètes pensées.

Les affaires publiques le servirent et l'occupèrent; il livra au jeu le temps qu'elles lui laissaient. Toujours environné d'une cour nombreuse, donnant aux affaires ses matinées, à la représentation le soir, et la nuit aux cartes, jamais il ne s'exposait au tête-à-tête fastidieux de sa femme, ni aux dangers d'une solitude qui lui eût inspiré de trop sérieuses réflexions. Toujours attentif à se distraire de lui-même, il ne venait chercher le sommeil que lorsqu'il était sûr que l'extrême fatigue lui permettrait de l'obtenir.

Au reste, l'empereur, par sa conduite à l'égard de madame de Talleyrand, ne le dédommagea point de l'obligation qu'il lui avait imposée. Il la traita toujours froidement, et souvent avec impolitesse, ne lui accordant jamais sans difficultés les distinctions accordées au rang où elle était appelée, et ne dissimulant point la déplaisance qu'elle lui inspirait, même dans les temps où M. de Talleyrand avait encore toute sa confiance. Ce dernier dévora tout, et ne laissa jamais échapper la moindre plainte. Il arrangea les choses pour que sa femme se montrât peu à la cour; elle recevait tous les étrangers, à certains jours les personnes qui tenaient au gouvernement; elle ne faisait guère de visites; on n'en exigeait point d'elle; on la comptait pour rien. Il était clair que, pourvu qu'en entrant et en sortant de son salon on lui fît une révérence, M. de Talleyrand n'en demandait pas davantage. J'oserais, en finissant, dire qu'il parut toujours porter, avec un courage parfaitement résigné, le *tu l'as voulu* de la comédie.

La suite de ces mémoires me ramènera à parler de M. de Talleyrand, quand j'aurai atteint le temps de notre liaison avec lui [1].

[1]. Cette liaison de mes grands-parents avec M. de Talleyrand commencée pendant le séjour de mon grand-père à Milan, devenait précisément plus intime dans la même année. Voici ce que ma grand'mère écrivait de lui à son mari, le 6 vendémiaire an XIV (28 sept. 1805) : « J'ai été réellement contente du ministre. Dans une petite audience qu'il m'a donnée, il m'a témoigné de l'amitié à sa manière. Vous pouvez lui dire qu'il a été bien aimable, que je vous l'ai écrit. Cela ne fait jamais de mal. Je lui ai dit, en riant : « Aimez donc mon mari ; cela ne vous donnera pas grand'-» peine, et cela me fera plaisir. » Il m'a assuré qu'il vous aimait, *et je l'ai cru*. Il prétend que nous nous ennuyons trop à la cour pour ne pas devenir toutes un peu galantes, *moi*, dit-il, *un peu plus tard que les autres, parce que je ne suis pas tout à fait bête, et que l'esprit est la plus sûre sauvegarde*. J'avais envie de lui dire qu'il n'en était pas la preuve, et que je sentais en moi une bien meilleure défense, qui est tout entière dans ce sentiment si doux, si exclusif que tu as su m'inspirer, et qui fait le bonheur de ma vie, même en ce moment où il me cause de vifs chagrins. » Ce chagrin, c'était l'absence. (P. R.)

Je n'ai point connu madame Grand dans l'éclat de sa jeunesse et de sa beauté, mais j'ai entendu dire qu'elle avait été une des plus charmantes personnes de son temps. Grande, sa taille avait toute la souplesse et l'abandon gracieux si ordinaire aux femmes de son pays. Son teint était éblouissant, ses yeux d'un bleu animé ; le nez un peu court, retroussé et, par un hasard assez singulier, lui donnant quelque ressemblance avec M. de Talleyrand. Ses cheveux, d'un blond particulier, avaient une beauté qui passa presque comme un proverbe. Je crois qu'elle devait avoir au moins trente-six ans, quand elle épousa M. de Talleyrand. L'élégance de sa taille commençait à disparaître un peu, par l'embonpoint qu'elle prit alors, qui a fort augmenté depuis, et qui a fini par détruire la finesse de ses traits et la beauté de son teint devenu fort rouge. Elle a le son de voix désagréable, de la sécheresse dans les manières, une malveillance naturelle à l'égard de tout le monde, et un fonds de sottise inépuisable, qui ne lui a jamais permis de rien dire à propos. Les amis intimes de M. de Talleyrand ont toujours été les objets de sa haine particulière, et l'ont cordialement détestée. Son élévation lui a donné peu de bonheur, et ce qu'elle a eu à souffrir n'a jamais excité l'intérêt de personne[1].

Tandis que l'empereur passait en revue toute son armée, madame Murat alla lui faire une visite à Boulogne, et il exigea que madame Louis Bonaparte, qui avait accompagné son mari aux eaux de Saint-Amand, l'allât joindre aussi, et lui menât son fils. Il lui arriva plus d'une fois de parcourir les rangs de ses soldats avec cet enfant dans ses bras. Cette armée était alors admirablement belle, soumise à une exacte discipline, animée, bien pourvue, et fort impatiente de la guerre. Ses désirs ne tardèrent pas à être satisfaits. Malgré les

1. Le bref du pape, qui relevait M. de Talleyrand des excommunications encourues, était alors considéré, par lui, comme une permission de devenir laïque, et même de se marier, quoique rien de pareil n'y soit dit expressément. On peut s'en convaincre en lisant l'ouvrage très intéressant de sir Henry Lytton Bulwer, qui me paraît être ce qu'on a écrit de plus juste et de plus bienveillant à la fois, sur son esprit, sur sa personne et sur l'influence, tant de fois utile à la France, qu'il a exercée en Europe. Quant à son mariage, l'auteur en parle ainsi : « La dame qu'il épousa, née dans les Indes orientales, et séparée de M. Grand, était remarquable par sa beauté autant que par son peu d'esprit. Tout le monde a entendu l'anecdote à propos de sir George Robinson, auquel elle demandait des nouvelles de son domestique *Friday*. Mais M. de Talleyrand défendait son choix en disant : « Une femme d'esprit compromet sou-
» vent son mari, une femme stupide ne compromet qu'elle-même. »
(Essai sur Talleyrand par sir Henry Lytton Bulwer C. C. B , ancien ambassadeur, trad. de l'anglais par M. G Perrot. (P. R.)

rapports de nos journaux, nous étions presque toujours arrêtés dans tout ce que nous tentions sur mer pour protéger nos colonies ; l'entreprise de la descente paraissait de jour en jour plus périlleuse ; il fallait frapper l'Europe par quelque nouveauté moins douteuse.

« Nous ne sommes plus, disaient les notes du *Moniteur* en s'adressant aux Anglais, ces Français si longtemps vendus et trahis par des ministres perfides, des maîtresses avides et des rois fainéants. Vous marchez vers une inévitable destinée. »

Nous livrâmes un combat naval à la hauteur du cap Finistère, combat dont les deux nations, anglaise et française, firent une victoire, où sans doute la bravoure nationale opposa une forte résistance à la science de l'ennemi, mais qui n'eut d'autre résultat que de faire rentrer notre flotte dans le port. Peu après, nos journaux retentirent de plaintes sur les outrages que le pavillon vénitien avait éprouvés, depuis qu'il dépendait de l'Autriche. On sut bientôt que les troupes autrichiennes se mettaient en mouvement, que l'alliance entre les deux empereurs d'Autriche et de Russie était décidée contre nous. Les journaux anglais annoncèrent avec triomphe la guerre continentale.

On fêta cette année le jour de naissance de Bonaparte, avec beaucoup de pompe, d'un bout de la France à l'autre. Il revint de Boulogne le 3 septembre, et, dans ce temps, le Sénat rendit un décret par lequel on dut reprendre au 1ᵉʳ janvier 1806 le calendrier grégorien. Ainsi disparurent peu à peu les dernières traces de la République qui avait duré, ou paru durer, treize ans.

## CHAPITRE XIV.

### (1805.)

M. de Talleyrand et M. Fouché. — Discours de l'empereur au Sénat. — Départ de l'empereur. — Les bulletins de la grande armée. — Misère de Paris pendant la guerre. — L'empereur et les maréchaux. — Le faubourg Saint-Germain. — Trafalgar. — Voyage de M. de Rémusat à Vienne.

A l'époque dont je parle, M. de Talleyrand était encore mal avec Fouché et, ce qui est assez curieux à dire, je me souviens que ce dernier l'accusait de manquer de conscience et de bonne foi. Il se souvenait toujours que, lors de l'attentat du 3 nivôse[1], M. de Talleyrand l'avait fortement accusé de négligence auprès de Bonaparte, et n'avait pas peu contribué à le faire renvoyer. Revenu au ministère, il gardait secrètement sa rancune, et ne laissait guère échapper d'occasion de la satisfaire, par des moqueries âpres et un peu cyniques, qui, d'ailleurs, faisaient

1. La machine infernale.

le ton ordinaire de sa conversation. MM. de Talleyrand et Fouché ont été deux hommes vraiment remarquables, et tous deux très utiles à Bonaparte; mais on ne pouvait pas voir moins de ressemblance et de points de contact entre deux personnages dans de si continuelles relations. L'un avait gardé fidèlement les manières gracieusement insolentes (si on peut se servir de cette expression) des grands seigneurs de l'ancien régime. Fin, silencieux, mesuré dans ses discours, froid dans son abord, aimable dans la conversation, ne tenant sa force que de lui seul, car il n'avait dans sa main aucun parti, ses fautes mêmes et, pour dire tout, la flétrissure de l'oubli de son ancien état, ne paraissaient point une garantie suffisante aux révolutionnaires qui le connaissaient si adroit et si souple, qu'ils le supposaient conservant toujours des moyens de leur échapper. D'ailleurs, il ne se livrait à personne, impénétrable sur les affaires dont il était chargé, et sur l'opinion qu'il avait du maître qu'il servait; et, pour achever de le peindre, affectant une sorte de nonchalance, ne négligeant aucune de ses aises, soigné dans sa toilette, parfumé, amateur de bonne chère et de toutes les jouissances du luxe, jamais empressé auprès de Bonaparte, sachant se faire souhaiter par lui, ne le flattant point en public, et comme sûr de lui demeurer constamment nécessaire.

Fouché, au contraire, véritable produit de la Révolution, sans soin de sa personne, portait les broderies et les cordons qui annonçaient ses dignités comme s'il dédaignait de les arranger sur lui, s'en moquant même dans l'occasion, actif, animé, toujours un peu inquiet; bavard, assez menteur, affectant une sorte de franchise qui pouvait bien être le dernier degré de la ruse, se vantant volontiers, assez disposé à se livrer au jugement des autres en racontant sa conduite, ne cherchant guère à se justifier que par le mépris d'une certaine morale ou l'insouciance d'une certaine approbation; mais il conservait avec un soin qui, quelquefois, inquiétait Bonaparte, des relations avec un parti que l'empereur se croyait obligé de ménager dans sa personne. Au travers de tout cela, Fouché ne manquait pas d'une sorte de bonhomie; il avait même quelques qualités intérieures. Il était bon mari d'une femme laide et assez ennuyeuse, et très bon, même très faible père. Il envisageait les révolutions dans leur ensemble, il haïssait les tracasseries partielles, les soupçons journaliers, et c'est par suite de cette disposition que sa police ne suffisait point à l'empereur. Là où il voyait du mérite, il lui rendait justice ; on n'a point raconté de lui de vengeances qui lui aient été personnelles, et il ne s'est pas montré capable de jalousies prolongées. Il est même vraisemblable que, s'il est resté plusieurs années ennemi de M. de Talleyrand, c'est encore moins parce qu'il avait à se plaindre de lui, que parce que l'empereur a pris soin d'entretenir cette froideur entre deux hommes dont il eût cru l'union dangereuse pour lui. Et, en effet, c'est à peu près vers le temps où ils se sont rapprochés qu'il a commencé à se défier d'eux, et à les éloigner un peu de ses affaires.

Mais, en 1805, M. de Talleyrand avait un crédit bien plus étendu que Fouché. Il s'agissait de fonder une royauté, d'imposer à l'Europe et à la France, par une diplomatie habile et par la pompe d'une cour, et le ci-devant grand seigneur était bien meilleur à consulter sur tout cela. Il avait une immense réputation en Europe; on lui connaissait des opinions conservatrices qui semblaient aux souverains étrangers une morale suffisante pour eux. L'empereur, pour inspirer confiance à ses voisins, avait besoin de faire suivre sa signature de celle de son ministre des affaires étrangères. Il lui pardonna cette flatteuse distinction, tant qu'il la crut nécessaire à ses projets.

L'agitation dans laquelle était l'Europe, au moment où la rupture avec la Russie et l'Autriche éclata, redoubla les entretiens de l'empereur avec M. de Talleyrand ; et, quand il partit pour commencer la campagne, le ministre alla s'établir à Strasbourg afin d'être à portée de se rendre près de l'empereur au moment où le canon français aurait marqué l'heure des négociations.

Vers le milieu de septembre, le bruit d'un prochain départ se répandit à Saint-Cloud. M. de Rémusat reçut l'ordre de se rendre à Strasbourg, et d'y faire préparer le logement impérial; et l'impératrice déclara si vivement l'intention de suivre son époux qu'il fut décidé qu'elle irait à Strasbourg avec lui. Une cour assez nombreuse devait les suivre. Mon mari s'éloignant, j'aurais fort souhaité de l'accompagner, mais je devenais de plus en plus malade, et hors d'état de faire un voyage. Il fallut donc me soumettre à cette nouvelle séparation, bien autrement triste que l'autre. C'était la première fois, depuis mon installation à cette cour, que je voyais l'empereur partir pour l'armée. Les dangers qu'il allait courir ranimèrent tout l'attachement que je lui portais. Je ne me sentais plus la force de lui rien reprocher quand je le voyais s'éloigner pour un si grave motif, et la pensée que, de tant de personnes qui partaient avec lui, il y en aurait peut-être quelques-unes que je ne devais plus revoir, me serrait le cœur au milieu du salon de Saint-Cloud, et quelquefois me faisait venir les larmes aux yeux. Tout autour de moi, je voyais des femmes, des mères navrées, qui n'osaient pourtant pas laisser voir leur douleur, tant était grande la crainte de déplaire ! De même, les militaires affectaient cette insouciance, parade nécessaire de leur état. Mais, à cette époque, il y en avait déjà un bon nombre qui, parvenus à une fortune satisfaisante et ne pouvant pas prévoir l'élévation presque gigantesque où la continuité des guerres les a portés depuis, regrettaient sincèrement la vie opulente et tranquille dont ils avaient pris l'habitude depuis quelques années.

En France, la loi de la conscription s'exécutait avec sévérité et agitait les provinces; à Paris, les partis se flattaient que bien des choses allaient être remises en question, et on envisageait avec assez de froideur la nouvelle gloire que nos armes devaient acquérir. Mais le soldat, l'officier simple, étaient pleins d'ardeur et d'espérance, et volaient aux frontières avec cet empressement qui présage le succès.

Le 20 septembre, cet article parut dans *le Moniteur* :

« L'empereur d'Allemagne, sans négociations ni explications préalables, et sans déclaration de guerre, a envahi la Bavière. L'électeur s'est retiré à Wurtzbourg, où toute l'armée bavaroise s'est réunie. »

Le 23, l'empereur se rendit au Sénat ; il y porta le décret qui rappelait les réserves des conscrits de cinq années. Le ministre de la guerre, Berthier, lut un rapport sur la guerre qu'on allait faire, et le ministre de l'intérieur démontra la nécessité de faire garder les côtes par des gardes nationales.

Le discours de l'empereur fut simple et imposant ; on l'approuva généralement ; les sujets de plaintes que nous pouvions avoir contre l'Autriche furent longuement exposés dans *le Moniteur*. Nul doute que l'Angleterre, sinon inquiète, du moins fatiguée par le séjour de nos troupes sur les côtes, n'ait employé toute sa politique à soulever contre nous des ennemis sur le continent, et que la création du royaume d'Italie, et surtout sa réunion à l'empire français, n'aient suffisamment inquiété le cabinet autrichien. A moins de connaître les secrets de la diplomatie à cette époque, ce dont je suis fort éloignée, on ne s'explique pas comment l'empereur de Russie rompit avec nous. Il est présumable que des gênes commerciales commencèrent à lui donner de l'inquiétude dans ses relations avec l'Angleterre.

J'ajouterai, si l'on veut, les paroles de Napoléon lui-même, qui à cette époque disait : « L'empereur Alexandre est jeune, il veut tâter de la gloire, et comme tous les enfants, suivre une route différente de celle qu'a suivie son père. » Je n'expliquerai pas davantage la neutralité que garda le roi de Prusse, qui nous fut si avantageuse, et qui lui devint si fatale, puisqu'elle ne fit que reculer sa perte d'une année. Il me semble que l'Europe se trompa ; il fallait mieux deviner l'empereur, consentir franchement à lui céder toujours, ou s'entendre tous pour l'écraser dès son début.

## CHAPITRE QUATORZIÈME.

Mais revenons à mon récit, dont je me suis écartée pour traiter une matière trop au-dessus de mes forces.

Je passai à Saint-Cloud les derniers jours qui précédèrent le départ. L'empereur travaillait sans relâche; quand il était fatigué, il se couchait quelques heures dans la journée, pour se relever au milieu de la nuit. Du reste, il avait de la sérénité, même plus de grâce que dans un autre temps; il recevait du monde comme de coutume, assistait à quelques spectacles, et se ressouvint à Strasbourg d'envoyer au comédien Fleury une gratification, parce que, deux jours avant son départ, il avait joué devant lui *le Menteur* de Corneille qui l'avait amusé.

Quant à l'impératrice, elle avait toute la confiance dont la femme de Bonaparte devait avoir contracté l'habitude. Satisfaite de le suivre, et d'échapper par ce moyen aux discours parisiens qui l'effrayaient, à la surveillance de ses beaux-frères, à l'ennui du palais de Saint-Cloud, s'amusant d'une représentation nouvelle, elle envisageait une campagne comme un voyage, et conservait un calme qui, ne pouvant tenir à de l'indifférence, vu sa situation, renfermait au fond quelque chose de flatteur pour celui qu'elle croyait fermement que la fortune n'oserait abandonner. Louis Bonaparte, infirme, devait demeurer à Paris, et il avait l'ordre, ainsi que sa femme, de recevoir du monde. Joseph présidait les conseils d'administration du Sénat. Logé au Luxembourg, il devait aussi y tenir une cour. La princesse Borghèse faisait des remèdes à Trianon; madame Murat se retirait à Neuilly où elle embellissait une demeure charmante; Murat suivait l'empereur à l'armée. M. de Talleyrand devait demeurer à Strasbourg, jusqu'à nouvel ordre. M. Maret accompagnait l'empereur : il était le grand rédacteur des bulletins.

Le 24, l'empereur partit, et il arriva à Strasbourg sans s'arrêter. Je revins tristement à Paris rejoindre mes enfants, ma mère, et ma sœur inquiète et séparée de M. de Nansouty qui commandait une division de cavalerie.

Dès le départ de l'empereur, on commença à répandre à Paris des bruits d'invasion sur nos côtes, et en effet peut-être eût-on pu tenter une telle expédition, mais, heureusement, nous n'avions pas affaire à des ennemis aussi audacieusement entreprenants que nous; et, à cette époque, les Anglais étaient loin d'avoir dans leurs troupes de terre la con-

## CHAPITRE QUATORZIÈME.

fiance que, depuis, elles ont mérité de leur inspirer.

Le resserrement de l'argent se fit presque aussitôt sentir; un peu plus tard, les payements de la Banque furent suspendus ; l'argent devint cher, jusqu'à se vendre à un prix très élevé. J'entendais dire que notre commerce d'exportation ne suffisait point à nos besoins, et que la guerre l'arrêtait tout à fait et haussait le prix de tout ce qui nous venait du dehors. Là, dit-on, était la cause de cette gêne subite que nous éprouvions[1].

---

1. « Depuis la chute des assignats, a dit M. Thiers (t. VI, p. 31), le numéraire, quoiqu'il eût promptement reparu, était toujours demeuré insuffisant, par une cause facile à comprendre. Le papier-monnaie, tout en étant discrédité dès le premier jour de son émission, avait néanmoins fait l'office de numéraire, pour une partie quelconque des échanges, et avait expulsé de France une partie des espèces métalliques. La prospérité publique, subitement restaurée sous le consulat, n'avait cependant pas assez duré pour ramener l'or et l'argent sortis du pays. S'en procurer était, à cette époque, l'un des soins constants du commerce. La Banque de France, qui avait pris un rapide développement, parce qu'elle fournissait, au moyen de ses billets parfaitement accrédités, un supplément de numéraire, la Banque de France avait la plus grande peine à maintenir dans ses caisses une réserve métallique proportionnée à l'émission de ses billets. Une portion considérable de notre numéraire était transportée à Hambourg, Amsterdam, Gênes, Libourne, Venise, Trieste, pour payer les sucres et les cafés que les Anglais y faisaient entrer, par le commerce libre ou par la contrebande. Tous les commerçants du temps se plaignaient de cet état de choses, et ce sujet était journellement discuté à la Banque par les négociants les plus

Les inquiétudes particulières venaient encore ajouter à la tristesse générale. Déjà beaucoup de familles distinguées avaient livré leurs enfants à la carrière des armes et tremblaient sur leur destinée. Quelle attente pour des parents, que celle de ces bulletins qui pouvaient apprendre, tout à coup, la perte de ce qu'on avait de plus cher! Quel supplice Bonaparte a imposé à des mères, à des femmes pendant tant d'années! Il s'est quelquefois étonné de la haine qu'il a fini par inspirer; pouvait-on lui pardonner une anxiété si douloureuse et si prolongée, tant de larmes répandues, de nuits sans sommeil et de journées pleines d'épouvante? S'il a bien voulu y regarder, il aura vu qu'il n'est pas un sentiment naturel qu'il n'ait froissé.

Avant son départ, pour offrir un débouché à la noblesse, il s'avisa de créer ce qu'on appela *la garde d'honneur*. Il en donna le commandement à son grand maître des cérémonies. Il était presque

éclairés de France. » Cette situation, décrite par M. Thiers pour le mois de septembre 1805, s'était fort aggravée par la déclaration de guerre. La suspension des payements de *la caisse de consolidation* en Espagne, les embarras de la compagnie des *Négociants réunis*, la suspension des payements de la Banque, les faillites nombreuses, à Paris et en province, furent les premiers effets de la campagne d'Austerlitz. (P. R.)

## CHAPITRE QUATORZIÈME.

plaisant de voir l'empressement que M. de Ségur mettait à former ce corps, le zèle que certains personnages témoignaient pour y entrer, et l'anxiété qu'éprouvaient quelques chambellans, qui se persuadaient que l'empereur les approuverait fort en leur voyant échanger leur habit rouge contre un uniforme. Je n'oublierai jamais la surprise, et presque l'effroi que me causa M. de Luçay, préfet du palais, douce et craintive créature, lorsqu'il vint me demander si M. de Rémusat, père de famille, ancien magistrat, alors âgé de plus de 40 ans, ne comptait pas embrasser ainsi, tout à coup, la carrière militaire qui s'ouvrait à tout le monde. Nous commencions à être habitués à tant de choses bizarres que, malgré ma raison, j'éprouvai une sorte d'inquiétude. J'écrivis à ce sujet à mon mari, qui me répondit que nulle ardeur martiale ne s'était heureusement emparée de lui, et qu'il espérait que l'empereur compterait encore près de lui d'autres services que ceux de l'épée.

L'empereur, dans ce temps, nous avait rendu quelque bienveillance. En quittant Strasbourg, il avait laissé à mon mari toute la surveillance de la cour et de la maison de l'impératrice. C'était lui imposer une vie assez douce, qui n'avait d'autre inconvénient que de traîner après soi un peu d'ennui. Mais M. de Talleyrand, qui demeurait aussi à Strasbourg, mit de l'intérêt dans les journées de M. de Rémusat. A cette époque commença leur véritable liaison; ils se virent beaucoup. M. de Rémusat, naturellement simple, modeste, retiré, gagnait beaucoup à être vu de près. M. de Talleyrand démêla la finesse de son esprit, la rectitude de son jugement, la droiture de ses aperçus. Il prit confiance en lui, rendant justice à la sûreté de son commerce, lui témoigna de l'amitié, et lui, touché d'en rencontrer là où il n'en avait point attendu, lui voua dès ce moment un attachement qu'aucune vicissitude n'a pu démentir.

Cependant, l'empereur avait promptement quitté Strasbourg. Dès le 1ᵉʳ octobre, il était en campagne, et toute l'armée, transportée de Boulogne comme par enchantement, dépassait nos frontières. L'électeur de Bavière, sommé par l'empereur d'Autriche de donner passage à ses troupes et s'y refusant, se vit envahi de tous côtés; mais Bonaparte ne tarda point à voler à son secours.

Nous vîmes donc paraître le premier bulletin de la grande armée, qui nous annonça un premier avantage à Donauvœrth, et nous donna les proclamations de l'empereur et celle du vice-roi d'Italie. Masséna devait seconder ce dernier, et faire pénétrer dans le Tyrol les armées française et italienne réunies. A toutes les paroles qui devaient enflammer nos soldats, on joignait encore et on imprimait des railleries mordantes contre l'ennemi. Une circulaire adressée aux habitants de l'Autriche, pour leur demander des provisions de charpie, était publiée, et accompagnée de cette note : « Nous espérons que l'empereur d'Autriche n'en aura pas besoin, puisqu'il est retourné à Vienne. » Les insultes n'étaient point épargnées aux ministres et à quelques grands seigneurs autrichiens, entre autres, au comte de Colloredo qu'on accusait d'être dirigé par sa femme, toute dévouée à la politique anglaise. Ces petitesses se trouvaient pêle-mêle, dans les bulletins, avec des phrases vraiment élevées, et d'une éloquence plus romaine que française, mais qui ne laissait pas de frapper.

L'activité de Bonaparte dans cette campagne fut réellement surprenante. Dès le début, il jugea les avantages qu'allaient lui donner les premières fautes que firent les Autrichiens, et il prévit son succès. Vers le milieu d'octobre, il écrivait à sa femme : « Rassure-toi, je te promets la campagne la plus courte et la plus brillante. »

A Wertingen, notre cavalerie eut un avantage sur l'ennemi, M. de Nansouty s'y distingua. Une autre affaire brillante eut lieu à Günzbourg, et bientôt les Autrichiens reculèrent de partout.

L'armée s'animait de plus en plus, et paraissait compter pour rien les rigueurs de la saison qui s'avançait. Prêt à livrer bataille, l'empereur haranguait ses soldats sur le pont du Lech, au milieu d'une neige qui tombait abondamment : « Mais, disait le bulletin, ses paroles étaient de flamme, et le soldat oubliait ses privations. » Le bulletin se terminait par ces paroles prophétiques : « Les destinées de la campagne sont fixées[1]. »

1. Voici le texte même du cinquième bulletin de la grande armée : « Augsbourg, 20 vendémiaire an XIV (12 octobre 1805). L'empereur était sur le pont du Lech lorsque le corps d'armée du général Marmont a défilé. Il a fait former en cercle chaque régiment, leur a parlé de la situation de l'ennemi, de l'imminence d'une grande bataille, et de la confiance qu'il avait en eux. Cette harangue avait lieu par un temps affreux. Il tombait une neige abondante, et la troupe avait de la boue jusqu'aux genoux et éprouvait un froid assez vif, mais les paroles de l'empereur étaient de flamme; en l'écoutant, le soldat oubliait ses fatigues et ses privations, et était impatient de voir arriver l'heure du combat .. Jamais plus d'événements ne se décideront

## CHAPITRE QUATORZIÈME.

La prise d'Ulm et la capitulation de son énorme garnison achevèrent de frapper l'Allemagne de surprise et de terreur, et commencèrent à imposer silence aux propos factieux que la surveillance de la police avait assez de peine à contenir à Paris. Il est difficile d'empêcher les Français de se ranger du parti de la gloire, et nous commençâmes à prendre part à celle dont se couvraient nos armées. Mais la gêne d'argent se faisait sentir toujours d'une manière pénible, le commerce souffrait, les spectacles étaient déserts ; on remarquait l'accroissement de la misère, et on se soutenait seulement par l'espoir qu'une si brillante campagne devait être suivie d'une prompte paix.

Après la prise d'Ulm, l'empereur dicta lui-même cette phrase du bulletin : « On peut faire en deux mots l'éloge de l'armée : elle est digne de son chef[1]. » Il écrivit au Sénat, en lui envoyant les drapeaux pris sur l'ennemi, et en lui

en moins de temps. Avant quinze jours les destins de la campagne et des armées autrichiennes et russes seront fixées. » (P. R.)

1. Cette phrase se trouve en effet dans le sixième bulletin de la grande armée, daté d'Elchingen, le 26 vendémiaire an XIV (18 octobre 1805). (P. R.)

annonçant que l'électeur était rentré dans sa capitale ; et on publia aussi ses lettres aux évêques pour leur demander de remercier Dieu de nos succès.

Dès le commencement de la campagne, il avait été fait des mandements dans chaque métropole pour justifier cette nouvelle guerre, et encourager les conscrits à marcher promptement où ils étaient appelés. Les évêques recommencèrent de nouveau, et ils épuisèrent les citations de l'Écriture pour démontrer que l'empereur était protégé par le Dieu des armées [1].

Joseph Bonaparte avait porté la lettre de son frère au Sénat. Le Sénat décréta qu'une adresse de félicitations serait portée, en réponse, au quartier général par un certain nombre de ses membres.

---

1. L'extrême complaisance que mettait le clergé à satisfaire l'empereur ne suffisait pas encore à celui-ci, si l'on en juge par cette lettre qu'il écrivait à Fouché, pendant cette campagne, le 4 nivôse an XIV (25 décembre 1805). « Je vois des difficultés au sujet de la lecture des bulletins dans les églises ; je ne trouve point cette lecture convenable. Elle n'est propre qu'à donner plus d'importance aux prêtres qu'ils ne doivent en avoir ; car cela leur donne le droit de commenter, et, quand il y aura de mauvaises nouvelles, ils ne manqueront pas de les commenter. Voilà comme on n'est jamais dans des principes exacts : tantôt on ne veut point de prêtres, tantôt on en veut trop ; il faut laisser tomber cela. M. Portalis a eu très tort d'écrire sa lettre, sans savoir si c'était mon intention. » (P. R.)

L'impératrice reçut à Strasbourg la visite de plusieurs princes d'Allemagne qui venaient grossir sa cour et lui offrir leurs hommages et leurs compliments. Elle leur montrait, avec un orgueil assez naturel, les lettres de l'empereur qui lui annonçait si bien. d'avance les victoires qu'il allait remporter; et force était bien d'admirer cette habile prévoyance, ou de reconnaître la puissance d'une destinée qui ne se démentait pas un seul instant.

Le maréchal Ney eut une belle affaire à Elchingen, et l'empereur consentit tellement à lui en laisser l'honneur que, plus tard, quand il créa des ducs, il voulut que ce maréchal portât le nom de duc d'Elchingen.

Je me sers de cette expression *consentir*, parce qu'il a été reconnu que Bonaparte n'était pas toujours bien exact dans la répartition de gloire qu'il accordait à ses généraux. Dans un de ces accès de franchise qu'il se permettait quelquefois, je lui ai entendu dire qu'il n'aimait à donner de la gloire qu'à ceux qui ne pouvaient la porter. Il lui arrivait, selon sa politique à l'égard des chefs qu'il avait sous ses ordres, ou le degré de confiance qu'ils lui inspiraient, de garder le silence sur certaines victoires, ou de changer en succès telle faute de tel maréchal. Quelquefois, un général apprenait par un bulletin une action qu'il n'avait jamais faite, ou un discours qu'il n'avait jamais tenu. Un autre se voyait tout à coup exalté dans les journaux, et cherchait quelle occasion lui avait mérité cette distinction. On essayait de réclamer contre l'oubli, ou lorsqu'on voyait les événements dénaturés; mais le moyen de revenir sur ce qui était passé, lu et déjà effacé par des nouvelles plus récentes? Car la rapidité de Bonaparte à la guerre donnait tous les jours quelque chose à apprendre. Alors il imposait silence à la réclamation, ou, s'il avait besoin d'apaiser le chef qui se trouvait offensé, une somme d'argent, une prise sur l'ennemi, la permission de lever une contribution lui étaient accordées, et ainsi se terminait le différend.

Cet esprit de ruse, inhérent au caractère de Bonaparte, et qu'il employait adroitement à l'égard de ses maréchaux et de ses officiers supérieurs, pourrait se justifier, jusqu'à un certain point, par la difficulté qu'il éprouvait quelquefois à contenir un si grand nombre d'individus de caractères si différents, et ayant tous des prétentions pareilles.

## CHAPITRE QUATORZIÈME.

Connaissant parfaitement la portée de leurs divers talents, sachant à quoi chacun d'entre eux pouvait lui être utile, obligé sans cesse, en récompensant leurs services, de réprimer leur orgueil et leur jalousie, il lui fallait user de tous les moyens pour y parvenir, et, surtout, ne pas laisser échapper l'occasion de leur montrer qu'entièrement dépendants de lui, leur gloire comme leur fortune était dans ses mains[1]. Une fois qu'il y fut parvenu, il fut

---

1. Je trouve dans les papiers de mon père une note qui éclaircit et développe ce qui est dit ici des maréchaux de l'Empire :
« L'empereur composait ses bulletins avec la plus grande liberté, écoutant, avant tout, son besoin de tout effacer et d'établir son infaillibilité, puis cherchant le genre d'effet qu'il voulait produire sur les étrangers et le public français, enfin obéissant à ses vues sur ses lieutenants et à sa bienveillance ou sa malveillance pour eux. La vérité ne venait que bien loin après tout cela. Rien n'égalait la surprise de ceux-ci, quand ils lisaient les bulletins qui leur revenaient de Paris, et cependant ils réclamaient peu. L'empereur est, avec la Convention et Louis XIV, un des seuls pouvoirs qui aient réussi à subjuguer, à discipliner les vanités.

» L'empereur louait peu les grands généraux de son temps. Les militaires sont les artistes les plus jaloux entre eux, et qu'il faut le moins consulter les uns sur le compte des autres. Ils sont décourageants ou irritants quand on les entend se juger entre eux. A cette jalousie naturelle, l'empereur ajoutait les calculs d'un despote qui ne veut créer aucune importance autour de lui. Desaix est le seul homme dont il ait parlé avec une sorte d'enthousiasme, et encore ne l'avait-il connu qu'au début de sa carrière de puissance. Il a continué toute sa vie, je crois, à le bien traiter, mais Desaix était mort (à Marengo, le 14 juin

certain de n'être point inquiété par eux, et de pouvoir payer leurs services au prix qu'il les évaluerait. Au reste, les maréchaux, en général, n'ont pas eu à se plaindre qu'il ne les ait pas, pour la plupart, portés à un prix très haut. Souvent il y a eu du gigantesque dans les récompenses qu'ils ont obtenues, et la durée des guerres ayant monté leurs espérances au plus haut degré, on les a vus devenir ducs et princes sans en être surpris, et finir par croire que la royauté seule pouvait terminer dignement leur destinée. Des sommes im-

1800). Cependant ses jugements sur ses lieutenants, au début de son récit de la première campagne d'Italie, sont remarquables, et la sévérité n'y ressemble pas à la jalousie. En général il parlait des maréchaux avec une liberté peu obligeante. On peut voir dans sa correspondance avec le roi Joseph ce qu'il dit de Masséna, de Jourdan, de quelques autres. Le général Foy m'a raconté qu'il lui avait entendu dire de Soult : « Il peut bien » préparer la bataille, mais il est incapable de la livrer. » Puis il y avait le chapitre des exigences, des prétentions, de l'ambition de ses maréchaux : « On ne sait pas, disait-il à M. Pasquier, » ce que c'est que d'avoir à tenir deux hommes comme Soult et » Ney. »

» Ses lieutenants lui rendaient souvent en propos ce qu'il disait d'eux. Ce n'était pas à l'armée, surtout dans les campagnes qui suivirent celle d'Austerlitz que l'on exprimait le plus d'admiration, d'estime et d'affection pour lui. Il avait, pour ainsi dire, *une manière lâchée* de faire la guerre. Il négligeait beaucoup, risquait beaucoup ; il sacrifiait tout à son succès personnel. De plus en plus confiant dans sa fortune, dans la terreur de sa présence, il ne s'occupait que de couvrir, par des coups dé-

menses leur furent distribuées, on leur toléra des exactions de tout genre sur les vaincus; il y en a qui firent des fortunes énormes, et, si la plupart d'entre ces fortunes se sont fondues avec le gouvernement sous lequel elles s'étaient formées, c'est que la facilité avec laquelle elles avaient été acquises leur fut un encouragement à les dépenser avec prodigalité, dans la confiance où ils étaient que ces moyens d'acquérir ne s'épuiseraient jamais pour eux.

Dans cette première campagne du règne de Napoléon, quoique l'armée fût encore soumise à une

cisifs et directs partis de sa main, les fautes, les échecs, les pertes, toujours résolu à nier ou à taire tout ce qui pouvait lui nuire. Cela rendait le service insupportable pour les chefs un peu séparés de lui. Ils conservaient toute leur responsabilité, manquaient souvent de moyens d'agir, et ne recevaient que des ordres inexécutables, destinés à les mettre dans leur tort. Aussi l'accusaient-ils d'égoïsme, d'injustice et de perfidie, de haine même, ou d'envie. Barante m'a raconté que les auditeurs, quand ils arrivaient à l'armée, étaient confondus de ce qu'ils entendaient dire dans les grands états-majors, et quelquefois même au quartier général. Lui-même, ayant été détaché auprès du maréchal Lannes, dans la campagne de Pologne, je crois, l'entendit sans cesse à sa table dire que l'empereur était jaloux de lui, qu'il voulait le perdre, et lui donnait des ordres à cette fin, et, ayant mal à l'estomac, il allait jusqu'à dire que cela venait de ce que l'empereur avait voulu l'empoisonner. » J'ai cité tout entier ce passage intéressant, mais il est clair que tout cela n'existait qu'en germe lors de la campagne de 1805. (P. R.)

discipline dont plus tard elle s'est fort écartée, les pays conquis se virent dévoués à la rapacité du vainqueur, et nombre de grands seigneurs et de princes autrichiens payèrent de l'entier pillage de leurs châteaux l'obligation où ils se trouvèrent de loger une seule nuit, quelques heures seulement, un officier général. Le soldat était contenu, et, en apparence, le bon ordre paraissait établi, mais on ne pouvait empêcher tel maréchal, au moment de son départ, d'emporter du château qu'il abandonnait ce qui était à sa convenance. J'ai vu, au retour de cette guerre, la maréchale *** nous conter en riant que son mari, sachant le goût qu'elle avait pour la musique, lui avait envoyé une collection énorme qu'il trouva chez je ne sais quel prince allemand, et nous dire, avec la même naïveté, qu'il lui avait adressé un si grand nombre de caisses, remplies de lustres et de cristaux de Vienne ramassés de tous côtés, qu'elle ne savait plus où les placer.

Mais, en même temps que l'empereur savait tenir d'une main si ferme les prétentions de ses généraux, il n'épargnait rien pour encourager et satisfaire le soldat. Après la prise d'Ulm, un décret annonça que le mois de vendémiaire, qui venait de s'écouler, serait à lui seul compté pour une campagne.

Le jour de la Toussaint, on célébra avec pompe un *Te Deum* à Notre-Dame, et Joseph donna des fêtes en réjouissance de nos victoires.

Masséna se signalait, en même temps, en Italie par des succès, et bientôt il ne fut plus possible de douter que l'empereur d'Autriche ne dût payer cher les prodiges de cette campagne. L'armée russe marchait à grandes journées pour le secourir, mais elle n'avait pas encore joint les Autrichiens, et l'empereur les battait en attendant. On a dit, dans ce temps, que l'empereur François fit une grande faute en commençant cette guerre avant que l'empereur Alexandre eût été à portée de le secourir.

Pendant cette campagne, l'empereur obtint du roi de Naples qu'il demeurerait neutre dans ses États, et consentit à le débarrasser des garnisons françaises qu'il avait eu à supporter jusqu'alors. Quelques décrets, relatifs à l'administration de la France, furent rendus des différents quartiers généraux, et l'ancien doge de Gênes fut nommé sénateur. L'empereur aimait beaucoup à paraître ainsi occupé de tant d'affaires diverses en même temps, et à montrer qu'il savait porter ce qu'il appelait *son coup d'œil aigre* sur tous les coins, au même moment. C'est par cette même raison, et par suite de sa jalouse inquiétude, qu'il écrivit au ministre de la police une lettre pour lui recommander de veiller sur ce qu'il appelait le faubourg Saint-Germain, c'est-à-dire la portion de la noblesse française qui lui demeurait contraire, annonçant qu'il n'ignorait point les discours qu'on y tenait contre lui en son absence, et qu'il se préparait, au retour, à en tirer une vengeance éclatante.

Quand Fouché recevait de pareils ordres, il avait coutume de mander chez lui les personnes, hommes et femmes, plus directement accusés. Soit qu'il trouvât réellement de la minutie dans le courroux de l'empereur, et qu'il pensât, comme il le disait quelquefois, que c'était un enfantillage de vouloir empêcher les Français de parler; soit qu'il voulût se faire un mérite de sa modération, après avoir conseillé plus de prudence à ceux qu'il avait mandés, il finissait par convenir que l'empereur s'abandonnait à des inquiétudes trop minutieuses, et il acquérait peu à peu une réputation de justice et de modération qui effaçait les premières impressions formées sur lui. L'empereur, instruit de cette conduite, lui en savait souvent mauvais gré, et se défiait toujours, secrètement, d'un homme si attentif à ménager les différents partis.

Enfin, le 12 novembre, notre armée victorieuse entra à Vienne. Les journaux nous donnèrent des récits fort détaillés de cet événement. Ces récits acquièrent un degré d'intérêt de plus, quand on sait qu'ils étaient tous dictés par Bonaparte lui-même, et qu'il se complaisait fort souvent à inventer, après coup, des circonstances et des anecdotes par lesquelles il voulait frapper les esprits.

« L'empereur, disait le bulletin, s'est établi au palais de Schönbrunn; il travaille dans un cabinet décoré de la statue de Marie-Thérèse. En l'apercevant, il s'est écrié : « Ah! si cette grande
» reine vivait encore, elle ne se laisserait pas
» conduire par les intrigues d'une femme telle que
» madame de Colloredo! Toujours environnée
» des grands de son pays, elle eût connu la volonté de son peuple. Elle n'aurait pas livré ses
» provinces aux ravages des Moscovites, etc... [1] »

Cependant, une mauvaise nouvelle vint tem-

[1]. On peut voir tout ce morceau assez long dans *le Moniteur*.

pérer la joie que Bonaparte ressentait de tant de succès. L'amiral Nelson venait de battre notre flotte à Trafalgar; les Français avaient fait sur mer des prodiges de valeur, mais ils n'avaient pu échapper à une défaite réellement désastreuse.

Cet événement produisit à Paris un mauvais effet, dégoûta l'empereur à jamais de toute entreprise maritime, et le frappa d'une si fâcheuse prévention contre la marine française, que, depuis ce temps, il ne fut plus guère possible d'obtenir de lui qu'il y portât intérêt ou attention. En vain les marins et les militaires qui s'étaient distingués dans cette cruelle journée tentèrent d'obtenir quelque dédommagement ou quelque consolation aux dangers qu'ils avaient courus; il leur fut à peu près défendu de rappeler jamais ce funeste événement; et quand ils voulurent, dans la suite, solliciter quelque grâce, ils eurent soin de ne point mettre en ligne de compte de leurs services l'admirable bravoure à laquelle les rapports anglais seuls rendirent justice.

Dès que l'empereur fut à Vienne, il y manda M. de Talleyrand. Il entrevoyait des négociations prêtes à s'ouvrir; l'empereur d'Autriche envoyait ses ministres pour commencer à traiter. Il est vraisemblable que le nôtre avait déjà arrêté, dans sa tête, le projet de faire l'électeur de Bavière roi, en agrandissant ses États, et aussi le mariage du prince Eugène.

M. de Rémusat eut ordre de venir à Paris. Il en devait rapporter les ornements impériaux et les diamants de la couronne, et les transporter ensuite à Vienne. Je ne le vis qu'un moment, et j'appris avec un nouveau chagrin qu'il allait s'éloigner davantage. A son retour à Strasbourg, il trouva l'ordre de partir pour Vienne sur-le-champ, et l'impératrice reçut celui de se rendre à Munich avec toute sa cour. Rien n'égale les honneurs qu'on lui rendit en Allemagne; les princes et les électeurs se portèrent en foule sur son passage, et l'électeur de Bavière, surtout, n'épargna rien pour qu'elle fût satisfaite de sa réception. Elle demeura à Munich, pour y attendre le retour de son époux.

M. de Rémusat, en se rendant à sa destination, eut l'occasion de faire plus d'une triste réflexion dans le pays qu'il avait à parcourir. Il traversait des contrées toutes fumantes encore des combats dont elles avaient été témoins. Les villages détruits, les chemins couverts de cadavres et de débris retraçaient à ses yeux toutes les horreurs du carnage. La misère des peuples vaincus ajoutait encore des dangers à ce voyage fait dans une saison avancée. Tout contribuait à noircir l'imagination d'un homme, ami de l'humanité, et disposé à déplorer les désastres qui sont la suite des passions violentes des conquérants. Les lettres que je reçus de mon mari, tout imprégnées de ces pénibles réflexions, m'attristèrent profondément, et vinrent affaiblir l'enthousiasme vers lequel je me sentais entraînée de nouveau par des succès dont les récits ne nous livraient que la partie brillante.

Quand M. de Rémusat arriva à Vienne, il n'y trouva plus l'empereur. Les négociations avaient peu duré, et notre armée marchait en avant. M. de Talleyrand et M. Maret étaient demeurés au palais de Schönbrunn, où ils vivaient sans aucune intimité. L'habitude que le dernier avait auprès de l'empereur lui donnait une sorte de crédit qu'il conservait, comme je l'ai déjà dit, à l'aide d'une adoration, vraie ou feinte, qui se manifestait dans chacune de ses actions ou de ses paroles. M. de Talleyrand s'en amusait quelquefois, et se permettait de railler le secrétaire d'État, qui en conservait une rancune extrême. Il s'observait donc sans cesse vis-à-vis de M. de Talleyrand, et ne l'aimait nullement.

M. de Talleyrand, qui s'ennuyait profondément à Vienne, y vit arriver avec plaisir M. de Rémusat, et leur intimité s'augmenta dans l'oisiveté de la vie qu'ils menaient tous deux. Il est très vraisemblable que M. Maret, qui écrivait exactement à l'empereur, lui manda cette nouvelle liaison, et qu'elle déplut un peu à cet esprit toujours ombrageux, et prêt à voir des motifs graves dans les moindres actions de la vie.

M. de Talleyrand, ne trouvant guère que M. de Rémusat qui pût l'entendre, s'ouvrait avec lui sur les idées politiques que lui inspiraient les victoires de nos armées. Désirant vivement consolider le repos de l'Europe, il craignait fort l'entraînement de la victoire pour l'empereur, et le désir que les militaires qui l'entouraient, tous raccoutumés à la guerre, auraient qu'elle continuât. « Au moment de conclure la paix, disait-il, vous verrez que ce sera avec l'empereur lui-même que j'aurai le plus de peine à négocier, et qu'il me faudra bien des paroles pour combattre l'enivrement qu'aura produit la poudre à canon. » Dans ces épanchements auxquels M. de Talleyrand se livrait, il parlait de l'empereur sans illusions, et convenait franchement des énormes défauts de son caractère; mais il le croyait appelé cependant à terminer irrévocablement la Révolution de France, à fonder un gouvernement stable, et pensait encore pouvoir le diriger dans sa conduite à l'égard de l'Europe. « Si je ne le persuade point, je saurai du moins, disait-il, l'enchaîner malgré lui, et le forcer à quelque repos. » M. de Rémusat était charmé de trouver dans un ministre habile, et qui jouissait de la confiance de l'empereur, des projets si sages, et il se sentait de plus en plus disposé à lui vouer cette estime et cette confiance que tout Français citoyen doit à un homme qui veut maîtriser les effets d'une ambition sans bornes. Il m'écrivait souvent combien il était content de ce que sa familiarité avec M. de Talleyrand lui faisait découvrir, et moi, je commençais à penser avec intérêt à un homme qui adoucissait pour mon mari ce que l'absence et l'ennui de sa vie avaient de plus pénible.

Au milieu de la vie solitaire et souvent inquiète que je menais, les lettres de mon mari faisaient mon seul plaisir et tout l'agrément de mon intérieur. Quoique la prudence le forçât de n'entrer dans aucun détail, je le voyais assez content de sa position. Ensuite, il m'entretenait des différents spectacles qu'il avait sous les yeux. Il me racontait ses courses dans Vienne qui lui parut une belle et grande ville, et ses visites à un certain nombre de personnages importants qui y étaient demeurés, et dans quelques familles qui, toutes, le frappaient par l'extrême attachement que leur inspirait l'empereur François. Ce bon peuple de Vienne, tout conquis qu'il était, ne laissait point de manifester hautement le désir de rentrer bientôt sous la domination d'un maître paternel, et, le plaignant de ses revers, ne laissait point échapper un seul reproche contre lui.

Au reste, il y avait beaucoup d'ordre à Vienne, la garnison y était tenue dans une grande discipline, et les habitants n'avaient pas de grands sujets de se plaindre de leurs vainqueurs. Les Français prenaient même quelques amusements; ils fréquentaient les spectacles, et ce fut à Vienne que M. de Rémusat entendit le célèbre chanteur italien Crescentini, et prit avec lui les arrangements qui l'attachèrent à la musique de l'empereur.

## CHAPITRE XV.

#### (1805.)

Bataille d'Austerlitz. — L'empereur Alexandre. — Négociations. — Le prince Charles. — M. d'André. — Disgrâce de M. de Rémusat. — Duroc. — Savary. — Traité de paix.

L'arrivée de l'armée russe, et la rigueur des conditions imposées par le vainqueur, avaient déterminé l'empereur d'Autriche à tenter encore une fois la voie des armes. Ayant donc rassemblé ses forces et joint l'empereur Alexandre, il attendait Bonaparte qui marchait de son côté pour le rencontrer. Ces deux armées immenses se joignirent en Moravie, près du petit village d'Austerlitz, jusque alors inconnu, et devenu à jamais célèbre par une si mémorable victoire. Ce fut le 1$^{er}$ décembre que Bonaparte résolut de livrer bataille le lendemain, anniversaire de son couronnement.

Le prince Dolgorouki avait été envoyé à notre

quartier général par le czar, pour offrir des propositions de paix qui, si l'empereur a dit vrai dans ses bulletins, ne pouvaient guère être écoutées par un vainqueur, maître de la capitale de son ennemi. A l'en croire, on exigeait la reddition de la Belgique, et que la couronne de Fer passât sur une autre tête. On fit parcourir à l'envoyé une partie de l'armée qu'on avait, exprès, laissée dans le désordre, et il fut trompé, et trompa les empereurs dans les récits qu'il leur fit.

Le bulletin, qui rend compte de ces deux journées du 1er et du 2 décembre, rapporte que l'empereur, vers le soir, rentrant dans son bivouac, dit : « Voilà la plus belle soirée de ma vie. Mais je regrette de penser que je perdrai bon nombre de ces braves gens. Je sens, au mal que cela me fait, qu'ils sont véritablement mes enfants; et en vérité, je me reproche ce sentiment, car je crains qu'il puisse me rendre inhabile à faire la guerre. »

Le lendemain, en haranguant ses soldats : « Il faut, leur dit-il, finir cette campagne par un coup de tonnerre. Si la France ne peut arriver à la paix qu'aux conditions proposées par l'aide de camp Dolgorouki, la Russie ne les obtien drait pas, quand même son armée serait campée sur les hauteurs de Montmartre. » Il était écrit, cependant, que ces mêmes armées y camperaient un jour, en effet, et qu'Alexandre verrait à Belleville un messager de Napoléon venir lui offrir telle paix qu'il voudrait lui dicter.

Je ne copierai point ici le récit de cette bataille qui a fait un honneur réel à nos armes; on le trouvera dans *le Moniteur*, et l'empereur de Russie, avec cette noble sincérité qui le caractérise, a dit qu'on ne pouvait rien comparer aux dispositions prises par l'empereur pour le succès de cette journée, à l'habileté de ses généraux, et à l'ardeur du soldat français. L'élite des trois nations se battit avec acharnement; les deux empereurs furent obligés de fuir, pour éviter d'être pris, et sans les conférences du lendemain, il paraît que la retraite de celui de Russie eût été fort difficile.

L'empereur dicta, presque sur le champ de bataille, le récit de tout ce qui se passa le 1er, le 2 et le 3. Il en écrivit même une partie, et ce rapport fait avec précipitation, mais cependant détaillé et très curieux encore aujourd'hui, par l'esprit dans lequel il fut conçu, gros de vingt-cinq pages, couvert de ratures, de renvois, sans ordre, et souvent sans clarté, fut envoyé à Vienne à M. Maret, avec l'ordre de le rédiger promptement pour le dépêcher au *Moniteur* de Paris.

Aussitôt que M. Maret eut reçu ce paquet, il se hâta de le communiquer à M. de Talleyrand et à M. de Rémusat. Tous trois, qui habitaient alors le palais de l'empereur d'Autriche, se renfermèrent dans l'appartement même de l'impératrice, que M. de Talleyrand occupait, pour le déchiffrer et le mettre en ordre. L'écriture de l'empereur, toujours fort difficile à lire et souvent sans orthographe, rendait ce travail assez long. Ensuite, il allait rétablir l'ordre des faits, et changer des expressions trop incorrectes contre d'autres plus convenables, et, d'après l'avis de M. de Talleyrand et à la grande terreur de M. Maret, retrancher des paroles par trop humiliantes pour les souverains étrangers, et des éloges si directs, qu'on pouvait s'étonner que Bonaparte se les fût donnés lui-même.

Cependant, on eut soin de conserver certaines phrases soulignées et auxquelles par conséquent il paraissait mettre de l'importance. Ce travail dura plusieurs heures, et intéressa M. de Rémusat, en lui donnant le moyen d'observer quelle différence de système, pour servir l'empereur, suivaient les deux ministres avec lesquels il se trouvait.

Après la bataille, l'empereur François avait demandé une entrevue qui se passa au bivouac. « C'est, disait Bonaparte, le seul palais que j'habite depuis deux mois. — Vous en tirez si bon parti, répondait l'empereur d'Autriche, qu'il doit vous plaire. »

On assure (*rapporte encore le bulletin*) que l'empereur a dit en parlant de l'empereur d'Autriche : « Cet homme me fait faire une faute, car j'aurais pu suivre ma victoire, et prendre toute l'armée russe et autrichienne ; mais, enfin, quelques larmes de moins seront versées. »

Il paraît clair, par ce bulletin même, que le czar y est ménagé. Voici comment on rend compte de la visite que l'aide de camp Savary fut chargé de lui rendre :

« L'aide de camp de l'empereur avait accompagné l'empereur d'Allemagne, après l'entrevue, pour savoir si l'empereur de Russie adhérait à la capitulation. Il a trouvé les débris de l'armée russe sans artillerie, ni bagages, et dans un épouvantable désordre. Il était minuit ; le général

Meerfeld avait été repoussé de Gœding par le maréchal Davout, l'armée russe était cernée, pas un homme ne pouvait s'échapper. Le prince Czartoryski introduisit le général Savary près de l'empereur.

« — Dites à votre maître, lui cria ce prince, que
» je m'en vais ; qu'il a fait hier des miracles ; que
» cette journée a accru mon admiration pour lui ;
» que c'est un prédestiné du ciel ; qu'il faut à mon
» armée cent ans pour égaler la sienne. Mais
» puis-je me retirer avec sûreté ? — Oui, sire, lui
» dit le général, si Votre Majesté ratifie ce que les
» deux empereurs de France et d'Allemagne ont
» arrêté dans leur entrevue. — Et qu'est-ce ? —
» Que l'armée de Votre Majesté se retirera chez
» elle par les journées d'étapes qui seront réglées
» par l'empereur, et qu'elle évacuera l'Allemagne
» et la Pologne autrichienne. A cette condition,
» j'ai ordre de l'empereur de me rendre à nos
» avant-postes qui vous ont déjà tourné, et d'y
» donner des ordres pour protéger votre retraite,
» l'empereur voulant respecter l'ami du premier
» consul. — Quelle garantie faut-il pour cela ? —
» Sire, votre parole. — Je vous la donne. »

» Cet aide de camp partit sur-le-champ au grand

galop, se rendit auprès du maréchal Davout auquel il donna l'ordre de cesser tout mouvement et de rester tranquille. Puisse cette générosité de l'empereur de France ne pas être aussitôt oubliée en Russie que le beau procédé de l'empereur qui renvoya six mille hommes à l'empereur Paul, avec tant de grâce et de marques d'estime pour lui! »

Le général Savary avait causé une heure avec l'empereur de Russie, et l'avait trouvé tel que doit être un homme de cœur et de sens, quelques revers d'ailleurs qu'il ait éprouvés.

Ce monarque lui demanda des détails sur la journée : « Vous étiez inférieurs à moi, lui dit-il,
» et cependant vous étiez supérieurs sur tous les
» points d'attaque. — Sire, répondit le général,
» c'est l'art de la guerre et le fruit de quinze ans
» de gloire. C'est la quarantième bataille que
» donne l'empereur. — Cela est vrai, c'est un
» grand homme de guerre. Pour moi, c'est la pre-
» mière fois que je vois le feu. Je n'ai jamais eu
» la prétention de me mesurer avec lui. — Sire,
» quand vous aurez de l'expérience, vous le sur-
» passerez peut-être. — Je m'en vais donc dans ma
» capitale; j'étais venu au secours de l'empereur

» d'Allemagne, il m'a fait dire qu'il est content;
» je le suis aussi[1]. »

On s'est souvent demandé, dans ce temps-là, par quelle raison l'empereur, en effet, ne poussa point la victoire, et consentit à la paix après cette bataille, car cette raison donnée dans *le Moniteur*, de quelques larmes de moins qui seraient versées, ne fut sûrement pas le vrai motif de sa réserve.

Faut-il conclure que la journée d'Austerlitz lui coûta assez pour lui inspirer de la répugnance à en risquer une semblable, et que l'armée russe n'était pas si complètement défaite qu'il voulut le faire croire? Ou bien que, cette fois encore, comme il disait lui-même, lorsqu'on lui demandait pourquoi il avait mis un terme à la marche victorieuse, lors du traité de Leoben : « C'est que je jouais au vingt et un, et je me suis tenu à vingt » ? Faut-il penser que Bonaparte, empereur depuis un an seulement, n'osait point encore sacrifier le sang des peuples, comme il l'a fait depuis, et que, surtout à cette époque, plein de con-

---

1. Toutes ces anecdotes sont rapportées dans les trentième et trente et unième bulletins de la grande armée, datés d'Austerlitz. 12 et 14 frimaire an XIV (3 et 5 décembre 1806), pages 543 et 555 du vol. XI de la correspondance de Napoléon Ier, publiée par ordre de l'empereur Napoléon III. (P. R.)

fiance en M. de Talleyrand, il cédait plus volontiers à la politique modérée de son ministre? Peut-être aussi crut-il avoir, par cette campagne, plus affaibli qu'il ne le fit réellement la puissance autrichienne ; car il lui arriva de dire, quand il fut de retour à Munich : « J'ai encore laissé trop de sujets à l'empereur François. »

Quels qu'aient été ses motifs, il faut lui savoir gré de cet esprit de modération qu'il sut conserver au milieu d'une armée échauffée par la victoire, et qui se montrait en ce moment très ardente à prolonger la guerre. Les maréchaux, et tous les officiers qui entouraient l'empereur, s'efforçaient de le pousser à continuer la campagne ; sûrs de vaincre partout, ils demandaient de nouveaux combats, et en ébranlant les intentions de leur chef, ils suscitèrent à M. de Talleyrand tous les embarras qu'il avait prévus.

Ce ministre, mandé au quartier général, out à combattre la disposition de l'armée. Seul, il soutint qu'il fallait conclure la paix, que la puissance autrichienne était nécessaire à la balance de l'Europe ; et, dès cette époque, il disait : « Quand vous aurez affaibli les forces du centre, comment empêcherez-vous celles des extrémités, les Russes, par exemple, de se ruer sur elles ? » A cela, on lui répondait par des intérêts particuliers, par un désir personnel et insatiable de toutes les chances de fortune que la continuation de la guerre pouvait offrir, et quelques-uns, connaissant assez bien le caractère de l'empereur, disaient : « Si nous ne terminons pas cette affaire sur-le-champ, vous nous verrez plus tard commencer une nouvelle campagne. » Quant à lui, agité par des opinions si diverses, mû par le goût des batailles qu'il avait encore, excité par sa défiance qui ne le quittait jamais, il laissait voir à M. de Talleyrand, quelquefois, le soupçon qu'il n'eût quelque intelligence secrète avec le ministère autrichien, et qu'il ne lui sacrifiât les intérêts de la France. M. de Talleyrand répondait avec cette fermeté qu'il sait mettre dans les grandes affaires, quand il a pris un parti : « Vous vous trompez. C'est à l'intérêt de la France que je veux sacrifier l'intérêt de vos généraux dont je ne fais aucun cas. Songez que vous vous rabaissez en disant comme eux, et que vous valez assez pour n'être pas seulement militaire. »

Cette manière d'élever Bonaparte en dépréciant autour de lui ses anciens compagnons d'armes, flattait l'empereur, et c'est par une telle adresse qu'il finissait par l'amener à ses fins. Il parvint enfin à le déterminer à l'envoyer à Presbourg, où les négociations devaient avoir lieu; mais, ce qui est étrange et peut-être inouï, c'est que l'empereur, en donnant à M. de Talleyrand des pouvoirs pour traiter, ne craignit point de le tromper lui-même, et de lui préparer le plus grand embarras que jamais négociateur ait éprouvé. Lors de l'entrevue des deux empereurs après la bataille, l'empereur d'Autriche avait consenti à se dessaisir de l'État vénitien; mais il avait demandé que le Tyrol, dont la plus grande partie venait d'être conquise par Masséna, lui fût rendu, et l'empereur, peut-être, malgré tout son empire sur ses émotions, un peu troublé et comme détendu par la présence de ce souverain vaincu, venant discuter lui-même ses intérêts sur le champ de bataille où gisaient encore ses sujets immolés pour sa cause, n'avait pas pu se montrer inflexible. Il avait abandonné ce Tyrol qu'on lui demandait. Mais, dès que l'entrevue fut terminée, il s'en repentit, et en donnant à M. de Talleyrand les détails des engagements qu'il avait pris, il lui fit un secret de celui qui regardait cette province.

## CHAPITRE QUINZIÈME.

Cependant Bonaparte, après avoir vu partir son ministre pour Presbourg, revint à Vienne, s'établir dans le palais de Schönbrunn. Là, il s'occupa à passer en revue son armée, et à rétablir les pertes qu'il avait faites, en reformant les corps à mesure qu'ils venaient tous se soumettre à son inspection. Fier et satisfait de sa campagne, il se montra alors d'assez bonne humeur avec tout le monde, traita bien toute la partie de sa cour qu'il retrouva, et se complut à raconter les merveilles de cette guerre.

Une seule chose lui donnait quelquefois de légers éclairs de mauvaise humeur : Il s'étonnait du peu d'effet que sa présence produisait sur les Viennois, et de la peine qu'il avait à les attirer autour de lui, quoiqu'il les invitât à des spectacles et à des dîners au palais qu'il habitait. Il s'étonnait de leur attachement pour un souverain vaincu et bien inférieur à lui. Il lui arriva, une fois, d'en parler assez ouvertement à M. de Rémusat : « Vous avez passé, lui dit-il, quelque temps à Vienne, vous avez été à portée de les observer. Quel étrange peuple est-ce donc, qu'il se montre comme insensible à la gloire et aux revers? » M. de Rémusat, qui avait conçu une grande estime pour ce caractère dévoué et attaché des Viennois, en fit l'éloge dans sa réponse et peignit le dévouement à leur souverain dont il avait été témoin. « Mais, enfin, reprit Bonaparte, ils ont quelquefois parlé de moi ; que disent-ils ? — Sire, répondit M. de Rémusat ; ils disent : « L'empereur Napoléon est un grand » homme, il est vrai ; mais notre empereur est » parfaitement bon, et nous ne pouvons aimer » que lui. » Ces sentiments, qui résistaient à l'infortune, ne pouvaient guère être compris par un homme qui ne trouvait de mérite que dans le succès. Quand, de retour à Paris, il apprit quelle touchante réception les Viennois avaient faite à leur empereur vaincu : « Quel peuple ! s'écria-t-il. Si je rentrais ainsi dans Paris, certes je n'y serais pas reçu de cette manière. »

L'empereur était de retour depuis quelques jours, quand, à la grande surprise de tout le monde, on vit tout à coup revenir M. de Talleyrand. Les ministres autrichiens, à Presbourg, n'avaient pas manqué de lui parler du Tyrol[1], et

---

1. Dans le traité définitif le Tyrol fut, comme on sait, donné à la Bavière en considération du mariage de la princesse Auguste avec Eugène de Beauharnais, vice-roi d'Italie. (P. R.)

forcé alors de convenir qu'il n'avait aucune instruction à ce sujet, il venait en chercher, très mécontent de se voir joué de cette manière. Quand il en parla à l'empereur, celui-ci répondit que, dans un moment de complaisance, dont il se repentait, il avait consenti à la demande de l'empereur François, mais qu'il était parfaitement décidé à ne point tenir sa parole. M. de Rémusat, qui voyait beaucoup M. de Talleyrand alors, m'a dit souvent qu'il était réellement indigné. Non seulement il voyait la guerre prête à recommencer, mais encore le cabinet de France était entaché d'une perfidie dont une partie de la honte rejaillirait sur lui. Sa course à Presbourg ne serait plus que ridicule, montrerait le peu de crédit qu'il avait sur son maître, et détruirait cette considération personnelle qu'il s'appliquait toujours à conserver en Europe. Les maréchaux poussaient de nouveau leurs cris de guerre. Murat, Berthier, Maret, tous ces flatteurs de la passion de l'empereur, voyant de quel côté il penchait, le poussaient vers ce qu'ils appelaient *la gloire*. M. de Talleyrand avait à supporter les reproches de tout le monde, et souvent il disait avec amertume à mon mari : « Je ne trouve que vous ici qui me témoigniez de l'amitié ; il s'en faut de bien peu que ces gens-là ne me regardent comme un traître. » Sa conduite et sa patience, à cette époque, doivent lui faire un honneur infini. Il vint à bout de ramener l'empereur à son opinion sur la nécessité de faire la paix, et après avoir tiré de lui la parole qu'il voulait, quoiqu'il ne pût jamais obtenir que le Tyrol fût rendu, il partit une seconde fois pour Presbourg plus content, et en faisant ses adieux à M. de Rémusat : « J'arrangerai, lui dit-il, l'affaire du Tyrol, et je saurai bien à présent faire faire la paix à l'empereur, malgré lui. »

Pendant le séjour que Bonaparte fit à Schönbrunn, il reçut une lettre du prince Charles, qui lui mandait que, plein d'admiration pour sa personne, il désirait le voir et l'entretenir quelques moments. Bonaparte, flatté de cet hommage de la part d'un homme qui avait de la réputation en Europe, fixa pour le lieu de l'entrevue un petit rendez-vous de chasse situé à quelques lieues du palais, et il ordonna à M. de Rémusat de se joindre à ceux qui devaient l'accompagner, lui recommandant de porter avec lui une très riche épée : « Après notre conversation, lui dit-il, vous me la remettrez; je veux l'offrir au prince en le quittant. »

Quand l'empereur eut joint le prince en effet, ils furent renfermés ensemble quelque temps, et, lorsqu'il sortit, mon mari s'approcha de lui, comme il en avait reçu l'ordre. Mais Bonaparte, le repoussant assez vivement, lui dit qu'il pouvait remporter l'épée; et quand il fut de retour à Schönbrunn, il parla du prince avec assez peu de considération, disant qu'il ne l'avait trouvé qu'un homme fort médiocre, ne lui paraissant pas digne du présent qu'il voulait lui faire[1].

Je ne crois pas que je doive passer sous silence une circonstance personnelle à M. de Rémusat qui vint encore troubler la lueur de faveur que l'empereur semblait disposé à lui accorder. J'ai souvent remarqué que notre destinée avait semblé s'arranger toujours pour nous empêcher de profiter des avantages que notre position paraissait nous offrir, et, depuis, j'en ai souvent rendu grâce à la Providence qui, par là, nous a préservés d'une chute plus éclatante.

1. Le mot de l'empereur est ici un peu adouci, ou affaibli. La vérité est que lorsque son chambellan s'approcha pour lui rappeler ses intentions, et lui présenter l'épée : « Laissez-moi tranquille, lui dit l'empereur. C'est un imbécile. » (P. R.)

Dans les premières années du gouvernement consulaire, le parti du roi avait longtemps conservé l'espoir de voir rouvrir pour lui en France des chances favorables, et, plus d'une fois, il avait tenté de s'y conserver des intelligences. M. d'André, ancien député à l'Assemblée constituante, émigré, dévoué à cette cause, s'était chargé de plusieurs missions royalistes auprès de quelques souverains de l'Europe, missions dont Bonaparte était très bien informé. M. d'André, Provençal comme M. de Rémusat, son camarade de collège, et ainsi que lui magistrat avant la Révolution (il était conseiller au parlement d'Aix), sans avoir gardé de relations avec lui, ne pouvait lui être devenu étranger. Dans ce temps-là, découragé apparemment de ses démarches infructueuses, croyant la cause impériale absolument gagnée, fatigué d'une vie errante et de l'état de gêne qui en était la suite, il aspirait à rentrer dans son pays. Se trouvant en Hongrie, lors de la campagne de 1805, il envoya sa femme à Vienne et s'adressa au général Mathieu Dumas, qui avait été son ami, pour le prier de solliciter sa radiation. Ce général, un peu effrayé d'une pareille mission, promit cependant de tenter quelques démarches, mais il engagea madame d'André à voir M. de Rémusat pour l'intéresser dans cette affaire. Mon mari la vit arriver un matin chez lui ; il la reçut comme la femme d'un ancien ami, fut touché de la situation où elle lui dépeignit M. d'André, et ne sachant pas toutes les particularités qui pouvaient rendre l'empereur implacable, croyant d'ailleurs que ses victoires, en consolidant son pouvoir, devaient le disposer à la clémence, il consentit à se charger de la demande de radiation. Sa qualité de maître de la garde-robe lui donnait le droit de s'introduire chez l'empereur pendant sa toilette. Il se hâta donc de descendre à son appartement, et le trouvant à moitié habillé et d'assez bonne humeur, il lui rendit compte de la visite qu'il venait de recevoir, et de la sollicitation qu'il osait lui faire.

Au seul nom de M. d'André, le visage de l'empereur devint extrêmement sombre : « Savez-vous, dit-il, que vous me parlez là d'un mortel ennemi? — Non, sire, reprit M. de Rémusat ; j'ignore si Votre Majesté a réellement des raisons de se plaindre de lui; mais, dans ce cas, j'oserais demander sa grâce. M. d'André est pauvre et proscrit, il me paraît désirer d'aller vieillir tranquillement dans notre patrie commune. — Est-ce que vous avez des relations avec lui? — Aucune, sire. — Et pourquoi vous intéressez-vous à lui? — Sire, il est Provençal, il a été élevé avec moi au collège de Juilly, il a suivi la même carrière que moi, et il fut mon ami. — Vous êtes bien heureux, reprit l'empereur, en lançant un regard farouche, d'avoir de tels motifs pour excuse. Ne m'en parlez jamais, et sachez que, s'il était à Vienne et que je pusse m'emparer de sa personne, il serait pendu dans les vingt-quatre heures. » En achevant ces mots, l'empereur tourna le dos à M. de Rémusat.

L'empereur, partout où il se trouvait avec sa cour, avait coutume de donner chaque matin ce qui s'appelait *son lever*. Quand il était habillé, il passait dans un salon, et faisait appeler ce qu'on nommait *le service*. C'étaient les grands officiers de sa maison, M. de Rémusat comme maître de la garde-robe et premier chambellan, et les généraux de sa garde. Le second lever se composait des chambellans, des généraux de l'armée qui pouvaient se présenter, et, à Paris, du préfet de Paris, du préfet de police, des princes et des ministres. Quelquefois il recevait tout ce monde assez silen-

## CHAPITRE QUINZIÈME.

cieusement, saluant et congédiant aussitôt. Il donnait des ordres, quand il était nécessaire, et, quelquefois aussi, ne craignait nullement de quereller tel ou tel dont il était mécontent, sans égard à l'embarras de recevoir et de faire des reproches devant tant de témoins.

Après avoir quitté M. de Rémusat, il fit donc approcher son lever, et, renvoyant tout le monde, il garda le général Savary assez longtemps. A la suite de cet entretien, Savary, retrouvant mon mari dans l'un des salons du palais, le prit à part et commença avec lui une conversation qui paraîtrait bien étrange à quiconque ne connaîtrait pas la *naïveté de principes* de ce général sur une certaine manière de se conduire.

« Venez, venez, dit-il à M. de Rémusat en l'abordant, que je vous fasse compliment sur l'occasion de fortune qui se présente à vous, et que je vous conseille fort de ne point laisser échapper. Vous avez risqué gros jeu tout à l'heure en parlant à l'empereur de M. d'André, mais tout peut se réparer. Où est-il? — Mais, je pense, en Hongrie; c'est du moins ce que m'a dit sa femme. — Ah bah! ne dissimulez point. L'empereur le croit à Vienne; il est persuadé que vous

savez où il se cache, et il veut que vous le disiez.
— Je vous atteste que je l'ignore très parfaitement. Je n'avais aucune correspondance avec lui; sa femme m'est venue voir aujourd'hui pour la première fois, elle m'a prié de parler à l'empereur pour son mari, je l'ai fait, et c'est tout. — Eh bien! s'il en est ainsi, envoyez-la chercher de nouveau. Elle ne se défiera pas de vous, faites-la causer, et tâchez de tirer d'elle le lieu de la retraite de son mari. Vous ne pouvez imaginer à quel point vous plairez à l'empereur par ce service que vous lui rendrez. »

M. de Rémusat, confondu au dernier point de ce qu'il entendait, ne put s'empêcher de témoigner la surprise qu'il éprouvait. « Quoi! disait-il, c'est à moi que vous faites une pareille proposition? J'ai dit à l'empereur que j'avais été l'ami de M. d'André; vous le savez aussi, et vous voulez que je le trahisse, que je le livre, et cela par le moyen de sa femme qui a cru pouvoir se fier à moi! » Savary, à son tour, fut étonné de l'indignation que paraissait éprouver M. de Rémusat. « Quel enfantillage! disait-il; mais songez donc que vous allez manquer votre fortune! L'empereur a eu plus d'une fois l'occasion de douter que vous lui fussiez dévoué comme il veut qu'on le soit ; voici une occasion de dissiper ses soupçons, vous serez bien maladroit si vous la laissez échapper. »

La conversation dura longtemps sur ce ton. On pense bien que M. de Rémusat fut inébranlable ; il assura à Savary que, loin de chercher madame d'André, il éviterait même de la recevoir, et il fit dire à celle-ci par le général Mathieu Dumas le mauvais succès de sa mission. Savary revint à la charge pendant toute la journée, en répétant cette phrase : « Vous manquez votre fortune, je vous avoue que je ne vous conçois pas. — A la bonne heure ! » répondait M. de Rémusat.

En effet, l'empereur garda rancune de ce refus et reprit avec mon mari le ton sec et glacé qu'il avait toujours quand il était mécontent. M. de Rémusat le supporta avec tranquillité, et ne s'en plaignit qu'au grand maréchal du palais, Duroc. Celui-ci comprit mieux sa répugnance que Savary, mais il plaignit mon mari de ce hasard qui le compromettait aux yeux de son maître ; il le complimenta sur sa conduite qui lui paraissait un acte du plus grand courage, car ne point obéir à l'empereur lui semblait la plus extraordinaire chose du monde.

C'était un singulier homme que Duroc. Son esprit n'était point étendu ; son âme, c'est-à-dire ses sentiments et ses pensées, demeuraient toujours, et presque volontairement, dans un cercle rétréci, mais il ne manquait point d'habileté ni de lumières dans le détail. Plutôt soumis que dévoué à Bonaparte, il croyait que, lorsqu'on était placé auprès de lui, on avait suffisamment usé des facultés de la vie en les employant toutes à lui obéir ponctuellement. Pour ne manquer à rien de ce qui lui paraissait, dans ce genre, du strict devoir, il ne se permettait pas même une pensée qui fût hors des choses qui composaient ce qu'il avait à faire dans le poste qu'il occupait. Froid, silencieux, impénétrable sur tous les secrets qui lui étaient confiés, je crois qu'il s'était comme habitué à ne jamais réfléchir sur les ordres qu'il recevait. Il ne flattait point l'empereur, il ne cherchait point à lui plaire par des rapports, souvent inutiles, mais qui satisfaisaient sa défiance naturelle. Tel qu'un miroir fidèle, il réfléchissait à son maître tout ce qui se passait en sa présence, et de même il rapportait les paroles de celui-ci avec le même accent, et dans les mêmes termes, qu'il les avait entendues. Eût-on dû mourir à ses yeux des suites d'une commission qu'il eût reçue, il s'en acquittait avec une imperturbable exactitude. Je ne pense pas qu'il s'amusât à examiner si l'empereur était un grand homme ou non; c'était *le maître,* voilà tout. Sa soumission le rendait fort utile à l'empereur; l'intérieur du palais lui était confié, l'administration de la maison, toutes les dépenses; et tout cela était réglé avec un ordre infini et une extrême économie, accompagnés pourtant d'une grande magnificence.

Le grand maréchal Duroc avait épousé une petite espagnole fort riche, assez laide, qui ne manquait point d'esprit, fille d'un nommé Hervas, banquier espagnol, qui avait été employé dans quelque affaires diplomatiques secondaires, qui fut fait marquis d'Abruenara, et qui devint ministre en Espagne sous Joseph Bonaparte. Madame Duroc avait été élevée chez madame Campan, comme madame Louis Bonaparte et mesdames Savary, Davout, Ney, etc. Son mari vivait bien avec elle, mais sans aucune de ces intimités qui procurent souvent un épanchement si doux à ceux qui ont à supporter la gêne des cours. Il ne lui eût pas permis d'avoir une opinion sur rien de ce qui se passait sous ses yeux, ni de former une liaison. Quant à lui, il n'en avait aucune. Je n'ai jamais vu personne plus inaccessible au besoin de l'amitié, au plaisir de la conversation ; il n'avait aucune idée de la vie du monde ; il ne savait ce que c'était que le goût des lettres ou des arts, et cette indifférence sur tout, cette ponctualité dans l'obéissance, sans montrer jamais ni ennui de l'assujettissement, ni la moindre apparence d'enthousiasme, en faisaient un caractère tout à part qu'il était vraiment curieux d'observer. Il jouissait à la cour d'une grande considération, ou du moins d'une extrême importance. Tout aboutissait à lui ; il recevait les confidences de chacun, ne donnait guère son avis sur rien, encore moins un conseil ; mais il écoutait attentivement, rapportait ce dont on l'avait chargé, et jamais il n'a donné la moindre preuve de malveillance, de même que la plus petite marque d'intérêt[1].

---

1. « Ce portrait du duc de Frioul, a écrit mon père, est parfaitement conforme à l'opinion de tous les contemporains éclairés. Peu d'hommes ont été plus secs, plus froids, plus personnels, sans aucune mauvaise passion contre les autres. Sa justice, sa probité, sa sûreté étaient incomparables. C'était un administrateur d'un grand mérite. Mais une chose curieuse, que ma mère paraît avoir ignorée, et qui semble avérée, c'est qu'il n'aimait pas l'empereur, ou que du moins il le jugeait sévèrement. Dans les derniers temps, il était excédé de son caractère et surtout de son système, et, la

## CHAPITRE QUINZIÈME.

Bonaparte, qui avait un grand talent pour tirer des hommes ce qui lui était utile, aimait fort le service d'un personnage si complètement isolé. Il pouvait le grandir sans inconvénient; aussi l'a-t-il comblé de dignités et de richesses. Mais ses dons à Savary, qui furent aussi considérables, eurent un motif différent. « C'est un homme, disait-il, qu'il faut continuellement corrompre. » Et, chose étrange! malgré cette opinion, il ne laissait pas d'avoir confiance en lui, ou du moins de croire à ce qu'il venait lui raconter. A la vérité, il savait qu'il ne se refuserait à rien et, en parlant de lui, il disait encore quelquefois : « Si j'ordonnais à Savary de se défaire de sa femme et de ses enfants, je suis sûr qu'il ne balancerait pas. »

Ce Savary, l'objet de la terreur générale, malgré sa conduite, ses actions connues et cachées, n'était point foncièrement un méchant homme.

veille ou le jour de sa mort, il l'avait encore laissé entendre, même à l'empereur. Le maréchal Marmont, qui l'a bien connu, a donné de lui une peinture qui présente tous les caractères de la vérité. » L'empereur avait toutefois pour lui un sentiment particulier qui, chez un tel homme, était presque de l'amitié, car voici ce qu'il écrivait, de Haynau, le 7 juin 1813, à madame de Montesquiou : « La mort du duc de Frioul m'a peiné. C'est depuis vingt ans la seu'e fois qu'il n'ait pas deviné ce qui pouvait me plaire. » (P. R.)

Le goût de l'argent fut sa passion dominante. Sans aucun talent militaire, mal vu de ses valeureux camarades, il lui fallut songer à faire sa fortune par d'autres moyens que ceux qu'employaient ses compagnons d'armes[1]. Il vit un chemin ouvert dans sa fidélité à suivre le système de ruse et de dénonciations que Bonaparte favorisait, et s'y étant introduit une fois, il ne lui fut plus possible de penser à s'en retirer. Intrinsèquement, il était meilleur que sa réputation, c'est-à-dire qu'abandonné à son premier mouvement, il eût mieux valu que sa conduite. Il ne manquait point d'esprit naturel; il était accessible à quelque enthousiasme d'imagination, assez ignorant, mais avec le désir d'apprendre, et un instinct assez juste pour juger; plus menteur que faux, dur dans ses formes, mais très craintif au fond. Il avait des raisons pour connaître Bonaparte et trembler devant lui. Quand il a été ministre, il a osé se permettre cependant quelque om-

---

1. Pendant cette campagne on lui avait mis dans les mains une assez grande caisse pleine d'or, pour payer la police qu'il faisait autour de l'empereur, dans l'armée et dans les villes conquises Il s'acquittait de ce soin avec une extrême habileté. Il ne se disait nulle part un mot, il ne se faisait pas une action dont il ne fût instruit

bre de résistance, et alors il s'est montré accessible à un certain désir de se raccommoder avec l'opinion publique. Comme tant d'autres, il doit peut-être au temps où il a vécu le développement de ses défauts, qui ont étouffé la meilleure partie de son caractère. L'empereur cultivait soigneusement chez les hommes toutes les passions honteuses ; aussi, sous son règne, ont-elles plus particulièrement fructifié.

Revenons. Les négociations de M. de Talleyrand avançaient peu à peu. Malgré tous les obstacles, il parvint par ses correspondances à déterminer l'empereur à la paix, et le Tyrol, cette pierre d'achoppement au traité, fut abandonné par l'empereur François au roi de Bavière. Quand Bonaparte fut brouillé avec M. de Talleyrand, quelques années après, il revenait, dans sa colère, sur ce traité, se plaignant que son ministre lui avait arraché sa victoire, et avait rendu nécessaire la seconde campagne d'Autriche, en laissant le souverain de ce pays encore trop puissant.

Avant de quitter Vienne, l'empereur eut encore le temps d'y recevoir une députation de quatre maires de la ville de Paris, qui venaient le féliciter de ses victoires. Peu après, il partit pour Munich, ayant annoncé qu'il allait mettre la couronne royale sur la tête de l'électeur de Bavière, et conclure le mariage du prince Eugène.

L'impératrice, à Munich depuis quelque temps, voyait avec une extrême joie une telle union qui allait donner à son fils de si grandes alliances avec les premières maisons de l'Europe. Elle eût fort désiré que madame Louis Bonaparte obtînt la permission de venir assister à cette cérémonie, mais son mari la refusa obstinément; et elle eut besoin de sa résignation ordinaire.

L'empereur, voulant peut-être montrer aussi aux étrangers quelqu'un de sa famille, manda à Munich madame Murat, qui y porta des sentiments fort mélangés. Le plaisir de se montrer, et d'être comptée pour quelque chose, était un peu gâté pour elle par l'élévation où elle voyait porter les Beauharnais, et elle eut, comme je le dirai plus bas, quelque peine à dissimuler son mécontentement.

M. de Talleyrand rejoignit la cour après avoir signé le traité, et, encore cette fois, la paix sembla être rendue à l'Europe, du moins pour quelque temps. Cette paix fut signée le 25 décembre 1805.

Par le traité, l'empereur d'Autriche reconnaissait l'empereur Napoléon comme roi d'Italie. Il abandonnait au royaume d'Italie les Etats vénitiens. Il reconnaissait pour rois les électeurs de Bavière et de Wurtemberg, abandonnant au premier plusieurs principautés et le Tyrol ; au roi de Wurtemberg un assez grand nombre de villes ; à l'électeur de Bade une partie du Brisgau.

L'empereur Napoléon s'engageait à obtenir du roi de Bavière la principauté de Wurtzbourg pour l'archiduc Ferdinand qui avait été grand-duc de Toscane. Les États vénitiens devaient être rendus sous le délai de quinze jours. Voilà quelles furent les conditions les plus importantes de ce traité.

## CHAPITRE XVI.

(1805-1806.)

État de Paris pendant la guerre. — Cambacérès. — Le Brun. — Madame Louis Bonaparte. — Mariage d'Eugène de Beauharnais. — Bulletins et proclamations. — Goût de l'empereur pour la reine de Bavière. — Jalousie de l'impératrice. — M. de Nansouty. — Madame de \*\*\*. — Conquête de Naples. — La situation et le caractère de l'empereur.

J'ai dit quelles étaient la tristesse et la solitude à Paris, pendant cette campagne, et combien toutes les classes de la société souffraient du renouvellement de la guerre. L'argent était devenu de plus en plus rare; il arriva même à un tel degré de cherté que, me trouvant obligée d'en envoyer assez promptement à mon mari, je fus obligée, pour convertir un billet de mille francs en or, de perdre quatre-vingt-dix francs dessus. La malveillance ne laissait point échapper cette occasion de répandre et d'accroître encore l'inquiétude. Épouvantée de l'imprudence de certains discours et

## CHAPITRE SEIZIÈME.

avertie par l'expérience passée, je me tenais à l'écart de tout, et je ne voyais avec soin que mes amis et les personnes qui ne pouvaient me compromettre.

Quand des princes ou princesses de la famille impériale recevaient, j'allais, comme les autres, leur faire ma cour, ainsi qu'à l'archichancelier Cambacérès, qui aurait su très mauvais gré à quiconque eût négligé de lui rendre visite. Il donnait de grands dîners, et recevait deux fois par semaine. Il occupait un hôtel situé sur le Carrousel, dont on a fait aujourd'hui l'hôtel des Cent-Suisses[1]. A sept heures du soir, la place du Carrousel se couvrait ordinairement d'une longue file de voitures dont Cambacérès, de sa fenêtre, contemplait avec une vraie joie le développement étendu. On était un assez long temps à entrer dans la cour et à parvenir au pied de l'escalier. Dès la porte du premier salon, un huissier attentif proclamait votre nom à haute voix ; ce nom était répété jusqu'à la porte de la pièce où se tenait Son Altesse. Là, se pressait une foule énorme ; les femmes assises sur deux ou

---

1. Cet hôtel a été démoli sous le règne du roi Louis-Philippe. (P. R.)

trois rangs; les hommes debout, serrés, faisant
d'un angle à l'autre de ce salon une sorte de corridor au milieu duquel Cambacérès, couvert de
cordons, portant le plus souvent tous ses ordres
en diamants, coiffé d'une énorme perruque bien
poudrée, se promenait gravement, débitant à droite
et à gauche quelques phrases polies. Quand on
était sûr qu'il vous avait aperçu, et surtout quand
il vous avait parlé, on se retirait pour faire place
à d'autres. Il fallait souvent demeurer encore très
longtemps avant de retrouver sa voiture, et le
meilleur moyen de lui faire sa cour était de lui
dire, quand on le retrouvait une autre fois, quels
embarras causaient, dans la place, la foule des
carrosses qui se croisaient pour arriver chez lui.

On ne se pressait pas autant chez l'architrésorier Le Brun, qui paraissait mettre moins de prix
à ces hommages extérieurs, et qui vivait avec assez
de simplicité. Mais, s'il n'avait pas les ridicules de
son collègue, il manquait de quelques-unes de ses
qualités. Cambacérès avait de l'obligeance, il accueillait bien les requêtes, et quand il promettait
de les appuyer, sa parole était sûre, on y pouvait
compter. Le Brun songeait à ménager sa fortune,
qui est devenue considérable. C'était un vieillard

fort personnel, assez malin, et qui n'a été utile à personne.

La princesse de toute la famille que je fréquentais le plus était madame Louis Bonaparte. Le soir, on venait chez elle chercher des nouvelles. Dans le mois de décembre 1805, le bruit s'étant répandu que les Anglais pourraient bien tenter quelque descente sur les côtes de la Hollande, Louis Bonaparte reçut l'ordre d'aller parcourir ce pays, et d'inspecter l'armée du Nord. Son absence, qui donnait toujours un peu de liberté à sa femme, et de soulagement à toute sa maison, laquelle avait grand'peur de lui, permettait à madame Louis de passer ses soirées d'une manière assez agréable. On faisait de la musique chez elle, ou on dessinait sur une grande table placée au milieu de son salon. Madame Louis a toujours montré un grand goût pour les arts; elle a composé de jolies romances; elle peint très bien; elle aimait les artistes. Son seul tort, peut-être, était de ne pas donner à son intérieur toute la dignité qu'exigeait le rang où on l'avait élevée. Toujours intimement liée avec ses compagnes d'éducation, ainsi que les jeunes femmes qui la fréquentaient habituellement, elle avait dans les manières un petit reste des usages de sa pension qu'on a quelquefois remarqué et blâmé[1].

Après un assez long silence sur ce qui se passait à l'armée, ce qui causa une vive inquiétude, enfin, un soir, l'aide de camp de l'empereur, Le Brun, fils de l'architrésorier, dépêché du champ de bataille d'Austerlitz, vint apporter la nouvelle de la victoire, de l'armistice qui suivit, et des espérances fondées pour la paix. Cette nouvelle proclamée dans tous les spectacles, affichée partout dès le lendemain, produisit un grand effet, et dissipa la

---

1. Ces sentiments pour la reine Hortense et ces impressions de ma grand'mère ont été très durables, car voici ce qu'elle écrivait à son mari quelques années plus tard, le 12 juillet 1812 :

« En parlant de la reine, je ne puis assez te dire quel charme je trouve à l'intimité de sa société. C'est vraiment un caractère angélique, et une personne complètement différente de ce qu'on croit. Elle est si vraie, si pure, si parfaitement gnorante du mal, il y a dans le fond de son âme une si douce mélancolie, elle paraît si résignée à l'avenir, qu'il est impossible de ne pas emporter d'elle une impression toute particulière. Sa santé n'est pas mauvaise, elle s'ennuie de cette pluie, parce qu'elle aime à marcher ; elle lit beaucoup, et paraît vouloir réparer les torts de son éducation à certains égards. L'instituteur de ses enfants la fait travailler sérieusement, puis elle s'amuse du mal qu'elle prend, elle a raison. Cependant je voudrais que quelqu'un de plus éclairé dirigeât ses études. Il y a un âge où il faut plutôt apprendre pour penser que pour savoir, et l'histoire ne doit pas se montrer à vingt-cinq ans comme à dix » (P. R.)

sombre apathie dans laquelle le peuple de Paris était plongé. Il fut impossible de n'être pas frappé d'un si grand succès, et de ne point se ranger, encore cette fois, du parti de la gloire et de la fortune. Les Français, entraînés par le récit d'une telle victoire, à laquelle rien ne manquait, puisqu'elle terminait la guerre, sentirent renaître leur enthousiasme, et, pour cette fois encore, on n'eut besoin de rien commander à l'allégresse publique. La nation s'identifia de nouveau aux succès de ses soldats. Je regarde cette époque comme l'apogée du bonheur de Bonaparte; car ses hauts faits furent alors adoptés par la majorité du peuple. Depuis, il a sans doute grandi en puissance et en autorité, mais il lui a fallu ordonner l'enthousiasme, et quoiqu'il soit quelquefois parvenu à le forcer, les efforts qu'il lui fallut faire ont dû gâter pour lui le prix des acclamations.

Au milieu des sentiments de joie et de véritable admiration que témoigna la ville de Paris, on pense bien que les grands corps de l'État et les fonctionnaires publics ne laissèrent point échapper cette occasion de rédiger en paroles pompeuses l'admiration générale. Quand on relit aujourd'hui froidement les discours qui furent alors prononcés dans le Sénat et dans le Tribunat, les harangues des préfets et des maires, les mandements des évêques, on se demande comment il eût été possible qu'une tête humaine ne fût pas un peu dérangée par l'excès de telles louanges. Toutes les gloires passées venaient se fondre devant celle de Bonaparte; les noms des plus grands hommes allaient devenir obscurs; la renommée rougirait désormais de tout ce qu'elle avait proclamé jusqu'à ce jour, etc., etc.

Le 31 décembre, le Tribunat s'assembla, et son président, Fabre de l'Aude, annonça le retour d'une députation qui avait été envoyée à l'empereur, et qui racontait les merveilles dont elle avait été témoin, et l'arrivée d'un grand nombre de drapeaux. L'empereur en donnait huit à la ville de Paris, huit au Tribunat, et cinquante-quatre au Sénat. C'était le Tribunat tout entier qui devait aller présenter ces derniers.

Après le discours du président, une foule de tribuns se précipitèrent vers la tribune pour émettre ce qu'on appelait *des motions de vœux* : l'un proposa qu'il fût frappé une médaille d'or; l'autre qu'on élevât un monument public, que l'empereur reçût comme au temps de l'ancienne

Rome les honneurs du triomphe; que la ville de Paris sortît tout entière au-devant de lui. « La langue, disait un membre, ne fournit pas d'expressions assez fortes pour atteindre de si grands objets, ni pour rendre les émotions qu'ils font éprouver. »

Carrion-Nisas proposa qu'à la paix générale, l'épée que l'empereur portait à la bataille d'Austerlitz fût déposée et consacrée avec solennité. Chacun voulait enchérir sur le discours de l'autre, et cette séance, qui dura plusieurs heures, épuisa en effet tout ce que le langage de la flatterie peut inspirer à l'imagination. Et cependant, c'était ce même Tribunat qui inquiéta l'empereur, parce que son institution lui conservait une ombre de liberté, et qu'il crut plus tard devoir détruire, pour achever de consolider son despotisme jusque dans les moindres apparences. Quand l'empereur élimina le Tribunat, ce fut alors le mot consacré à cette mesure, il ne craignit pas de laisser échapper ces paroles : « Voilà ma dernière rupture avec la République. »

Le Tribunat devant, le 1er janvier de l'année 1806, porter au Sénat les drapeaux, décida qu'il proposerait en même temps le vœu de l'érection d'une colonne : Le Sénat s'empressa de convertir ce vœu en décret; il arrêta aussi que la lettre de l'empereur, qui avait accompagné l'envoi des drapeaux, serait gravée sur le marbre et placée dans la salle de ses séances, et les sénateurs se montrèrent à la hauteur des tribuns dans cette circonstance.

On commença bientôt à s'occuper des préparatifs des fêtes qui devaient avoir lieu au retour de l'empereur. M. de Rémusat m'envoya des ordres pour que les spectacles préparassent la remise des quelques ouvrages qui devaient prêter aux applications. Le Théâtre-Français choisit *Gaston et Bayard*; la police fit quelques légers changements aux vers qu'on ne pouvait prononcer[1], et l'Opéra s'occupa d'un divertissement nouveau.

Cependant l'empereur, après avoir reçu la signature de la paix, quittait Vienne en laissant à ses habitants une proclamation pleine de paroles flatteuses pour eux et pour leur souverain, et il ajoutait :

---

1. On remplaça ce vers :

« Et suivre les Bourbons, c'est marcher à la gloire. »

Par :

« Et suivre *les Français*, c'est marcher à la gloire. »

« Je me suis peu montré parmi vous ; non par dédain ou par un vain orgueil, mais je n'ai pas voulu distraire en vous aucun des sentiments que vous deviez au prince avec qui j'étais dans l'intention de faire une prompte paix. »

On a vu plus haut les vrais motifs qui avaien retenu l'empereur renfermé au château de Schönbrunn.

Quoique, en fait, l'armée française eût été contenue dans Vienne avec assez de discipline, sans doute les habitants virent avec une grande joie le départ des hôtes qu'il leur avait fallu recevoir, loger et nourrir avec soin. Si on veut une idée des ménagements que les vaincus se trouvaient forcés d'avoir pour nous, il suffira de dire que les généraux Junot[1] et Bessières, logés chez le prince d'Esterhazy, recevaient chaque jour de Hongrie tout ce qui devait contribuer à rendre leur table délicate, et, entre autres tributs, du vin de Tokay. C'était le prince qui avait pour eux cette attention, et qui les défrayait de tout.

1. Ce Junot, véritable officier de fortune, avait beaucoup d'esprit naturel. Un jour qu'on parlait devant lui des préventions de l'ancienne noblesse française. « Eh bien, disait-il, pourquoi donc tous ces gens-là se montrent-ils si jaloux de notre élévation ? La seule différence entre eux et moi, c'est qu'ils sont des descendants, et que, moi, je suis un ancêtre. »

Je me souviens d'avoir entendu conter à M. de Rémusat que, lorsque l'empereur arriva à Vienne, on se hâta de visiter les caves du palais impérial pour y chercher du même vin de Tokay ; mais on fut fort surpris de n'en pas trouver une seule bouteille ; l'empereur François avait tout fait emporter avec soin.

L'empereur arriva à Munich le 31 décembre, et, le lendemain, proclama *roi* l'électeur de Bavière. Il fit part de cet événement au Sénat par une lettre, ainsi que de l'adoption qu'il faisait du prince Eugène et du mariage qu'il allait terminer, avant de retourner à Paris.

Le prince Eugène ne tarda point à se rendre à Munich, après avoir pris possession des États vénitiens, et rassuré, autant qu'il était en lui, ses nouveaux sujets par des proclamations dignes et mesurées.

L'empereur se crut obligé de donner aussi des éloges à l'armée d'Italie. On lit dans un bulletin : « Les peuples d'Italie ont montré beaucoup d'énergie. L'empereur a dit plusieurs fois : « Pour-
» quoi mes peuples d'Italie ne paraîtraient-ils pas
» avec gloire sur la scène du monde? Ils sont
» pleins d'esprit et de passion, dès lors il csts

» facile de leur donner les qualités militaires. »
Il fit encore quelques proclamations à ses soldats,
toujours un peu boursouflées à sa manière; mais
on dit qu'elles produisaient un grand effet sur
l'armée. Il rendit un beau décret, surtout s'il a
été exécuté :

« Nous adoptons, disait-il, les enfants des généraux, officiers et soldats, morts à la bataille d'Austerlitz. Ils seront élevés à Rambouillet et à Saint-Germain, placés et mariés par nous. Ils ajouteront à leurs noms celui de Napoléon... »

L'électeur, ou plutôt le roi de Bavière, est un prince cadet de la maison de Deux-Ponts, qui est arrivé à l'électorat par l'extinction de la branche de sa famille qui gouvernait la Bavière. Sous le règne de Louis XVI, il fut envoyé en France et mis au service de notre roi. Il obtint promptement un régiment, et demeura assez longtemps, soit à Paris, soit en garnison dans quelques-unes de nos villes. Il s'attacha à la France et y laissa des souvenirs de la bonté de son caractère et de la cordialité de ses manières. Il était connu sous le nom du prince Max. Il refusa cependant de se marier en France. Le prince de Condé lui ayant offert sa fille, son père et l'électeur de Deux-Ponts, son oncle, ne voulurent point de cette union, par la raison que le prince Max, n'étant point riche, serait sans doute forcé de faire quelques-unes de ses filles chanoinesses, et que la mésalliance que le sang de Louis XIV avait reçue de madame de Montespan pourrait empêcher certains chapitres de les recevoir.

Le droit de succession ayant appelé plus tard ce prince à l'électorat, il conserva toujours des souvenirs affectueux pour la France et de l'attachement pour les Français. Devenu roi par la puissance de l'empereur, il eut grand soin de lui témoigner sa reconnaissance par la plus brillante réception, et il accueillit les Français avec une extrême bonté. On imagine bien qu'il ne songea pas un moment à refuser l'union qu'on lui proposait pour sa fille. Cette princesse, âgée de dix-sept à dix-huit ans, joignait à tous les charmes d'une figure fort agréable, les qualités les plus attachantes. Aussi ce mariage, que la politique avait conclu, est devenu pour Eugène la source d'un bonheur que rien n'a troublé. La princesse Auguste de Bavière s'est attachée vivement à l'époux qu'on lui a donné; elle n'a pas peu contribué à lui gagner des cœurs en Italie. Belle, sage, pieuse

## CHAPITRE SEIZIÈME. 263

et fort aimable, elle ne pouvait qu'être tendrement aimée du prince Eugène, et encore aujourd'hui, établis tous deux en Bavière, ils y jouissent des douceurs de la plus parfaite union [1].

[1]. Le prince Eugène de Beauharnais est mort en 1824. Voici de quelle façon l'empereur lui annonçait son mariage, dans une lettre datée de Munich, le 19 nivôse an XIV (31 décembre 1805) : « Mon cousin, je suis arrivé à Munich. J'ai arrangé votre mariage avec la princesse Auguste. Il a été publié. Ce matin, cette princesse m'a fait une visite, et je l'ai entretenue fort longtemps. Elle est très jolie. Vous trouverez ci-joint son portrait sur une tasse, mais elle est beaucoup mieux. » L'affection que l'empereur avait pour le vice-roi d'Italie se porta tout entière sur cette princesse, qu'il avait, du premier jour, jugée si favorablement, et sa correspondance est remplie de sollicitude pour sa santé et son bonheur. Ainsi il lui écrivait de Stuttgard, le 17 janvier 1806. « Ma fille, la lettre que vous m'avez écrite est aussi aimable que vous. Les sentiments que je vous ai voués ne feront que s'augmenter tous les jours; je le sens au plaisir que j'ai de me ressouvenir de toutes vos belles qualités, et au besoin que j'éprouve d'être assuré fréquemment par vous-même que vous êtes contente de tout le monde, et heureuse par votre mari. Au milieu de toutes mes affaires, il n'y en aura jamais pour moi de plus chères que celles qui pourront assurer le bonheur de mes enfants. Croyez, Auguste, que je vous aime comme un père, et que je compte que vous aurez pour moi toute la tendresse d'une fille. Ménagez-vous dans votre voyage, ainsi que dans le nouveau climat où vous arrivez, en prenant tout le repos convenable. Vous avez éprouvé bien du mouvement depuis un mois. Songez bien que je ne veux pas que vous soyez malade. » Enfin, quelques mois plus tard, il écrivait au prince Eugène :

« Mon fils, vous travaillez trop; votre vie est trop monotone. Cela est bon pour vous, parce que le travail doit être pour vous un objet de délassement; mais vous avez une jeune femme, qui

Quand l'empereur se trouva à Munich, il lui passa par la tête de se délasser des travaux qu'il avait eu à supporter pendant quelques mois, par une certaine fantaisie, moitié galante, moitié politique, à l'égard de la reine de Bavière. Cette princesse, seconde femme du roi, sans être très belle, avait une taille élégante et des manières agréables

est grosse. Je pense que vous devez vous arranger pour passer la soirée avec elle, et vous faire une petite société. Que n'allez-vous au théâtre une fois par semaine, en grande loge? Je pense que vous devez avoir aussi un petit équipage de chasse, afin que vous puissiez chasser au moins une fois par semaine; j'affecterai volontiers dans le budget une somme pour cet objet. Il faut avoir plus de gaieté dans votre maison; cela est nécessaire pour le bonheur de votre femme et pour votre santé. On peut faire bien de la besogne en peu de temps. Je mène la vie que vous menez, mais j'ai une vieille femme qui n'a pas besoin de moi pour s'amuser; et j'ai aussi plus d'affaires; et cependant, il est vrai de dire que je prends plus de divertissement et de dissipation que vous n'en prenez. Une jeune femme a besoin d'être amusée, surtout dans la situation où elle se trouve. Vous aimiez jadis assez le plaisir; il faut revenir à vos goûts. Ce que vous ne feriez pas pour vous, il est convenable que vous le fassiez pour la princesse. Je viens de m'établir à Saint-Cloud. Stéphanie et le prince de Bade s'aiment assez. J'ai passé ces deux jours-ci chez le maréchal Bessières; nous avons joué comme des enfants de quinze ans. Vous aviez l'habitude de vous lever matin, il faut reprendre cette habitude. Cela ne gênerait pas la princesse si vous vous couchiez à onze heures avec elle; et, si vous finissez votre travail à six heures du soir, vous avez encore dix heures à travailler, en vous levant à sept ou huit heures. »
(P. R.)

qui conservaient de la dignité. L'empereur feignit, je pense, d'être amoureux d'elle. Ceux qui assistaient à ce spectacle, disent qu'il était assez curieux de le voir aux prises avec son caractère cassant, ses habitudes un peu communes, et pourtant le désir de réussir auprès d'une princesse accoutumée à cette espèce d'étiquette dont on ne se départ guère en Allemagne, dans quelque occasion que ce soit. La reine de Bavière sut tenir en respect son étrange soupirant, et cependant parut s'amuser de ses hommages. L'impératrice la trouva un peu plus coquette qu'elle n'eût voulu, et tout ce manège lui inspira le désir de quitter promptement la cour de Bavière, et lui gâta le plaisir que devait lui causer le mariage de son fils.

En même temps, madame Murat s'avisa de trouver mauvais que la nouvelle vice-reine, devenue fille adoptive de Napoléon, prît le pas sur elle dans les cérémonies. Elle feignit d'être malade, pour éviter ce qui lui semblait un affront, et son frère fut obligé de se fâcher, pour l'empêcher de témoigner trop hautement son mécontentement. Si nous n'avions point été témoins de la promptitude avec laquelle certaines prétentions s'élèvent chez ceux que la fortune favorise, nous nous étonnerions de ces humeurs subites chez des princes ou des grands d'une date si nouvelle qu'ils auraient dû être peu accoutumés encore aux avantages et aux droits donnés par leur rang; mais ce spectacle s'est si souvent reproduit sous nos yeux, qu'il a fallu reconnaître que rien ne s'éveille et ne grandit si vite parmi les hommes que la vanité. Bonaparte, qui le savait d'avance, en a fait son plus sûr moyen de gouverner.

A Munich, il fit un grand nombre de promotions dans l'armée. Il donna un régiment de carabiniers à son beau-frère, le prince Borghèse. Il récompensa beaucoup d'officiers à l'aide de grades et de la Légion d'honneur. Il fit, entre autres, M. de Nansouty, mon beau-frère, grand officier de cet ordre. C'était un homme de courage, estimé de l'armée, simple, d'une probité et d'une délicatesse assez peu ordinaires, malheureusement, à nos chefs militaires. Il a laissé partout en pays étranger une réputation fort honorable pour sa famille[1].

---

1. Le roi, lors de son premier retour, lui donna le commandement de la compagnie des mousquetaires gris. Il tomba malade peu de temps après, et il mourut un mois avant le 20 mars 1815.

La cour militaire de l'empereur, encouragée par l'exemple de son maître, et animée comme lui par la victoire, se montra aussi très satisfaite de rejoindre les dames qui avaient accompagné l'impératrice. Il sembla que l'amour voulait avoir enfin sa part d'importance dans un monde qui jusqu'alors le négligeait assez; mais il faut convenir qu'on ne lui laissa jamais grand temps pour fonder son autorité, et il fut toujours un peu forcé d'y brusquer ses attaques. On peut dater de cette époque les sentiments qu'inspira la belle madame de C*** à M. de Caulaincourt. Elle avait été nommée dame du palais dans l'été de 1805. Mariée jeune à son cousin, qui était à cette époque écuyer de l'empereur, et qui la négligeait beaucoup, elle fixa les regards de la cour par son éclatante beauté. M. de Caulaincourt devint éperdument amoureux d'elle, et cet attachement, plus ou moins partagé pendant quelques années, le détourna de songer à se marier. Madame de C***, de plus en plus mécontente de son mari, a fini par profiter du divorce[1]; et lorsque le retour du roi a condamné

---

1. Madame la duchesse de Vicence est morte très âgée en 1876, laissant le souvenir d'une femme bonne et distinguée. M. de Caulaincourt était mort quarante-huit ans plus tôt, en 1828 (P. R.)

M. de Caulaincourt, ou autrement le duc de Vicence, à une vie de retraite, elle a voulu partager son malheur, et elle l'a épousé.

J'ai dit que, durant cette campagne, l'empereur avait publié qu'il consentait à ce que nos troupes évacuassent le royaume de Naples. Mais il ne tarda pas à se brouiller de nouveau avec cette puissance, soit que le roi de Naples ne se montrât pas très exact dans l'exécution du traité conclu avec lui et qu'il demeurât sous l'influence des Anglais qui menaçaient toujours ses ports, soit que l'empereur voulût accomplir son projet de mettre l'Italie entière sous sa dépendance. Il pensait aussi, sans doute, qu'il était de sa politique de rejeter peu à peu la maison de Bourbon hors des trônes du continent. Quoi qu'il en soit, selon la coutume, sans avoir reçu aucune autre communication, la France apprit, par un ordre du jour daté du camp impérial de Schönbrunn le 6 nivôse an XIV[1], que l'armée française marchait à la conquête du royaume de Naples, et serait commandée par Joseph Bonaparte qui s'y rendit en effet.

« Nous ne pardonnerons plus, disait cette proclamation. La dynastie de Naples a cessé de ré-

---

1. 27 décembre 1805. (P. R.)

gner, son existence est incompatible avec le repos de l'Europe et l'honneur de ma couronne. Soldats, m .rchez... ne tardez pas à m'apprendre que l'Italie toute entière est soumise à mes lois, ou à celles de mes alliés[1]. »

1. Voici cette proclamation qui a bien le sens indiqué dans ces mémoires, mais dont les expressions sont plus brutales encore : Soldats, depuis dix ans, j'ai tout fait pour sauver le roi de Naples, il a tout fait pour se perdre. Après les batailles de Dego, de Mondovi, de Lodi, il ne pouvait m'opposer qu'une faible résistance. Je me fiai aux paroles de ce prince, et je fus généreux envers lui.

» Lorsque la seconde coalition fut dissoute à Marengo, le roi de Naples qui, le premier, avait commencé cette injuste guerre, abandonné à Lunéville par ses alliés, resta seul et sans défense. Il m'implora; je lui pardonnai une seconde fois. Il y a peu de mois, vous étiez aux portes de Naples. J'avais d'assez légitimes raisons de suspecter la trahison qui se méditait, et de venger les outrages qui m'avaient été faits. Je fus encore généreux. Je reconnus la neutralité de Naples; je vous ordonnai d'évacuer ce royaume; et, pour la troisième fois, la maison de Naples fut affermie et sauvée.

» Pardonnerons-nous une quatrième fois? Nous ferons-nous une quatrième fois à une cour sans foi, sans honneur, sans raison? Non! non! La dynastie de Naples a cessé de régner; son existence est incompatible avec le repos de l'Europe et l'honneur de ma couronne.

» Soldats, marchez, précipitez dans les flots, si tant est qu'ils vous attendent, ces débiles bataillons des tyrans des mers. Montrez au monde de quelle manière nous punissons les parjures. Ne tardez pas à m'apprendre que l'Italie tout entière est soumise à mes lois, ou à celles de mes alliés; que le plus beau pays de la terre est affranchi du joug des hommes les plus perfides; que la sainteté des traités est vengée, et que les manes de mes bra

C'est avec ce ton exécutoire que Bonaparte, venant de signer la paix, jetait les fondements d'une nouvelle guerre, offensait de nouveau les souverains de l'Europe, et animait la politique anglaise à lui susciter de nouveaux ennemis.

Le 25 janvier, la cour de Naples, pressée par un ennemi habile et vainqueur, s'embarqua pour Palerme, et abandonna sa capitale au nouveau souverain, qui devait bientôt en prendre possession. Cependant l'empereur, après avoir assisté le 14 janvier au mariage du prince Eugène, quitta Munich, reçut en traversant l'Allemagne les honneurs que partout on n'eût pas manqué de lui rendre, et arriva à Paris dans la nuit du 26 au 27 janvier.

J'ai cru devoir terminer ici ce qui a été pour moi la seconde époque de Bonaparte, parce que, ainsi que je le disais plus haut, je regarde la fin de cette première campagne comme le plus beau moment de sa gloire; et cela, parce que le peuple français consentit encore cette fois à en prendre sa part.

---

ves soldats égorgés dans les ports de Sicile à leur retour d'Égypte, après avoir échappé aux périls des naufrages, des déserts et des combats, sont enfin apaisés. » (P. R.)

Rien peut-être, eu égard au temps et aux hommes, ne peut se comparer dans l'histoire au degré de puissance où l'empereur se trouvait élevé, après la paix de Tilsitt; mais alors, si l'Europe entière fléchissait devant lui, en France le prestige des victoires s'était singulièrement affaibli, et nos armées, quoique formées de nos citoyens, commençaient à nous devenir étrangères. L'empereur, qui souvent appréciait les choses avec une justesse mathématique, s'en aperçut bien; car, à son retour après ce traité, je lui ai ouï dire : « La gloire militaire qui vit si longtemps dans 'histoire est celle qui s'efface le plus vite pour les contemporains. Toutes nos dernières batailles ne font point en France la moitié de l'effet qu'a produit celle de Marengo. »

S'il eût poussé cette réflexion, il en eût conclu que le peuple que l'on gouverne a finalement besoin d'une gloire qui lui soit utile, et que l'admiration s'use pour ce qui n'a qu'un stérile éclat.

En 1806, soit à tort, soit à raison, on accusait encore la politique anglaise de nous susciter des ennemis. La supposant, à bon droit, jalouse de notre prospérité renaissante, nous ne croyions pas impossible qu'elle s'efforçât de nous troubler, quand même nous aurions, de bonne foi, montré toutes les apparences des intentions les plus modérées. Nous ne pensions pas que l'empereur fût coupable de la dernière rupture qui avait détruit le traité d'Amiens, et comme il paraissait impossible de parvenir de longtemps à égaler la puissance maritime des Anglais, il ne nous semblait pas hors de la bonne politique d'avoir cherché à balancer, par les constitutions données à l'Italie, c'est-à-dire par une grande influence continentale, celle que le commerce procurait à nos ennemis.

Dans cette disposition, les merveilles de cette campagne de trois mois devaient nous frapper fortement. L'empire d'Autriche conquis, les armées réunies des deux premiers souverains de l'Europe fuyant devant la nôtre, la retraite du czar, la demande de la paix faite par l'empereur François en personne, cette paix qui portait encore un caractère de modération, ces rois créés par nos victoires, ce mariage d'un simple gentilhomme français avec la fille d'une tête couronnée, enfin ce prompt retour du vainqueur qui permettait de concevoir l'espoir d'un solide repos, et peut-être ce besoin de conserver des illusions sur son maître, besoin inspiré par la vanité humaine qui n'aime point à rougir de celui auquel elle s'est soumise ; tout cela excita de nouveau les admirations nationales, et ne favorisa que trop l'ambition du vainqueur.

En effet, l'empereur s'aperçut du progrès qu'il avait fait, et il conclut, avec quelque apparence de probabilité, que la gloire nous dédommagerait de toutes les pertes que le despotisme allait nous imposer. Il crut que les Français ne murmureraient point, pourvu que leur esclavage fût brillant, et que nous ferions volontiers échange de toutes les libertés que la Révolution nous avait si péniblement acquises, contre les succès éblouissants qu'il parviendrait à nous procurer. Enfin, et ce fut là le plus grand mal, il entrevit dans la guerre le moyen de nous distraire des réflexions que sa manière de gouverner devait tôt ou tard nous inspirer, et il se la réserva pour nous étourdir, ou du moins nous réduire au silence. Comme il y était très habile, il n'en craignait pas les chances, et quand il put la faire avec de si nombreuses armées et une artillerie si formidable, il n'y voyait plus guère de dangers qui lui fussent personnels ; aussi, je me trompe peut-être, mais je crois qu'après la campagne d'Austerlitz, la guerre a plutôt encore été le résultat de son système que l'entraînement de son goût. La première, la véritable ambition de Napoléon a été le pouvoir, et il eût préféré la paix, si la paix avait dû accroître son autorité. Il y a dans l'esprit humain une tendance à perfectionner tout ce dont il s'occupe incessamment. L'empereur, toujours appliqué vers l'idée de grandir son pouvoir, l'a porté par tous les moyens possibles au plus haut degré, et, s'habituant à l'exercice continu de ses volontés, il devint bientôt de plus en plus ombrageux de la moindre opposition. Sa fortune renversant peu à peu devant lui toutes les phalanges européennes, il ne douta plus que son destin ne l'appelât à régler à son gré les intérêts de toutes les cours du continent. Dédaignant le mouvement général des opinions de son siècle, ne regardant plus la Révolution française, ce grand avertissement pour les rois, que comme un événement dont il pouvait exploiter les résultats à son profit, il parvint à mépriser ce cri de liberté que, par intervalles, les peuples avaient laissé échapper depuis vingt ans. Il crut, du moins, qu'il leur donnerait le change en achevant de détruire ce qui avait existé, pour le remplacer par des créations subites qui satisferaient, en apparence, cette ardeur pour l'égalité qu'il croyait, avec assez de fondement, la passion dominante du temps. Il tenta de faire de la Révolution française un simple jeu de fortune, une commotion inutile qui n'aurait déplacé que les individus. Combien de fois ne s'est-il pas servi de cette phrase spécieuse pour détourner les inquiétudes! « La Révolution française n'a rien à craindre, puisque c'est un soldat qui occupe le trône des Bourbons. » En même temps, il se présentait aux rois comme le protecteur des trônes : « car, disait-il, j'ai détruit les républiques. » Et cependant, son imagination rêvait je ne sais quel plan, à demi féodal, dont l'exécution, toujours dangereuse puisqu'elle le forçait à la guerre, eut encore l'inconvénient de diminuer l'intérêt qu'il devait prendre à la France. Notre pays ne lui apparut bientôt qu'une grande province de l'empire qu'il voulait soumettre à sa puissance. Moins occupé de notre prospérité que de notre grandeur, qui dans le fond n'était que la sienne, il conçut le projet de rendre chacun des souverains étrangers feudataire de sa propre souveraineté. Il crut y parvenir en établissant sa famille sur différents trônes qui ressortissaient alors véritablement de lui, et on se convaincra de son projet, si on veut lire attentivement la teneur des serments qu'il exigeait des rois ou des princes qu'il créait. « Je veux, disait-il quelquefois, arriver au point que les rois de l'Europe soient forcés d'avoir tous un palais dans l'enceinte de Paris; et qu'à l'époque du couronnement de l'empereur des Français, ils viennent l'habiter, assister à la cérémonie, et la rendre plus imposante par l'hommage qu'ils lui offriront. » Il me semble que c'était assez clairement annoncer l'intention de renouveler en 1806 l'empire de Charlemagne. Mais les temps étaient changés, et les lumières en s'étendant donnaient aux peuples des moyens de juger de la manière dont ils seraient gouvernés. Aussi l'empereur s'aperçut-il que jamais la noblesse ne pourrait reprendre sur eux le crédit qui fut autrefois souvent un obstacle à l'autorité de nos rois, et il conçut rapidement l'idée, que c'était aujourd'hui des empiétements populaires qu'il fallait se défendre, et que la disposition des esprits devait le porter à suivre la route inverse à celle que, depuis quelques siècles, ne cessaient de tracer les rois. En effet, si autrefois les grands avaient presque toujours gêné l'autorité royale, à présent cette même autorité avait besoin, au contraire, d'une création intermédiaire qui, dans le siècle libéral où nous nous trouvons, vînt tout naturellement se ranger autour du souverain, pour réprimer la marche des prétentions populaires devenues nationales. De là, le rétablissement d'une noblesse, les majorats, le retour de quelques privilèges toujours prudemment répartis entre le grand seigneur pris dans la véritable noblesse, et le bourgeois qu'une volonté impériale anoblissait.

Tout démontre donc que l'empereur conçut ce projet d'une nouvelle féodalité façonnée d'après ses idées particulières. Mais, outre les obstacles que l'Angleterre ne cessa d'apporter à ses progrès, il se présenta encore une difficulté absolument inhérente à l'une des parties de son caractère. Il semble qu'il y ait eu deux hommes réunis en lui. L'un, sans doute, plus gigantesque que grand, mais enfin prompt à concevoir, aussi prompt à exécuter, et jetant à divers intervalles les bases du plan qu'il avait formé. Celui-là, mû par une pensée unique, semblait dégagé de toutes les impressions secondaires qui pouvaient arrêter ses projets ; celui-là, si son but eût été le bien de l'humanité, avec les facultés qu'il déployait, serait devenu le plus grand homme qui ait paru sur la terre, mais encore, par l'étendue de sa pénétration et la ténacité de sa volonté, il en est demeuré le plus extraordinaire.

Le second Bonaparte, intimement attaché à l'autre comme une sorte de mauvaise conscience, dévoré d'inquiétude, sans cesse agité de soupçons, esclave des passions intérieures qui le pressaient toujours, et défiant, craignant tous les pouvoirs, redoutait même ceux qu'il avait créés. Si la nécessité des institutions se démontrait à lui, il était en même temps frappé des droits qu'elles donnaient aux individus, et comme il arrivait à avoir peur de son propre ouvrage, il ne pouvait résister à la tentation de le détruire brin à brin. On lui a entendu dire, lorsqu'il eut refait les titres et donné des majorats à ses maréchaux : « Voilà des gens que j'ai faits indépendants ; mais je saurai bien les retrouver, et les empêcher d'être ingrats. » Ainsi, quand la défiance qu'il avait des hommes agissait sur lui, alors entièrement livré à elle, il ne songeait plus qu'à les isoler les uns des autres. Il affaiblissait les liens des familles ; il s'appliquait à favoriser les intérêts individuels, au préjudice des intérêts généraux. Centre unique d'un cercle immense, il eût voulu que ce cercle contînt autant de rayons qu'il avait de sujets, afin qu'ils ne se touchassent qu'en lui. Ce soupçon jaloux dont il fut incessamment poursuivi, s'accola, comme un ver rongeur, à toutes ses entreprises, et l'empêcha de fonder d'une manière solide aucune des créations que son imagination naturellement improvisatrice inventait continuellement.

Quoi qu'il en soit, après la campagne d'Austerlitz, enflé de ses succès et du culte que les peuples moitié éblouis, moitié soumis, lui rendirent, son despotisme commença à se développer avec plus d'intensité encore que par le passé. On sentit quelque chose de plus pesant dans le joug qu'il plaçait avec soin sur chaque citoyen ; on baissait presque forcément la tête devant sa gloire, mais on s'apperçut, après, qu'il avait pris ses précautions pour qu'il ne fût plus permis de la relever. Il s'environna d'une pompe nouvelle qui devait mettre une plus grande distance entre lui et les autres hommes. Il prit des usages allemands qu'il venait d'observer, toute l'étiquette des cours, qu'il considéra comme un esclavage journalier, et personne ne fut à l'abri de la dépendance minutieuse qu'il perfectionna avec soin. Il faut dire, à la vérité, que sitôt après une campagne, il était, en quelque sorte, obligé de prendre ses précautions pour imposer silence aux prétentions qu'élevaient autour de lui les compagnons de ses succès, et quand il était parvenu à les soumettre, il ne croyait pas devoir traiter avec plus de ménagements les autres classes de citoyens, d'une bien moindre importance à ses yeux. Les militaires, encore tout animés par la victoire, se plaçaient eux-mêmes dans une région orgueilleuse dont il était difficile de les faire descendre. J'ai conservé une lettre de M. de Rémusat, datée de Schönbrunn, qui peint fort bien l'enflure des généraux et les précautions qu'il fallait prendre pour vivre en paix avec eux. « Le métier de la guerre, me disait-il, donne au caractère une certaine sincérité, un peu crue, qui met à découvert les passions les plus envieuses. Nos héros, accoutumés à combattre ouvertement leurs ennemis, prennent l'habitude de ne plus rien voiler, et voient comme une bataille dans toutes les oppositions qu'ils rencontrent, de quelque genre qu'elles soient. C'est une chose curieuse que de les entendre parler de qui n'est pas militaire, et même ensuite les uns des autres ; dépréciant les actions, faisant la part du hasard, énorme pour autrui, déchirant les réputations que nous autres spectateurs croyons le mieux établies, et à notre égard si boursouflés de leur gloire encore toute chaude, qu'il faut bien de l'adresse et beaucoup de sacrifices de vanité, et de vanité même un peu fondée, pour parvenir à être supporté par eux. »

L'empereur s'aperçut de cette attitude un peu belligérante que rapportaient les officiers de l'armée. Il s'inquiétait peu qu'elle froissât la partie civile des citoyens, mais il ne voulait pas qu'elle vînt jusqu'à le gêner. Aussi, étant encore à Munich, il se crut obligé de réprimer l'arrogance de ses maréchaux, et, cette fois, son intérêt personnel le porta à employer vis-à-vis d'eux le langage de la raison. « Songez, leur dit-il, que je prétends que vous ne soyez militaires qu'à l'armée. Le titre de *Maréchal* est une dignité purement civile qui vous donne dans ma cour le rang honorable qui vous est dû, mais qui n'entraîne après lui aucune autorité. Généraux sur le champ de bataille, soyez grands seigneurs autour de moi, et tenez à l'État par les liens purement civils que j'ai su vous créer, en vous décorant du titre que vous portez. »

Cet avertissement eût produit un plus solide effet, si l'empereur l'eût terminé par ces paroles : « Dans les camps, dans une cour, songez que partout votre premier devoir est d'être citoyens. » Il aurait tenu un pareil langage à toutes les classes dont il devait être le protecteur, en même temps que le maître, il aurait parlé la même langue à tous les Français, et les aurait unis par cette nouvelle égalité qui ne s'oppose point aux distinctions accordées à la valeur. Mais Bonaparte, nous l'avons vu, a toujours craint les liens naturels et généreux, et la chaîne du despotisme est la seule qu'il ait cru pouvoir employer, parce qu'elle *serre* pour ainsi dire les hommes isolément sans leur laisser aucune relation entre eux.

## CHAPITRE XVII.

(1806.)

Mort de Pitt. — Débats du parlement anglais. — Travaux publics. — Exposition de l'industrie. — Nouvelle étiquette. — Représentations de l'Opéra et de la Comédie française. — Monotonie de la cour. — Sentiments de l'impératrice. — Madame Louis Bonaparte. — Madame Murat. — Les Bourbons. — Les nouvelles dames du palais. — M. Molé. — Madame d'Houdetot. — Madame de Barante.

Quand l'empereur arriva à Paris, à la fin de janvier 1806, Pitt venait de mourir en Angleterre, à l'âge de quarante-sept ans. Cette perte fut vivement sentie par les Anglais. Un regret vraiment national honora sa mémoire. Le parlement, qui venait de s'ouvrir, vota une somme considérable pour payer ses dettes, car il mourait sans laisser aucune fortune, et il fut enterré avec pompe à Westminster. Dans la formation du nouveau ministère, M. Fox, son antagoniste, fut chargé des affaires étrangères. L'empereur regarda la mort de Pitt comme un événement heureux pour lui, mais il ne tarda pas à s'apercevoir que la politique anglaise n'avait point changé, et que le gouvernement britannique ne cesserait pas de travailler à soulever contre lui les puissances du continent[1].

Durant le mois de janvier 1806, les débats du parlement d'Angleterre furent très animés. L'opposition, dirigée par M. Fox, demandait au ministère raison de la conduite de la dernière guerre; elle prétendait que l'empereur d'Autriche n'avait point été aidé assez loyalement, et qu'on l'avait abandonné à la merci du vainqueur. Les ministres produisirent alors les conditions du traité, fait entre les diverses puissances, au commencement de cette campagne. Ce traité démontrait que des subsides avaient été accordés à cette coalition qui s'engageait à forcer l'empereur à l'évacuation du

---

1. Les débats du parlement anglais et la politique anglaise étaient alors si mal connus en France, qu'on ne s'étonnera pas de voir que les suites de la mort de Pitt ne soient pas ici très bien appréciées. Fox, en arrivant aux affaires, fit une démarche qui amena des ouvertures de paix qui furent accueillies. Une négociation secrète fut suivie par lord Yarmouth, puis par lord Lauderdale, et il y eut jusqu'au milieu de l'été des chances de rapprochement. Mais la santé de Fox déclinait, et il mourut au mois de septembre. Il est vrai, d'ailleurs, que, bien que partisan de la paix, il n'envisageait pas la guerre contre Napoléon comme il avait envisagé la guerre contre la Révolution française. Il ne s'agissait plus de la liberté de la France, mais de l'indépendance de l'Europe. (P R.)

Hanovre, de l'Allemagne, de l'Italie; à remettre le roi de Sardaigne sur le trône de Piémont, et à assurer l'indépendance de la Hollande et de la Suède. Les victoires rapides de nos armes avaient bouleversé ces projets. On accusait l'empereur d'Autriche d'avoir commencé trop impétueusement la campagne, sans attendre l'arrivée des Russes, et surtout le roi de Prusse dont la neutralité était devenue la cause principale du mauvais succès de la coalition. Le czar, irrité contre lui, eût peut-être tenté de se venger de cette funeste inaction, si la reine de Prusse, si belle et si séduisante, ne se fût interposée entre les deux souverains. Le bruit se répandit alors, en Europe, que ses charmes avaient désarmé l'empereur de Russie, et qu'il leur sacrifia le mécontentement qu'il éprouvait justement. L'empereur Napoléon, parvenu à contenir le roi de Prusse par l'effroi de ses armes, crut devoir le récompenser de son inaction en lui abandonnant le Hanovre, jusqu'à l'époque très incertaine de la paix générale. De son côté, le roi cédait Anspach à la Bavière, et à la France ses prétentions sur les duchés de Berg et de Clèves, qui furent donnés, peu de temps après, au prince Joachim, autrement Murat.

Le rapport fait au parlement d'Angleterre, sur le traité dont je viens de parler, publié dans nos journaux, y fut accompagné, comme on le pense bien, de quelques notes qui, déjà, annonçaient une nouvelle aigreur contre les puissances du continent. On y déplorait la faiblesse des rois, qui se mettent à la merci des *marchands* de l'Europe.

« Si l'Angleterre, y disait-on, parvenait à susciter une quatrième coalition, l'Autriche qui a perdu la Belgique à la première, l'Italie et la rive gauche du Rhin à la seconde, le Tyrol, la Souabe et l'État vénitien à la troisième, à la quatrième perdrait sa couronne.

» L'influence de l'empire français sur le continent fera le bonheur de l'Europe; car c'est avec lui qu'aura commencé le siècle de la civilisation, des sciences, des lumières et des lois. L'empereur de Russie a donné imprudemment, comme un jeune homme, dans une politique dangereuse. Quant à l'Autriche, il faut oublier ses fautes, puisqu'elle en a été punie. Cependant, on doit dire que, si le traité qui vient d'être publié en Angleterre eût été connu, peut-être qu'elle n'eût pas obtenu la paix qui lui a été accordée, et il faut remarquer, en passant, que le comte de Stadion, qui avait conclu ce traité de subsides, est encore aujourd'hui à la tête des affaires de l'empereur François. »

Ces notes dictées par un sentiment d'humeur assez mal déguisé, dans les premiers jours du mois de février, commencèrent à répandre un peu d'inquiétude, et à faire croire à ceux qui portaient un coup d'œil attentif sur les événements, que la paix pourrait bien n'être pas de longue durée.

Aucun traité n'avait été conclu avec le czar. Sous prétexte qu'il ne s'était montré que comme auxiliaire des Autrichiens, il refusa d'être compris dans les négociations; et j'ai ouï dire que l'empereur, frappé de sa conduite, le regarda, dès cette époque, comme le véritable antagoniste qui devait lui disputer l'empire du monde. Aussi s'efforça-t-il de le déprécier autant qu'il lui fut possible.

Il existe en Russie un ordre[1] qui ne peut être porté que par un général dont les services auraient, dans une grande occasion, été utiles à l'empire. Quand Alexandre fut de retour dans sa capitale, les chevaliers de cet ordre vinrent lui en

1. L'ordre de Saint-Georges.

offrir la décoration. L'empereur la refusa, en répondant qu'il n'avait point commandé en chef pendant la campagne, qu'il ne croyait point, par cette raison, avoir fait ce qui lui mériterait une telle distinction, s'étant borné à partager de son mieux l'intrépidité de ses braves soldats.

Nos journaux, en donnant des éloges à cette modestie, ajoutaient : « Le czar méritait ce cordon, s'il suffit pour le porter d'avoir commandé sans être vainqueur; on sait bien que ce n'est pas l'empereur François qui a voulu livrer bataille à Austerlitz, encore moins est-ce lui qui a dirigé les manœuvres. A la vérité, en acceptant la décoration, Alexandre prenait sur lui les bévues de ses généraux, mais cela valait mieux que de rejeter la défaite des Russes sur un petit nombre d'Autrichiens qui se sont battus avec bravoure; ils ont fait tout ce que leurs alliés » pouvaient attendre d'eux. »

C'était le 2 février qu'un pareil article paraissait dans nos feuilles publiques; la veille, on y avait lu la proclamation à l'armée d'Italie qui annonçait l'invasion du royaume de Naples. Joseph Bonaparte, secondé par le maréchal Masséna, ne devait pas tarder à en occuper la capitale. Le prince Eugène prenait possession de Venise. Ainsi toute l'Italie se trouvait dans la dépendance de l'empire français. D'un autre côté, le nord de l'Allemagne nous était soumis, les rois faits par nous se liaient à nos intérêts, et nous devions, sous peu de temps, voir encore former un nouveau mariage qui semblait contribuer à l'avancement des projets que l'empereur nourrissait en secret.

Lors de son retour de Munich, il s'était arrêté quelques heures à Augsbourg. Là, l'ancien électeur de Trèves, oncle du roi de Saxe, lui avait présenté le jeune prince héréditaire de Bade qui, tout troublé et presque tremblant devant Napoléon, lui était venu demander humblement l'honneur de lui appartenir, en épousant quelque personne de sa famille. L'empereur *accepta* cette respectueuse requête, et promit de s'en occuper, après son retour dans ses États[1]. Enfin, il venait d'envoyer son frère Louis visiter la Hollande pour établir une relation entre ce nouveau prince et ce pays qui, bientôt, devait recevoir l'ordre de lui dresser un trône sur les débris de sa république.

Voilà quelle était la situation politique de l'em-

1. Ce prince avait d'abord été fiancé à la princesse Auguste de Bavière, qui venait d'épouser le vice-roi d'Italie. (P. R.)

pereur. Certes cette situation aurait pu satisfaire des vues moins ambitieuses que les siennes, et on ne peut nier qu'il n'eût fortement employé le dix-huitième mois de son règne, qui venait de s'écouler.

Quant à la France, les factions y paraissaient absolument éteintes ; tout ployait sous le joug ; aucune classe ne se montrait insensible à tant de gloire, et l'empereur s'appliqua à accroître encore le prestige brillant dont il était environné, par les nombreux travaux qu'il commença à la fois. Dès qu'il put un moment détourner ses regards des affaires étrangères, il se livra à l'amélioration des finances qui avaient souffert dans son absence. Mécontent de M. Barbé Marbois qui était ministre du Trésor[1], il le remplaça par M. Mollien qui avait de l'esprit et de l'habileté. Il était très bien secondé par son ministre des finances, Gaudin, dont l'exacte probité, les connaissances positives soutenaient le crédit, et amélioraient le système des impositions. On osa se livrer davantage à celui des impositions indirectes ; on encouragea le luxe

1. M. de Marbois, très faussement accusé d'être entré pour quelque chose dans une affaire d'argent, fut exilé au retour de cette campagne.

qui devait les rendre plus productives, et les fortes contributions que l'empereur avait levées partout sur ses ennemis vaincus, lui procurèrent les moyens, sans accabler le peuple, d'entretenir les forces de son armée, et d'entreprendre tous les embellissements qui surgirent en France à sa voix, comme par enchantement.

Les routes du mont Cenis et du Simplon étaient poussées avec activité, on construisait des ponts, on rétablissait les chemins, on fondait une ville dans la Vendée; le canal de l'Ourcq et celui de Saint-Quentin se creusaient; on établissait des télégraphes pour la promptitude de la correspondance; Saint-Denis allait être réparé; la colonne de la place Vendôme, l'arc de triomphe du Carrousel étaient commencés. Le plan qui devait border la Seine de nouveaux quais, embellir tout le quartier qui conduit des Tuileries aux boulevards était arrêté, et les démolitions déjà avancées. On traçait la rue de Rivoli, on achevait la colonnade du Louvre; le sculpteur Lemot avait été chargé d'en décorer le fronton. Nous voyions s'élever le pont des Arts, commencer celui du Jardin des Plantes, qui devait porter le nom d'Austerlitz. Les serres de ce jardin avaient été enrichies des dépouilles des serres de Schönbrunn; les savants étaient encouragés à pousser leurs découvertes; les artistes avaient des ordres pour faire des tableaux qui consacreraient nos victoires; le Conservatoire de musique recevait des encouragements; les premiers artistes d'Italie venaient en France diriger le goût du chant; les gens de lettres recevaient des pensions, les comédiens des gratifications considérables; on fondait à Fontainebleau et à Saint-Cyr des écoles militaires; et l'empereur avait lui-même visité les lycées de Paris. Enfin, pour que l'industrie nationale fût encouragée partout en même temps, il imagina de donner en spectacle, dans l'une des fêtes qui devaient avoir lieu au printemps, en mémoire de la campagne, une exposition de tous les produits de cette industrie, dans quelque genre que ce fût [1]. Le ministre de l'intérieur, M. de Champagny, écrivit une circulaire à tous les préfets, pour qu'ils prévinssent leur département qu'au 1$^{er}$ mai on étalerait sur la place des Invalides, sous des tentes dressées à cette occasion, tout ce qui

---

1. Une exposition des produits de l'industrie avait déjà été faite en 1802, de sorte que celle-ci était la seconde fête de ce genre, et non la première. (P. R.)

mériterait d'être exposé en inventions de luxe ou d'utilité. Le commerce fut ainsi réveillé de la torpeur où l'avait tenu la guerre. L'empereur exigea que sa cour augmentât de pompe et de dépense. Il approuva l'élégance de la toilette des femmes qui allait toujours croissant, la somptuosité des ameublements dans ses palais, ceux de ses sœurs et des grands dont il s'environnait. La nation française, naturellement vaine et dépensière, s'engoua des commodités et des superfluités de la vie pour lesquelles elle est si bien faite, et nous particulièrement, nous dont les fortunes étaient placées en viager non seulement sur la vie, mais encore sur la fantaisie de notre maître. Sans aucun égard pour la moindre prudence, entraînés par l'exemple que nous nous donnions mutuellement, et toujours mus par la crainte de lui déplaire, nous ne réglâmes plus que par la volonté de Bonaparte l'usage des faveurs plus ou moins précieuses qu'il accordait, pour nous soumettre bien plus que pour nous plaire

Je dis *nous*, et cependant ni M. de Rémusat, ni moi, n'avions dans ce moment part naturellement à ses dons. Mon mari ne se voyait jamais dans la ligne de la véritable faveur. Quant à moi, je vivais sans bruit au milieu de notre cour, devenue fort nombreuse. Et après, pour parler franchement, m'être assez amusée de l'évidence dans laquelle je m'étais trouvée près de mes souverains, lorsque je m'attachai à eux, ma part d'expérience me portait à ne point essayer de ressaisir une importance quelconque, à cette époque où l'intérieur du palais avait changé d'aspect. Je consacrerai le chapitre suivant à tous les détails de la vie que nous y menions, telle qu'elle avait été réglée, et maintenant je reviens aux événements [1].

Sitôt que l'empereur fut de retour dans sa capitale, il reçut les compliments que chacun des Corps lui avait préparés. Pendant son séjour à Munich, il avait été témoin d'une cérémonie allemande dans laquelle le roi et la reine de Bavière, assis sur leur trône, passaient en revue toutes les personnes de leur cour, admises à faire devant eux une révérence. Il voulut établir cet usage en France, et nous reçûmes l'ordre de nous préparer

---

1. Nos journaux nous donnèrent la proclamation de l'empereur François à sa rentrée dans Vienne; cette proclamation était paternelle et touchante, et en contraste avec tout ce que dictait notre souverain.

à cette nouvelle étiquette. En ce temps-là, réellement, tout était à refaire. Les libertés de la Révolution avaient banni dans le monde tout le cérémonial de la politesse. On ne savait plus ce que c'était que de saluer en s'abordant, et tout ce que nous étions de femmes à la cour, nous découvrîmes, tout à coup, qu'il manquait à notre éducation d'avoir appris à faire la révérence. Aussitôt Despréaux, qui avait été maître de danse de la reine, fut mandé par chacune de nous, et nous donna des leçons. Il nous montra comment nous devions marcher et saluer, et cette petite ligne de démarcation, assez futile en elle-même, mais qui reçut quelque importance du motif qui la prolongea, s'établit entre les femmes de la cour de l'empereur et celles de la société qui lui étaient étrangères. Nous apportâmes dans le monde des formes et des manières plus cérémonieuses, qui nous firent distinguer partout. En effet, l'esprit d'opposition engagea les femmes qui voulaient se tenir hors de cette nouvelle cour à demeurer dans cette attitude libre, et un peu brusque, que l'absence de la vie du monde leur avait donnée. Les opinions en France se retrouvent dans tout ; elles se réfugièrent alors dans la différence avec laquelle une dame du palais et une dame de ce qu'on appelait *le faubourg Saint-Germain,* entraient dans un salon. Mais, en mettant de côté les motifs, il faut convenir que l'avantage était de notre côté. On a pu le remarquer après le retour du roi : les femmes qui avaient un droit réel à se retrouver auprès de lui, soit par l'habitude de la liberté de manières qu'elles avaient contractée, soit par l'aisance qu'elles affectaient en se retrouvant sur ce que les grands seigneurs appellent *leur terrain,* apportèrent aux Tuileries une attitude délibérée, des paroles bruyantes, qui contrastèrent d'une façon assez piquante avec l'intérieur silencieux et de bonne grâce, dont le cérémonial exact et réglé du palais de Bonaparte avait donné l'habitude.

A un jour donné, l'empereur se plaça donc sur son trône avec l'impératrice à sa gauche, les princesses, la dame d'honneur sur des tabourets, et les grands officiers debout des deux côtés. Les dames du palais, les femmes des maréchaux, des grands officiers, des ministres, défilèrent lentement en habit de cour très pompeux, et vinrent jusqu'au pied du trône faire leur silencieuse révérence. Les hommes suivirent après. La cérémonie fut très longue. Elle charma d'abord l'empereur qui, par vanité, se complaisait dans l'étiquette, surtout parce qu'elle était de son invention ; mais cela finit par l'ennuyer mortellement. On pressa tout le monde vers la fin ; on eut assez de peine à lui persuader de demeurer sur son trône jusqu'au bout, et peu s'en fallut qu'il ne prît de l'humeur contre nous de l'obligation qu'il nous avait pourtant imposée, assurément par le fait de sa seule volonté.

Peu de jours après, il alla à l'Opéra, et là il fut reçu avec acclamations par une foule immense. On donna un divertissement composé par Esménard, l'auteur du poème de *la Navigation*.

La décoration de l'Opéra représentait le Pont-Neuf. Des personnages de toutes les nations s'y réjouissaient ensemble, et chantaient des vers en l'honneur du vainqueur ; le parterre y joignit ses chants ; des branches de laurier se trouvèrent distribuées tout à coup dans toutes les parties de la salle et agitées ensemble aux cris de *Vive l'empereur !* Il fut ému, il dut l'être. Ce fut une des dernières fois, peut-être la dernière, que l'enthousiasme public ne fut point commandé.

Un peu plus tard, l'empereur reçut les mêmes

hommages à la Comédie française, mais une circonstance imprévue vint ajouter une nuance tant soit peu pénible à l'effet de cette soirée. On donnait Athalie, et Talma jouait le rôle d'Abner. Pendant la représentation, Bonaparte reçoit le courrier qui lui apporte la nouvelle de l'entrée des troupes françaises à Naples. Aussitôt, il envoie un aide de camp à Talma, avec l'ordre d'interrompre la pièce, et de venir sur le bord de la rampe annoncer cet événement. Talma obéit, et lut tout haut le bulletin. Le public applaudit, mais je me souviens qu'il me sembla que les acclamations n'avaient pas été si naturelles qu'à l'Opéra.

Le lendemain, nos journaux proclamèrent la chute de celle qu'ils appelaient la moderne Athalie[1]; et cette reine vaincue fut outrageusement insultée, au mépris de toutes les convenances sociales qui imposent ordinairement du respect pour le malheur.

On remarqua, peu de temps après, avec quel art, lors de l'ouverture du Corps législatif, M. de Fontanes évita, en louant Bonaparte, d'insulter à la chute des souverains qu'il avait détrônés. Il fit porter ses éloges principalement sur la modération qui

1. La reine de Naples.

avait dicté la paix, et sur la réédification des tombeaux de Saint-Denis. On pourra, en général, conserver la collection des discours prononcés par M. de Fontanes pendant ce règne, comme des modèles de convenance et de goût.

Après s'être ainsi donné au public et avoir épuisé tous les hommages, l'empereur reprit aux Tuileries sa vie d'affaires, et nous autres, notre vie d'étiquette, qui fut ordonnée et réglée avec un soin extrême. Il commença, dès cette époque, à s'entourer d'un tel cérémonial que personne d'entre nous n'eut plus guère de relations intimes avec lui. Plus sa cour devenait nombreuse, plus cette cour prenait une apparence monotone, chacun faisant à la minute ce qu'il avait à faire ; mais personne ne songeait à s'écarter de la courte série de pensées que donne le cercle restreint des mêmes devoirs. Le despotisme, qui croissait de jour en jour, la peur que chacun éprouvait, peur qui consistait tout naïvement à craindre de recevoir un reproche si on manquait à la moindre chose, le silence que nous gardions sur tout, reléguaient les différents personnages, dans les salons des Tuileries, sur une échelle presque pareille. Il devenait à peu près inutile d'y apporter des sentiments ou de l'esprit, car on n'y trouvait plus nulle occasion d'y éprouver une émotion, ou d'y échanger la moindre réflexion. L'empereur, livré à de grands projets, à peu près sûr de la France, portait ses regards sur l'Europe, et sa politique ne se bornait plus à s'assurer la puissance de commander aux opinions de ses concitoyens. De même, il dédaignait ces petits succès intérieurs que nous lui avions vu rechercher autour de lui; et je puis dire qu'il considérait sa cour avec cette indifférence qu'inspire une conquête assurée, opposée à celles qui restent encore à faire. Il a toujours tendu à imposer un joug, et pour y parvenir, il n'a pas négligé les moyens de séduction; mais, dès qu'il s'est aperçu que son pouvoir était établi, il ne s'est jamais occupé de se rendre agréable.

Du moins, la situation dépendante et contrainte dans laquelle il tenait sa cour, eut cet avantage : c'est qu'on n'y connut à peu près rien de ce qui aurait ressemblé à l'intrigue. Comme chacun portait au dedans de soi la conviction que tout dépendait de la seule volonté du maître, personne ne tentait de marcher autrement que dans la ligne qu'il avait tracée; et dans les relations des uns avec les autres, on jouissait de quelque repos.

Sa femme se trouvait à peu près dans la même dépendance que tout le reste. A mesure que les affaires grandissaient, elle y devenait plus étrangère; la politique européenne, le destin du monde lui souciaient peu; le cercle de ses idées ne s'élevait point à de hautes spéculations qui ne devaient point avoir d'influence sur ce qui la concernait. Tranquillisée dans ce temps pour elle-même, satisfaite du sort de son fils, elle vivait paisible et indifférente; témoignant une affabilité égale à tous, avec peu ou point d'amitié pour personne, mais une grande bienveillance pour chacun. Ne cherchant aucun plaisir, ne redoutant aucun ennui; toujours douce, gracieuse, sereine, et, dans le fond, insouciante à presque tout, son attachement pour son époux s'était fort refroidi, et elle n'éprouvait plus ces jalouses inquiétudes qui avaient tant troublé sa vie, les années précédentes. Elle le jugeait tous les jours davantage, et s'étant bien convaincue que son premier moyen de crédit près de lui était dans le repos qu'elle lui procurait par l'égalité de son caractère, elle s'appliquait avec soin à éviter de le troubler. J'ai dit, depuis longtemps, qu'un homme tel que lui n'avait guère le temps ni les dispositions qui ramènent souvent à l'amour, et l'impératrice lui pardonnait alors tous les écarts qui, quelquefois, chez les hommes, le remplacent.

Elle poussa même la complaisance jusqu'à favoriser quelques-unes de ses fantaisies passagères. Elle en devint la confidente, et s'habitua à ne plus s'en offenser. Il avait exigé que ses appartements intérieurs fussent précédés d'un salon occupé par des femmes qu'on avait choisies dans la classe bourgeoise. On les décora du nom de dames d'annonce. Les dames du palais se tenaient dans le grand salon d'apparat, soit aux Tuileries, soit à Saint-Cloud. A la suite venait un autre salon qui précédait les petits appartements. C'est dans ce salon que restaient les dames d'annonce; elles étaient chargées d'ouvrir les battants des portes, quand l'impératrice passait, et de l'annoncer ainsi que l'empereur, quand celui-ci quittait son propre appartement et qu'il venait chez sa femme par l'intérieur. Ces dames d'annonce furent prises parmi de jeunes et jolies personnes; elles attirèrent quelquefois les regards passagers de Bonaparte; sa femme l'ignora, ou le sut, selon qu'il lui plut de le lui dire ou de le lui cacher, sans jamais qu'elle s'en effarouchât

Au retour d'Austerlitz, il revit madame de X..., et ne parut pas faire attention à elle; l'impératrice la traita comme les autres. On a dit que, parfois, Bonaparte avait repris près d'elle quelques-uns de ses souvenirs; mais ce fut d'une manière si fugitive qu'à peine si la cour put s'en apercevoir, et comme cela ne donnait lieu à aucun incident nouveau, personne n'y fit attention. L'empereur, absolument convaincu de cette idée que l'empire des femmes avait souvent affaibli les rois de France, avait irrévocablement arrêté dans sa pensée qu'elles ne seraient à sa cour qu'un ornement, et il a tenu parole. Il s'était persuadé, je ne sais trop pourquoi, qu'en France, elles ont plus d'esprit que les hommes, du moins il le disait souvent, et que l'éducation qu'on leur donne les dispose à une certaine adresse dont il faut se défendre. Il les craignait donc un peu, et les tint à l'écart pour cette raison. Aussi l'a-t-on vu pousser jusqu'à la faiblesse la mauvaise humeur contre quelques-unes d'entre elles.

Il exila promptement madame de Staël dont il eut réellement peur, et un peu plus tard madame de Balbi qui se permit quelques légères plaisanteries sur son compte. Celle-ci avait parlé assez indiscrètement devant un homme de la société que je ne nommerai point, et qui rapporta très fidèlement ce qu'il avait entendu. Ce personnage était gentilhomme et chambellan, je ne le dis ici que pour prouver que l'empereur trouva, dans toutes les classes, des gens qui consentirent à le servir comme il voulait être servi.

Durant le cours de cet hiver, on commença à s'apercevoir des souffrances pénibles que madame Louis avait à supporter dans son intérieur. La tyrannie conjugale de Louis Bonaparte s'exerçait surtout ; son caractère, tout aussi despotique que celui de son frère, se faisait sentir dans le cercle de sa maison. Jusque-là, sa femme en dissimulait courageusement les excès; mais une circonstance particulière la força de dévoiler à sa mère une partie de ses peines.

Louis Bonaparte avait une fort mauvaise santé. Depuis son retour d'Égypte, il était rongé par un mal inconnu, se manifestant par de fréquentes attaques qui avaient particulièrement affaibli si bien ses jambes et ses mains, qu'il marchait avec quelque difficulté, et qu'il était gêné dans toutes les articulations. La médecine épuisa infructueusement pour lui toutes ses ressources. Corvi-

sart, médecin de toute la famille, lui conseilla
enfin de tenter un dernier essai, quelque dégoûtant qu'il fût[1]. Il supposa que, peut-être, une forte
éruption appelée à la peau dégagerait l'âcreté
cachée qui échappait à tant de remèdes. On se
détermina donc à porter, sous le dais brodé qui
couronnait le lit du prince Louis, les draps enlevés
à un galeux de l'hôpital; et Son Altesse impériale
fut obligée de s'en envelopper, et même de revêtir
la chemise de ce malade. Louis, qui voulait cacher
à tout le monde l'essai qu'il faisait, exigea que rien
ne fût changé dans ses habitudes avec sa femme.
Il était accoutumé à coucher dans la même chambre, sans occuper le même lit; il avait toujours
voulu qu'elle passât les nuits près de lui, sur un
petit lit dressé sous les mêmes rideaux. Il ordonna,
très impérativement, que cet usage se continuât,
ajoutant, dans sa dure et bizarre jalousie, qu'un
mari ne devait jamais se départir des précautions
qui l'empêchaient d'abandonner une femme à son

---

[1]. On lit dans le Mémorial de Sainte-Hélène : « Les belles Italiennes eurent beau déployer leurs grâces, je fus insensible à leurs séductions. Elles s'en dédommageaient avec ma suite. Une d'elles, la comtesse C..., laissa à Louis, lorsque nous passâmes à Brescia, un gage de ses faveurs dont il se souviendra longtemps. » (P. R.)

inconstance naturelle. Madame Louis, malade elle-même, et malgré le dégoût naturel qu'elle éprouvait, se soumit, et garda le silence sur ce nouvel abus du pouvoir conjugal.

Cependant Corvisart qui la soignait, et qui était frappé de son changement, vint à l'interroger sur quelques particularités de sa vie intérieure, et obtint d'elle l'aveu de la bizarre fantaisie de son époux. Il crut devoir en instruire l'impératrice, et ne lui dissimula pas qu'il pensait que l'air de l'alcôve du prince Louis était, dans ce moment, fort malsain pour sa femme.

Madame Bonaparte en avertit sa fille, qui lui répondit qu'elle s'en était doutée, mais qui ne l'en conjura pas moins de ne se mêler aucunement de ce qui se passait entre elle et son mari. Puis, ne pouvant se contenir davantage alors, elle s'ouvrit à sa mère sur une foule de détails qui prouvèrent à quel point elle était opprimée, et le mérite du silence qu'elle avait gardé jusqu'alors. Madame Bonaparte en parla à l'empereur, qui aimait sa belle-fille, et qui montra à son frère son mécontentement. Mais Louis répondit froidement à tout que, si on voulait se mêler de son ménage, il s'éloignerait de la France, et l'empereur, qui n'eût point voulu d'éclat fâcheux dans sa famille, engagea madame Louis à la patience, embarrassé peut-être, comme les autres, de l'humeur bizarre et tenace de Louis. Heureusement pour sa femme, celui-ci renonça promptement au remède pénible qu'il avait voulu tenter, non sans lui en vouloir beaucoup de ce qu'elle n'avait pas mieux gardé son secret.

Si sa fille eût été plus heureuse, l'impératrice n'eût rien vu à cette époque qui dût troubler sa tranquillité. La famille Bonaparte, occupée de ses propres intérêts, ne pensait plus à la tourmenter; Joseph, absent, se voyait près de monter sur le trône de Naples; Lucien était pour toujours exilé de France; le jeune Jérôme croisait en mer sur nos côtes; madame Bacciochi régnait à Piombino; la princesse Borghèse, tour à tour livrée à des remèdes ou à ses plaisirs, ne se mêlait de rien. Madame Murat seule aurait pu causer quelque ombrage à sa belle-sœur; mais elle cherchait à faire aussi les affaires de son époux, et l'impératrice n'y mettait nulle opposition; car elle eût fort désiré que Murat obtînt quelque principauté qui l'éloignât de Paris.

Madame Murat employait toute son adresse, et même toutes les ressources de l'importunité auprès de l'empereur, pour arriver à ses fins. Elle flattait ses goûts, lui prêtait sa maison, si quelque fantaisie subite la lui rendait nécessaire, elle cherchait à l'amuser par des fêtes, à lui plaire par un étalage de luxe qu'il aimait. Elle entrait avec lui dans les détails de l'étiquette qu'il voulait établir, affectait une sorte de dignité, un peu guindée, qui faisait dire à l'empereur que sa sœur avait réellement tout ce qu'il faut pour être reine, et, ne dédaignant aucun des moyens qui pouvaient lui servir, elle caressa Maret, qui, par habitude, acquérait cette sorte d'importance que donne l'assiduité; enfin, elle flatta Fouché et se l'attacha fortement. Cette entente de madame Murat avec ces deux personnages, mal disposés pour M. de Talleyrand, acheva de refroidir celui-ci pour Murat, qu'il n'aimait guère, et, comme il était alors dans une grande faveur, il contrecarra souvent les projets de madame Murat. Aussi entendit-on Murat dire, avec cet accent du Midi qu'il a toujours conservé : « Moussu dé Talleyrand, il ne veut pas que je sois roué. » Murat se fiait à sa femme pour conduire ses intérêts; il se contentait de ne donner nul ombrage à l'empereur, de lui montrer la soumission la plus complète, supportant toujours sans se plaindre ses inégalités. Brave à l'excès sur un champ de bataille, il n'avait pas, dit-on, de grands talents militaires, et à l'armée il se bornait à demander toujours le poste le plus périlleux. Il ne manquait point d'un certain esprit, ses manières étaient obligeantes, son attitude et son costume toujours d'un genre un peu théâtral; mais une belle figure et une taille assez noble le sauvaient du ridicule. L'empereur n'avait nulle confiance en lui, mais il l'employait parce qu'il ne le craignait point, et il ne pouvait s'empêcher de tout croire quand on le flattait. Une sorte de crédulité peut fort bien s'allier dans le même caractère à la défiance; et les grands les plus soupçonneux ne sont point cependant les plus insensibles à la flatterie.

Au retour de la campagne d'Austerlitz, l'empereur distribua encore des récompenses à ses généraux. Il accorda à quelques-uns d'entre eux des sommes considérables pour les dédommager des dépenses de la campagne. Il fit le général Clarke grand officier de la Légion d'honneur, pour la manière dont il avait été gouverneur de Vienne. Jusque-là, Clarke avait toujours été traité assez froidement. L'empereur ne lui témoignait pas beaucoup de confiance, et l'accusait de conserver un secret attachement à la maison d'Orléans. Il a bien su, depuis, le persuader du plus obséquieux dévouement.

Le général Clarke, aujourd'hui duc de Feltre, ayant depuis trois ans joué un assez grand rôle, je crois devoir donner quelques détails sur lui.

Son oncle, M. Shée, qui a été fait sénateur par l'empereur et qui est pair de France, était, avant la Révolution, secrétaire général d'une partie de la cavalerie légère, dont M. le duc d'Orléans fut colonel général. Il prit son neveu Clarke avec lui, et le tira de sa province[1]. Le jeune homme se

1. Il est évident que l'auteur a été déterminé à écrire ce portrait développé du général Clarke, duc de Feltre, par le rôle que celui-ci avait joué dans les premiers temps de la Restauration, et par l'effet que produisit sa mort en 1818, au moment même où ces Mémoires étaient composés. Le général Clarke, né à Landrecies en 1763, ministre de la guerre en 1807 et en 1814, pair de France, puis maréchal de France en 1817, avait été l'un des instruments les plus actifs de la réaction de 1815. Il était, en 1818, l'objet des regrets passionnés du côté droit, qui l'opposait avec enthousiasme à son successeur, le maréchal Gouvion Saint-Cyr. Peu d'années auparavant, ministre de l'empereur, il s'était aussi fait remarquer par un empressement à complaire à son maître qui l'avait rendu impopulaire, et le faisait placer par le public de pair avec M. Maret. Il avait pourtant la réputation d'un homme probe, sans méchanceté ni perfidie, et, malgré la passion avec laquelle il a servi ces deux régimes, il a laissé un bon renom comme caractère privé. (P. R.)

trouva donc comme attaché plus particulierement à la maison d'Orléans, et c'est peut-être de là que Bonaparte l'accusait de secrètes opinions. Il servit chaudement les intérêts de la Révolution, et même en 1794 et 1795 il fut employé par le comité de salut public dans ce qui concernait l'administration de la guerre. Il suivit Bonaparte en Italie. Il avait de la hauteur, et certaines prétentions qui ne plaisaient guère au général en chef. Plus tard, il fut nommé ambassadeur en Toscane, et il y demeura longtemps, écrivant souvent pour obtenir son retour en France et pour y être employé. Enfin, il fut rappelé, il s'attacha à vaincre les préventions que Bonaparte avait contre lui, il le flatta soigneusement, sollicita l'avantage de servir près de sa personne, se dévoua à l'assujettissement qu'exigeait toujours un tel maître, et enfin fut fait conseiller d'État et secrétaire intime du cabinet. Il était fort travailleur, très exact, insouciant à toute distraction, d'un esprit court, peu inventif, mais qui rendait à point ce dont on le frappait. Il suivit l'empereur dans la première campagne de Vienne, se conduisit loyalement dans le gouvernement de cette ville, et reçut au retour une première récompense. Nous le verrons plus tard ministre de la guerre, et ne cesser nulle part de se montrer un homme médiocre. Sa probité a été reconnue partout; il n'a amassé que la fortune qu'il a pu retirer des économies de ses places. Avec M. Maret, il a poussé aussi loin qu'il peut aller le langage de la flatterie.

Marié en premières noces à une femme dont il fut mécontent, il divorça, ayant une fille douce et agréable qu'il maria, lorsqu'il fut ministre, au vicomte Émery de Montesquiou-Fezensac[1], dont l'avancement militaire, grâce à un tel beau-père, fut très rapide[2]. Ce jeune homme est aujourd'hui aide-major général de la garde royale.

Le duc de Feltre s'est remarié à une insignifiante et très bonne femme, dont il a plusieurs garçons.

Cependant la bienveillance que M. de Talleyrand

1. Il est neveu de l'abbé de Montesquiou.
2. M. de Fezensac, plus tard duc de Fezensac, devint en effet très jeune général de brigade, en 1813; mais il servait depuis douze ou treize ans. Il avait été simple soldat, et même longtemps. Il est mort le 18 novembre 1867. Nous l'avons tous connu dans les dernières années de sa vie. C'était un homme sincère, consciencieux et doux, doué d'une mémoire admirable. Il a laissé un volume de souvenirs intéressants qui décrivent d'une façon vraie et piquante certains côtés de la vie dans les armées impériales. Il était parent par sa mère, mademoiselle de la Live, de M. Molé, qui l'a fait ambassadeur en Espagne, en 1837. (P. R.)

avait montrée à M. de Rémusat me mettait alors dans quelques relations avec lui. Il ne venait point encore chez moi, mais je le rencontrais souvent, et partout il me distinguait plus que par le passé. Il ne laissait guère échapper une occasion de me dire du bien de mon mari, et, flattant le plus vif sentiment de mon cœur, et, s'il faut tout dire, aussi ma vanité, en paraissant rechercher mon entretien partout où nous nous trouvions, il me gagnait peu à peu, et affaiblissait mes préventions contre lui. Pourtant, il me troublait quelquefois par certaines paroles auxquelles je n'étais point préparée. Un jour, que je lui parlais de la conquête récente du royaume de Naples, et que j'osais lui témoigner que je me sentais émue de cette politique des détrônements, que nous paraissions adopter, il me répondit, de ce ton froid et arrêté qu'il sait si bien prendre quand il ne veut pas de réponse : « Madame, tout ceci ne sera achevé que lorsqu'il n'y aura plus un Bourbon sur un trône de l'Europe. » Ces mots me firent une sorte de mal. Je ne pensais guère alors à la famille de nos rois, il en faut convenir; mais, pourtant, quand j'entendais prononcer ce nom, il semblait que certains souvenirs de ma jeunesse réveillassent une émotion ancienne, plus endormie qu'effacée. Je ne pourrais aujourd'hui rendre compte de cette impression qu'en risquant d'être accusée d'une affectation absolument éloignée de mon caractère. On croirait que, me rappelant le temps où j'écris, je veux dès ce moment préparer mon retour aux opinions que chacun s'empresse maintenant d'étaler. Il n'en est rien pourtant. Alors j'admirais beaucoup l'empereur; je l'aimais encore, quoique je fusse moins entraînée vers lui; je le croyais nécessaire à la France; il m'en apparaissait le souverain devenu légitime; mais tout cela s'alliait à un tendre respect pour les héritiers et les parents de Louis XVI, et pour la race de Louis XIV, l'idole de mon imagination, sentiment qui me faisait souffrir, quand je voyais préparer pour eux de nouveaux malheurs, et quand j'entendais mal parler d'eux. Au reste, Bonaparte m'a souvent donné ce chagrin. Chez un homme qui ne jugeait que par le succès, Louis XVI devait être en faible estime. Il ne lui rendait nulle justice, et conservait sur lui tous les préjugés populaires enfantés par la Révolution. Quand sa conversation se tournait sur cet illustre et malheureux prince, autant que je le pouvais, je m'appliquais à la détourner.

## CHAPITRE DIX-SEPTIÈME.

Quoi qu'il en soit, telle était l'opinion de M. de Talleyrand alors ; je saurai, peu à peu et quand il en sera temps, montrer comment les événements l'ont modifiée.

Nous vîmes, dans cet hiver, l'héritier du roi de Bavière venir orner notre cour. Il était jeune, sourd, assez peu aimable, mais fort poli, montrant d'ailleurs une grande déférence pour l'empereur. Il fut logé aux Tuileries ; on lui donna deux chambellans et un écuyer pour son service, et on lui fit fort bien les honneurs de Paris.

Le 10 février, la liste des dames du palais fut augmentée des noms de madame Maret, à la demande de madame Murat, et de mesdames de Chevreuse, de Montmorency-Matignon et de Mortemart.

M. de Talleyrand, ami intime de la duchesse de Luynes, obtint d'elle que sa belle-fille ferait partie de cette cour. Cette duchesse idolâtrait madame de Chevreuse[1]. Celle-ci avait des opinions assez arrêtées, et toutes en opposition avec ce qu'on exigeait d'elle.

Bonaparte menaça, M. de Talleyrand négociat

1. Mademoiselle de Narbonne-Fritzlar. Son frère fut chambellan.

et, selon sa coutume, réussit. Madame de Chevreuse était jolie, quoique rousse[1], et spirituelle, mais gâtée à l'excès par sa famille, un peu volontaire, et tant soit peu fantasque. Sa santé était déjà fort délicate. L'empereur la cajola pour la consoler de la violence qu'il lui faisait. Quelquefois, il semblait qu'il en vînt à bout, et, dans d'autres moments, elle ne dissimulait point le retour de la mauvaise humeur. Par caractère, elle procurait à l'empereur un plaisir qu'une autre eût cherché à lui donner seulement par adresse : celui du combat et de la victoire. Car, comme il lui arrivait de s'amuser quelquefois des fêtes et des pompes de notre cour, quand elle y paraissait parée et gaie, l'empereur, qui aimait jusqu'au moindre succès, disait en riant : « J'ai surmonté l'aversion de madame de Chevreuse. » Au fond, je ne crois point qu'il y soit vraiment parvenu.

Madame de Montmorency, autrefois la baronne de Montmorency, aujourd'hui la duchesse, qui était en grande liaison avec M. de Talleyrand, fut déterminée par lui et aussi par le désir

---

1. Madame de Chevreuse était rousse en effet, et l'empereur le lui reprochait un jour : « C'est possible, répondit-elle, mais aucun homme ne me l'avait encore dit. » (P. R.)

d'obtenir des bois considérables qui appartenaient à sa famille, et qui avaient été pris par le gouvernement pendant son émigration, sans être encore vendus.

Madame de Montmorency fut très bien à cette cour : sans hauteur, sans bassesse, paraissant s'y plaire, et n'affectant point de s'y trouver par contrainte[1]. Je crois qu'elle s'y amusait beaucoup; il ne serait pas impossible qu'elle l'eût regrettée. Son nom lui donnait là les avantages qu'il aura partout. L'empereur disait souvent qu'il n'estimait que la noblesse historique, mais aussi, celle-là, il la distinguait beaucoup.

Ceci me rappelle un joli mot de Bonaparte. Lorsqu'il voulut recréer les titres, il décida d'un trait de plume que toutes les dames du palais seraient comtesses. Madame de Montmorency, qui n'avait nul besoin d'un titre, se voyant forcée d'en prendre un, lui demanda de porter celui de baronne qui allait si bien, disait-elle en riant, avec son nom. — « Cela ne se peut, lui répondit Bonaparte en riant aussi ; vous n'êtes

---

1. Madame de Matignon, mère de la duchesse de Montmorency, était fille du baron de Breteuil, qui, rentré de l'émigration, a vécu paisiblement à Paris, où il est mort.

point, madame, assez bonne chrétienne. »

Quelques années après, l'empereur rendit à MM. de Montmorency et de Mortemart une grande partie de la fortune qu'ils avaient perdue. M. de Mortemart ayant refusé d'être écuyer, parce qu'il trouvait le métier trop pénible pour lui, fut fait gouverneur de Rambouillet. Nous avons vu M. le vicomte de Laval-Montmorency, père du vicomte Mathieu de Montmorency, chevalier d'honneur de Madame, gouverneur de Compiègne, et l'un des plus fervents admirateurs de Bonaparte.

Dès ce temps, on se pressait de plus en plus pour être de la cour de l'empereur, et surtout pour lui être présenté. Ses cercles devenaient fort brillants. L'ambition, la crainte, la vanité, le désir de s'amuser, de voir, de s'avancer, hâtaient les démarches d'une foule de gens, et le mélange des noms et des rangs se faisait de plus en plus. Nous vîmes entrer dans le gouvernement, au mois de mars de cette année, M. Molé, dernier héritier et descendant de Mathieu Molé. Il avait alors vingt-six ans. Né dans la Révolution, éprouvé par les malheurs qu'elle a causés, M. Molé, maître de sa jeunesse par la perte de son père, qui avait péri sous la tyrannie de Robespierre, avait employé sa liberté à des études graves et variées. Ses amis et ses parents le marièrent, à l'âge de dix-neuf ans, à mademoiselle de la Briche, héritière d'une fortune considérable, nièce de madame d'Houdetot, dont j'ai parlé souvent. M. Molé, naturellement sérieux, s'ennuya promptement de la vie du monde, et, n'étant point arrêté sur l'emploi de sa jeunesse, il cherchait à en tromper l'oisiveté par des compositions qu'il livrait à ses amis. Vers la fin de l'année 1805, il fit un petit ouvrage, extrêmement métaphysique, quelquefois un peu embrouillé, sur une théorie du pouvoir et de la volonté de l'homme. Ses amis, étonnés du genre de méditations qu'une pareille composition annonçait, lui conseillèrent de la faire imprimer. Sa jeune vanité y consentit volontiers. Son âge rendit le public indulgent pour cet ouvrage ; on y remarquait de la profondeur et de l'esprit, mais, en même temps, on y démêla une certaine disposition à vanter le gouvernement despotique, qui donna à penser que l'auteur, en le publiant, avait quelque envie d'être distingué et de plaire à qui disposait alors de la destinée de tous. Soit que quelque chose de cette intention secrète fût, en effet, dans le plan de l'auteur, soit que, épouvanté des abus de la liberté en ne voyant, depuis qu'il était au monde, de repos pour la France que le jour où une volonté ferme s'était chargée de la gouverner, M. Molé livra son ouvrage au public. Il fit assez de bruit.

Au retour de Vienne, M. de Fontanes, qui aimait beaucoup M. Molé, lut cet ouvrage à Bonaparte, qui en fut frappé. Les opinions qu'il renfermait, l'esprit distingué qu'il annonçait, le beau nom de Molé, tout cela attira son attention. Il voulut voir l'auteur; il le caressa comme il savait faire, car il avait un grand art pour parler à la jeunesse la langue qui doit la séduire; il vint à bout de lui persuader qu'il fallait qu'il entrât dans les affaires, lui promettant de lui faire traverser vite une carrière brillante; et, peu de jours après cette entrevue, M. Molé fut mis au nombre des auditeurs attachés à la section de l'intérieur. Intimement lié d'amitié avec son cousin, M. d'Houdetot, petit-fils de celle que les *Confessions* de Jean-Jacques Rousseau ont à jamais rendue célèbre, M. Molé lui persuada d'entrer en même temps que lui dans la même carrière, et M. d'Houdetot fut attaché, comme auditeur, à la section de la marine. Son père avait un commandement dans les colonies et fut fait prisonnier par les Anglais, lors de la prise de la Martinique. Ayant passé dans l'île de France une partie de sa vie, il en avait ramené une fort belle femme et neuf enfants, dont cinq filles, toutes belles, qui sont établies à Paris, et dont quelques-unes sont mariées. Parmi elles, on remarque aujourd'hui madame de Barante[1], la plus belle femme de Paris en ce moment[2].

1. M. de Barante, directeur des impositions indirectes, ayant été préfet sous Bonaparte, grand ami de madame de Staël, fort partisan des idées libérales et homme d'esprit.

2. Mon père, très lié avec M. Molé, dès sa jeunesse et jusqu'à la mort de celui-ci, a écrit sur lui un grand nombre de pages soit en des articles publiés, soit en notes manuscrites. Voici ce qu'il pensait des premiers temps de sa carrière : « M. Molé, né en 1780, n'avait pas eu d'éducation. Quand il épousa, à dix-neuf ans au plus, Caroline de la Briche, il avait à peine eu le temps, en suivant des cours publics et en diversifiant des études superficielles, de combler les vides d'une ignorance dont il lui resta toujours quelque chose. Cependant, il était bien doué, son esprit était droit, facile, élégant, et il eut toujours au suprême degré l'art d'être en intelligence avec son interlocuteur. Il avait même, dans sa jeunesse, une tendance sérieuse, je dirais presque philosophique, qui s'est un peu évaporée depuis. Son ouvrage, *Essai de morale et de politique*, inspiré pour le fond et la forme des écrits de Bonald, est un assez mauvais livre que cependant je ne conçois pas qu'il ait pu faire, et qui atteste plus de réflexion et de style qu'il n'était capable d'en avoir à quarante ans. L'expérience, l'ambition, le monde, le goût du succès auprès des femmes ont fort modifié son esprit. Il y a perdu, mais il y a encore plus gagné. L'empereur le prit à gré. Molé conçut de bonne heure une assez grande idée de sa position. Il continua à garder ses apparences sérieuses, qui devenaient même raides et hautaines, excepté avec les gens à qui il vou-

Cette fusion, qui s'étendait avec tant de rapidité, jetait du repos dans la société, en y confondant les intérêts de chacun. M. Molé, par exemple, tenant de son côté à une nombreuse famille très distinguée, et par sa femme à des personnes d'un rang assez élevé, car les cousines de madame Molé étaient mesdames de Vintimille et de Fezensac, devint une sorte de lien entre l'empereur et une gande partie de la société. J'étais dans une intimité déjà ancienne avec cette famille ; j'éprouvai du soulagement à la voir prendre sa part des nouvelles positions qui surgissaient pour qui voulait les saisir ; je voyais les opinions s'affaiblir devant les intérêts, les partis s'effacer ; l'ambition, le plaisir, le luxe rapprochaient tout le monde, et le blâme perdait tous les jours de son crédit. Que Bonaparte, si habile à gagner les individus, eût fait un pas de plus ; qu'il n'eût pas voulu seulement gouverner par la force ; qu'il eût favorisé cette détente des esprits qui demandaient le repos ; enfin, après avoir conquis le

---

lait plaire, ce qu'il savait en perfection. C'est un des hommes qui ont le plus causé avec l'empereur ; il est arrivé par là, il n'a même guère fait que cela dans son gouvernement. » M. Frédéric d'Houdetot, cousin issu de germain de madame Molé, a été plus tard préfet, puis député sous les divers régimes qui se sont succédé jusqu'à sa mort, arrivée sous le second empire. (P. R.)

présent, qu'il eût assuré l'avenir par des institutions solides et généreuses, parce qu'elles seraient devenues indépendantes de ses propres caprices ; alors, il n'est presque pas douteux que ses victoires sur les souvenirs, les préventions et les regrets n'eussent été aussi durables qu'elles ont été éclatantes. Mais, il faut en convenir, la liberté, la vraie liberté manquait partout, et notre tort national a été de ne pas nous en être assez promptement aperçus. Je l'ai dit, l'empereur relevait les finances, encourageait le commerce, les sciences, les arts; on recherchait le mérite dans toutes les classes; mais c'était toujours, un peu, en les flétrissant toutes par la tache de l'esclavage. Voulant tout diriger, tout régler à son profit, il se présentait incessamment comme le but du mouvement général. On a raconté que, lorsqu'il partit pour la première campagne d'Italie, il dit à un journaliste de ses amis : « Songez, dans les récits de nos victoires, à ne parler que de *moi*, toujours *moi*, entendez-vous? » Ce *moi* fut l'éternel cri de sa toute personnelle ambition : « Ne citez que *moi*, ne chantez, ne louez, ne peignez que *moi*, disait-il aux orateurs, aux musiciens, aux poètes, aux peintres. Je vous achèterai ce que vous voudrez; mais il faut que vous soyez tous vendus; » et, malgré son désir de signaler son siècle par la réunion de tous les prodiges, il attacha au talent ce ver rongeur qui ruinait ses efforts et les nôtres, en absorbant journellement, et pied à pied, cette noble indépendance qui seule développe les élans de l'invention et du génie, dans quelque genre que ce soit.

## CHAPITRE XVIII.

(1806.)

Liste civile de l'empereur. — Détails sur sa maison et sur ses dépenses. — Toilettes de l'impératrice et de madame Murat. — Louis Bonaparte. — Le prince Borghèse. — Les fêtes de la cour. — La famille de l'impératrice. — Mariage de la princesse Stéphanie. — Jalousie de l'impératrice. — Spectacles de la Malmaison.

Avant d'aller plus loin, il me semble qu'il ne sera pas sans intérêt que j'emploie quelques pages au détail de l'administration intérieure de ce qu'on appelait *la maison de l'empereur*. Quoique, aujourd'hui, ce qui concerne son personnel et sa cour soit encore plus effacé que tout le reste, cependant il est peut-être encore assez curieux de savoir comment il avait réglé minutieusement les dépenses et les mouvements de chacune des personnes qui vivaient et agissaient autour de lui. On le retrouve le même partout, et cette fidélité au système qu'il avait irrévocablement adopté, n'est pas une des circonstances les moins curieuses de sa conduite. Les détails que je vais donner appartiennent à plusieurs époques de son règne; cependant, dès cette année 1806, la règle qu'on suivit dans sa maison fut à peu près tracée d'une manière invariable, et les légères modifications qu'apportèrent certaines particularités plus ou moins importantes, n'en dérangèrent point, ou très peu, le plan général; c'est donc ce plan que je prendrai dans son ensemble, aidée de la mémoire très fidèle de M. de Rémusat, qui, pendant dix années, fut à portée de voir et de prendre part à tout ce dont je vais rendre compte dans ce chapitre[1].

1. Les détails auxquels ce chapitre est consacré paraîtront peut-être puérils; Mais il importe, pour conserver le caractère de ces Mémoires, de n'en rien retrancher. De tels récits ont toujours été admis, et les plus célèbres historiens du XVIIe siècle nous ont fait pénétrer dans les choses les plus intimes, j'allais écrire infimes, de la vie journalière de Louis XIV et des principaux personnages de son temps. Il faut remarquer, d'ailleurs, que ma grand'mère devait être d'autant plus éblouie, au moment où elle écrivait, au souvenir de la magnificence de l'Empire, que, pendant les premières années de la Rèstauration, la France appauvrie, l'âge des princes, leurs goûts et leurs habitudes, donnaient à la cour un aspect de modestie qui faisait contraste avec le faste impérial. Ce faste a été tellement surpassé, depuis, que ce qui est décrit ici comme un grand luxe paraîtra peut-être de la simplicité à nos contemporains. (P. R.)

## CHAPITRE DIX-HUITIÈME.

La liste civile de France se montait, sous Bonaparte, à la somme de vingt-cinq millions; plus, les bois et domaines de la couronne, qui rendaient trois millions, et la liste civile d'Italie, huit millions, dont il abandonna quatre au prince Eugène. En Piémont, soit en liste civile, soit en domaines, il touchait trois millions; quand le prince Borghèse en eut été nommé gouverneur, il en eut la moitié; enfin quatre millions, venant de Toscane, partagés aussi, par la suite, avec madame Bacciochi qui, plus tard, en fut grande-duchesse. Le revenu fixe de l'empereur a donc été de 35 500 000 francs.

Il avait mis à sa propre disposition la majeure partie des dépenses secrètes du ministère des relations extérieures, et la caisse des théâtres, composée d'une somme de dix-huit cent mille francs, dont il n'y avait guère que douze cent mille destinés par le budget annuel au soutien des théâtres. Le reste était employé, par lui, en gratifications à des acteurs[1], à des artistes, à des gens de lettres, ou même à des officiers de sa maison. Il

---

1. Sa fantaisie pour certains acteurs réglait ordinairement ces gratifications. Il a payé plusieurs fois les dettes de Talma, qu'il avait connu et qu'il aimait, et il lui accorda à la fois des sommes de vingt, trente ou quarante mille francs.

disposait, de plus, de toute la caisse de la police défalcation faite des dépenses de ce ministère; et cette caisse présentait annuellement une somme libre assez importante, parce qu'elle se composait du produit des jeux, qui montait à plus de quatre millions[1]; de l'intérêt que le ministère s'était réservé sur tous les journaux, ce qui devait produire près d'un million; et enfin du produit du droit de timbre à l'extraordinaire, pour les passeports et permis de port d'armes.

Le produit des contributions levées pendant la guerre était affecté au domaine extraordinaire, dont Bonaparte disposait à sa fantaisie. Il s'en réserva souvent une grande partie dont il se servit pour entretenir les frais de la guerre d'Espagne, les immenses préparatifs de la campagne de Moscou; et, enfin, il en réalisa une grande portion en espèces et en diamants qui étaient déposés dans les caves des Tuileries, et qui ont servi aux dépenses de la guerre de 1814, lorsque la ruine du crédit avait paralysé toutes les autres ressources.

Le plus grand ordre régnait dans la maison de Bonaparte; les appointements que chacun y re-

---

1. Le ministre Fouché a fait sa fortune avec ce produit des jeux. Ils ont rendu à Savary mille francs par jour.

## CHAPITRE DIX-HUITIÈME.

cevait étaient assez considérables; mais, ensuite, tout était réglé de manière à ce qu'aucun des officiers de sa maison ne pût rien détourner des fonds qui lui étaient confiés.

Les grands officiers avaient quarante mille francs fixes. Les deux dernières années de son règne, il dota les places de ces grands officiers d'un revenu considérable, outre les dotations qu'il avait accordées aux individus qui les remplissaient.

Les places de grand maréchal, de grand chambellan et de grand écuyer furent dotées chacune de cent mille francs. Celles du grand aumônier et du grand veneur de quatre-vingt mille francs; celle du grand maître des cérémonies de soixante mille. L'intendant et le trésorier avaient chacun quarante mille francs. Le premier intendant fut M. Daru, et ensuite M. de Champagny, quand il quitta le ministère des affaires étrangères. Le premier préfet du palais, le chevalier d'honneur de l'impératrice, trente mille francs.

Mon beau-frère, M. de Nansouty, fut quelque temps premier chambellan chez l'impératrice; mais, cette place ayant été supprimée, il devint premier écuyer de l'empereur. La dame d'honneur avait quarante mille francs; la dame d'atours, trente mille francs. Dix-huit chambellans; les plus anciens avaient diversement, et selon que l'empereur le réglait toutes les années, ou douze, ou six, ou trois mille francs. Les autres étaient honoraires. Au reste, l'empereur réglait tous les ans les appointements de tout ce qui composait sa maison, ce qui augmentait la dépendance, par l'incertitude où l'on demeurait toujours sur son sort.

Les écuyers recevaient douze mille francs; les préfets du palais ou maîtres d'hôtel, quinze mille; les maîtres des cérémonies, de même. Chacun des aides de camp avait vingt-quatre mille francs, comme officier de la maison.

Le grand maréchal, ou grand maître de la maison, avait la surintendance de toutes les dépenses de la bouche, du domestique, de l'éclairage, chauffage, etc. Cette dépense montait à peu près à deux millions.

La table de Bonaparte était abondante et bien servie; la vaisselle fort belle et en argent. Dans les grandes fêtes et les grands couverts, on servait en vermeil. Chez madame Murat et la princesse Borghèse, tout était servi en vermeil.

Le grand maréchal était le supérieur des préfets du palais; son habit était amarante et brodé en argent sur toutes les tailles. Les préfets du palais portaient la même couleur, avec moins de broderie.

Les dépenses du grand écuyer se montaient à la somme de trois à quatre millions. Il y avait environ douze cents chevaux. Les voitures avaient plus de solidité que d'élégance. On leur avait donné à toutes la couleur verte. L'impératrice avait quelques équipages et de jolies calèches, mais point d'écurie particulière.

Le grand écuyer et les écuyers étaient vêtus en gros bleu brodé d'argent.

Le grand chambellan comptait dans ses attributions tout le service de la chambre, celui de la garde-robe, les spectacles de la cour, les fêtes, la musique de la chapelle, les chambellans de l'empereur, et ceux de l'impératrice. Toutes ces dépenses ne dépassaient guère trois millions. Il était vêtu de rouge avec la broderie d'argent[1]. Le grand maître des cérémonies, chargé de faire graver le sacre, et d'un petit nombre de dépenses, avait un budget qui n'allait guère à plus de trois cent mille francs; il était habillé en violet et en argent. Le grand veneur, sept cent mille francs; son cos-

1. La broderie était pareille pour tous les grands officiers.

tume en vert et argent. La chapelle, trois cent mille francs.

Le mobilier était dans les attributions de l'intendant, ainsi que les bâtiments. Cette dépense doit se porter à la somme de cinq à six millions.

On voit que, année courante, on pourrait évaluer la dépense de la maison de l'empereur à quinze ou seize millions.

Dans les dernières années, il a fait construire quelques bâtiments, et cette dépense s'est augmentée.

Tous les ans, il commandait à Lyon des tentures et des ameublements pour les différents palais. C'était afin de soutenir les manufactures de cette ville. De même, on achetait encore tous les ans de beaux meubles en acajou qu'on déposait au Garde-Meuble, des bronzes, etc... Les manufactures de porcelaine avaient des ordres pour fournir des services entiers d'une extrême beauté. Au retour du roi, tous les palais ont été trouvés meublés à neuf, et les garde-meubles remplis.

Avec tout cela, la dépense des années les plus chères, y compris celles du sacre et du mariage, n'a pas excédé vingt millions.

La dépense de Bonaparte pour sa toilette était portée sur le budget à quarante mille francs. Quelquefois elle allait un peu plus haut. Dans ses campagnes, il fallait lui envoyer du linge et des habits dans plusieurs endroits à la fois. Il salissait vite, et beaucoup, tout ce qu'il portait. La moindre gêne lui faisait rejeter un vêtement, ainsi que la moindre différence dans la finesse du drap ou du linge. Il disait toujours qu'il ne voulait être habillé que comme un simple officier de sa garde ; il grondait continuellement sur ce qu'il prétendait qu'on lui faisait dépenser, et, par fantaisie ou maladresse, il rendait fréquemment nécessaire le renouvellement de sa toilette. Entre autres coutumes destructives, il avait l'habitude d'accommoder le feu avec son pied, brûlant ainsi ses souliers et ses bottes, principalement quand il se livrait à quelque accès de colère ; alors, tout en parlant et se fâchant, il repoussait violemment les tisons dans la cheminée près de laquelle il était.

M. de Rémusat fut plusieurs années son maître de la garde-robe, et ne recevait point d'appointements pour cette place. Quand M. de Turenne, chambellan, le remplaça, on lui donna douze mille francs.

Chaque année, l'empereur faisait lui-même le budget de la dépense de sa maison, avec la plus scrupuleuse attention et une économie remarquable. Dans les trois derniers mois de l'année, chaque chef de service réglait sa dépense pour l'année suivante. Ce travail achevé, on se réunissait en conseil de la maison et on discutait tout avec soin. Ce conseil était composé du grand maréchal, qui le présidait[1]; des grands officiers, de l'intendant et du trésorier de la couronne. La dépense de la maison de l'impératrice se trouvait comprise dans les attributions du grand chambellan, qui la portait sur son budget. Dans ces conseils, le grand maréchal et le trésorier étaient chargés de soutenir les intérêts de l'empereur. Ces discussions finies, le grand maréchal portait les budgets à Bonaparte, qui les examinait lui-même, et les rendait ensuite, après avoir fait mettre en marge ses observations. Au bout de quelque temps, le conseil réuni était présidé par l'empereur lui-même, qui discutait encore chaque article de dépense. Ces discussions se prolongeaient, le plus souvent, pendant plusieurs conseils ; ensuite les budgets, rendus à chaque chef de service, étaient recopiés et mis au net ; ils passaient

1. Tant que M. de Talleyrand fut grand chambellan, il ne s'en mêla point, et laissa toujours M. de Rémusat le représenter.

dans les mains de l'intendant, qui travaillait définitivement avec l'empereur, en présence du grand maréchal. Dans ce travail, on arrêtait toutes les dépenses, et bien rarement on a vu un grand officier obtenir ce qu'il avait demandé.

Bonaparte se levait à des heures inégales, mais généralement à sept heures. Quand il s'éveillait dans la nuit, il lui arrivait de reprendre son travail, ou de se baigner, ou de manger. Son réveil était ordinairement triste, et paraissait pénible. Il avait assez souvent des spasmes convulsifs de l'estomac, qui excitaient chez lui un vomissement. Il en paraissait quelquefois fort troublé, comme s'il eût craint d'avoir pris du poison, et alors on avait beaucoup de peine à l'empêcher d'augmenter cette disposition en essayant tout ce qui devait encore faciliter ce vomissement [1].

Les seules personnes qui eussent le droit d'entrer dans la chambre de sa toilette étaient le grand maréchal, le premier médecin, sans se faire annoncer, et le maître de la garde-robe, qu'on annonçait, et qui presque toujours était reçu. C'est dans ces moments qu'il eût voulu que M. de Rémusat employât cette visite du matin à lui

1. Je tiens ce détail de son premier médecin, Corvisart.

rendre compte de ce qui se disait ou se faisait à la cour et dans la ville. Mon mari s'y refusa toujours — et lui déplut sur cet article — avec une sorte de ténacité qui mériterait bien quelques éloges.

Les autres médecins ou chirurgiens de quartier ne pouvaient venir que lorsqu'ils étaient appelés. Bonaparte ne semblait pas ajouter grande foi à la médecine, il en plaisantait volontiers; mais il portait une extrême confiance et beaucoup d'estime à Corvisart. Sa santé était bonne, sa constitution forte; quand il était atteint de quelque dérangement, il se montrait assez susceptible d'inquiétude. Une légère humeur dartreuse le tourmentait de temps en temps, et il se plaignait un peu du foie. Il mangeait sobrement, ne buvait guère, ne faisait d'excès d'aucun genre. Il prenait beaucoup de café.

J'ai dit comment il renonça à habiter la même chambre que sa première femme; il n'a de même, je crois, passé que peu de nuits entières avec l'archiduchesse. Elle craignait excessivement la chaleur, ne faisait jamais de feu dans l'appartement où elle couchait, et l'empereur, qui était frileux dans l'intérieur d'une maison, quoiqu'il supportât très bien les rigueurs du froid au dehors, se plaignait de cette habitude. Avec l'impératrice Joséphine, ne se gênant en rien, il venait la trouver au milieu de la nuit, quand il était souffrant ou sans sommeil, et, sans lui dissimuler les motifs de ces visites, il lui disait fort naïvement qu'il venait chercher une manière d'exciter la transpiration dont il avait le besoin.

Durant sa toilette, il était assez silencieux, à moins qu'il ne s'établît entre lui et Corvisart quelque controverse, sur un point de médecine. Dans toutes choses, il aimait à aller au fait, et, quand on lui parlait de la maladie de quelqu'un, sa première question était toujours : « Mourra-t-il? » Il trouvait assez mauvais que la réponse fût dubitative, et en concluait à l'insuffisance de la médecine.

Il a eu beaucoup de peine à s'accoutumer à se raser lui-même. M. de Rémusat l'y détermina, en voyant l'agitation qu'il éprouvait, et même l'inquiétude, tant que durait cette opération faite par un barbier. Après beaucoup d'essais, lorsqu'il y eut réussi, il lui arriva souvent de dire qu'en lui donnant le conseil de le faire de sa propre main, on lui avait rendu un signalé service. Bonaparte était, quand il régnait, si bien accoutumé à ne compter pour rien tous ceux qui l'entouraient, que ce mépris des autres se retrouvait dans ses moindres habitudes. Il ne se faisait aucune idée de la décence que la bonne éducation inspire ordinairement à toute personne un peu élevée, procédant à une toilette complète dans sa chambre en présence de ceux qui s'y trouvaient, quels qu'ils fussent. De même, si un valet de chambre lui causait quelque impatience en l'habillant, il s'emportait rudement, sans égard pour les autres ni pour lui-même. Il jetait à terre ou au feu la partie de son vêtement qui ne lui convenait pas. Il soignait particulièrement ses mains et ses ongles; il lui fallait, pour les couper, une grande quantité de ciseaux, parce qu'il les brisait et les jetait, quand ils ne lui paraissaient pas suffisamment affilés. Jamais il ne faisait usage d'aucun parfum, se contentant seulement d'eau de Cologne, dont il faisait de telles inondations sur toute sa personne, qu'il en usait jusqu'à soixante rouleaux par mois. Il croyait cet usage fort sain. Le calcul entrait pour beaucoup dans sa propreté, car, ainsi que je l'ai dit, il était peu soigneux.

Sa toilette finie, il passait dans son cabinet, où l'attendait son secrétaire intime. Au coup de neuf heures, le chambellan de service, qui était arrivé à huit heures, et qui avait soigneusement regardé si tout était en ordre dans l'appartement, et si les huissiers se trouvaient à leur poste, frappait à la porte et lui annonçait *le lever*, ayant soin de ne point entrer dans le cabinet, à moins que l'empereur ne le lui dît. J'ai déjà rendu compte de la manière dont se passaient ces levers. Quand ils étaient finis, Bonaparte accordait assez fréquemment des audiences particulières à quelques-uns des personnages qui se trouvaient là : princes, ministres, grands fonctionnaires publics, ou préfets en congé. Tous ceux qui n'avaient pas droit à venir au lever, ne pouvaient obtenir d'audience qu'en s'adressant au chambellan de service, qui mettait leurs noms sous les yeux de l'empereur ; le plus souvent il les refusait.

Le lever et les audiences le menaient à l'heure de son déjeuner. Vers onze heures, on le servait partout dans ce qu'on appelait le *salon de service*, où il donnait ses audiences particulières, et travaillait avec ses ministres. Le préfet du palais annonçait le déjeuner, et y assistait debout. C'était alors qu'il recevait des artistes, des comédiens. Il mangeait vite de deux ou trois plats, et finissait par une grande tasse de café pur. Après, il rentrait, et il travaillait. Dans le salon dont nous avons parlé, se tenaient le colonel général de la garde de semaine, ainsi que le chambellan, l'écuyer, le préfet du palais, et, lorsqu'il y avait chasse, un des officiers des chasses. Les conseils des ministres se tenaient à jours fixes. Il y avait trois conseils d'État par semaine. Pendant cinq ou six ans, il les présida souvent; il s'y faisait accompagner de son colonel général et du chambellan. En général, on dit qu'il y était fort remarquable, supportant et excitant la discussion. Souvent on s'étonnait des observations lumineuses et profondes qui lui échappaient sur les matières qui paraissaient devoir lui être le plus étrangères. Dans les derniers temps, sa tolérance dans la discussion s'altéra, et il y prit un ton plus impérieux. Le conseil d'État, ou celui des ministres, ou son travail particulier, le conduisaient jusqu'à six heures. Depuis 1806, il a presque toujours dîné seul avec sa femme, hors dans les voyages à Fontainebleau, où il invitait du monde. On le servait, entrées et entremets, tout à la fois; il mangeait avec distraction, prenant ce qui se trouvait devant lui, fût-ce des confitures ou quelque crème qu'il se servait avant d'avoir touché aux entrées. Le préfet du palais assistait au dîner, deux pages servaient, et étaient servis par les valets de chambre. L'heure du dîner était fort inégale. Si les affaires le demandaient, Bonaparte restait à travailler et retenait son conseil jusqu'à six, sept et huit heures du soir, sans montrer nulle fatigue, ni aucun besoin de manger. Madame Bonaparte l'attendait avec une patience admirable, sans se plaindre jamais.

Les soirées étaient fort courtes. J'ai dit comment elles se passaient. Durant l'hiver de 1806, il se donna beaucoup de petits bals, soit aux Tuileries, soit chez les princes ; l'empereur y paraissait un moment, et avait toujours l'air de s'y ennuyer. Le coucher se faisait comme le matin, excepté que c'était alors le service qui était introduit le dernier, pour prendre les ordres. L'empereur, pour se déshabiller et se mettre au lit, n'avait près de lui que des valets de chambre.

Personne ne couchait dans sa chambre ; son mameluk dormait près des entrées intérieures. L'aide de camp de jour couchait dans le salon de service, la tête appuyée contre la porte. Dans les pièces qui précédaient ce salon, veillaient un maréchal des logis de la garde et deux valets de pied. On ne rencontrait aucune sentinelle dans l'intérieur du palais. Aux Tuileries, il y en avait une sur l'escalier, parce que cet escalier est ouvert au public; partout on en voyait aux portes extérieures. Bonaparte était fort bien gardé par peu de monde; c'était le soin du grand maréchal. La police du palais était très bien faite; on savait le nom de toutes les personnes qui y entraient. Personne n'y logeait, sauf le grand maréchal, qui était nourri, et dont les gens avaient la livrée de l'empereur, et, parmi les domestiques, les valets de chambre et les femmes de chambre. La dame d'honneur avait un appartement que madame de la Rochefoucauld n'occupa guère. Lors du second mariage, Bonaparte voulut que madame de Montebello [1] y demeurât toujours. Du temps de l'impératrice Joséphine, la comtesse d'Arberg et sa fille, qu'on avait fait venir de Bruxelles pour être dame du palais, furent toujours logées au palais. A Saint-Cloud, tout le service était logé. Le grand écuyer demeurait aux écuries, qui étaient où sont celles du roi [2]. L'intendant et le trésorier étaient logés.

1. La maréchale Lannes.
2. Hôtel de Longueville, sur le Carrousel. Il n'est pas nécessaire de dire que ces écuries et cet hôtel ont été démolis pour les travaux du Louvre. (P. R.)

L'impératrice Joséphine avait six cent mille francs pour sa dépense personnelle. Cette somme était loin de lui suffire ; elle faisait annuellement beaucoup de dettes. On lui passait cent vingt mille francs pour ses aumônes. On ne donna à l'archiduchesse que trois cent mille francs, et soixante mille francs pour sa cassette.

La raison de cette différence est que madame Bonaparte devait accorder nombre de secours à des parents pauvres qui en réclamaient souvent ; et que, ayant des relations en France, auxquelles l'archiduchesse était étrangère, elle devait dépenser davantage. Madame Bonaparte donnait beaucoup ; mais, comme elle ne prenait jamais ses présents sur ses propres effets, mais qu'elle les achetait toujours, cela augmentait infiniment ses dettes.

Malgré la volonté de son mari, elle ne put jamais se soumettre dans son intérieur à aucun ordre, ni à aucune étiquette. Il eût voulu qu'aucun marchand n'arrivât jusqu'à elle, mais il fut obligé de céder sur cet article. Les petits appartements intérieurs en étaient remplis, ainsi que d'artistes de toute espèce. Elle avait la manie de se faire peindre, et donnait ses portraits à qui en voulait, parents, amis, femmes de chambre, marchands même. On lui apportait sans cesse des diamants, des bijoux, des châles, des étoffes, des colifichets de toute espèce ; elle achetait tout, sans jamais demander le prix, et, la plupart du temps, oubliait ce qu'elle avait acheté. Dès le début, elle signifia à sa dame d'honneur et à sa dame d'atours qu'elles n'eussent point à se mêler de sa garderobe. Tout se passait entre elle et ses femmes de chambre. Elle en avait six ou huit, je crois. Elle se levait à neuf heures ; sa toilette était fort longue ; il y en avait une partie fort secrète, et tout employée à nombre de recherches pour entretenir et même farder sa personne. Quand tout cela était fini, elle se faisait coffer, enveloppée dans un long peignoir très élégant et garni de dentelles. Ses chemises, ses jupons étaient brodés, et aussi garnis. Elle changeait de chemise et de tout linge trois fois par jour, et ne portait que des bas neufs. Tandis qu'elle se coiffait, si nous nous présentions à la porte, on nous faisait entrer. Quand elle était peignée, on lui apportait de grandes corbeilles qui contenaient plusieurs robes différentes, plusieurs chapeaux et plusieurs châles. C'étaient, en été, des robes de mousseline ou de percale très brodées et très ornées; en hiver, des redingotes d'étoffe ou de velours. Elle choississait la parure du jour, et, le matin, elle se coiffait toujours avec un chapeau garni de fleurs ou de plumes, et des vêtements qui la couvraient beaucoup. Le nombre de ses châles allait de trois à quatre cents; elle en faisait des robes, des couvertures pour son lit, des coussins pour son chien Elle en avait constamment un toute la matinée, qu'elle drapait sur ses épaules, avec une grâce que je n'ai vue qu'à elle. Bonaparte, qui trouvait que les châles la couvraient trop, les arrachait et quelquefois les jetait au feu; alors elle en redemandait un autre. Elle achetait tous ceux qu'on lui apportait, de quelque prix qu'ils fussent; je lui en ai vu de huit, dix et douze mille francs. Au reste, c'était un des grands luxes de cette cour. On dédaignait d'y porter ceux qui n'auraient coûté que cinquante louis, et on se vantait du prix qu'on avait mis à ceux qu'on y montrait [1].

J'ai déjà rendu compte de la vie que menait madame Bonaparte : cette vie n'a guère varié. Elle n'ou-

---

[1]. On sait que ces vêtements étaient des châles de cachemire que la campagne d'Égypte, et le goût oriental qui s'en était suivi, avaient mis à la mode. (P. R.)

vrait pas un livre, ne tenait jamais une plume, ne travaillait guère, et ne paraissait jamais s'ennuyer. Elle n'aimait point le spectacle. L'empereur ne voulait point qu'elle y fût chercher, sans lui, des applaudissements; elle ne se promenait que lorsqu'elle était à la Malmaison, demeure qu'elle a embellie sans cesse, et où elle a dépensé des sommes immenses. Bonaparte s'en irritait, querellait; sa femme pleurait, promettait d'être plus rangée, et vivait de la même manière; en somme, il fallait bien finir par payer. La toilette du soir se passait comme le matin. Tout était toujours d'une extrême élégance; rarement nous avons vu reparaître la même robe, les mêmes fleurs. Le soir, presque toujours, l'impératrice était coiffée en cheveux, avec des fleurs, ou des perles, ou des pierres précieuses. Alors ses robes la découvraient beaucoup, et la toilette la plus recherchée était celle qui lui allait le mieux. La moindre petite assemblée, le moindre bal, lui étaient une occasion de commander une parure nouvelle en dépit des nombreux magasins de chiffons dont on gardait les provisions dans tous les palais, car elle avait la manie de ne se défaire de rien. Il me serait impossible de dire quelles sommes elle a consommées en vêtements de toute espèce. Chez tous les marchands de Paris, on voyait toujours quelque chose qui se faisait pour elle. Je lui ai vu plusieurs robes de dentelle de quarante, cinquante et même cent mille francs. Il est presque incroyable que ce goût de parure, si complètement satisfait, ne se soit jamais blasé. Après le divorce, à la Malmaison, elle a conservé le même luxe, et elle se parait, même quand elle ne devait recevoir personne. Le jour de sa mort, elle voulut qu'on lui passât une robe de chambre fort élégante, parce qu'elle pensait que l'empereur de Russie viendrait peut-être la voir. Elle a expiré toute couverte de rubans et de satin couleur de rose. Ce goût et cette habitude ont porté très haut les dépenses que nous devions faire pour paraître convenablement autour d'elle [1].

Sa fille était mise aussi avec une grande richesse, c'était le ton de cette cour; mais elle avait de l'ordre et de l'économie, et ne paraissait pas prendre plaisir à se parer. Madame Murat et la princesse Borghèse y mettaient toute leur vanité. Leurs habits de cour coûtaient habituellement de dix à quinze mille francs; elles finirent par les

1. Mesdames Savary et Maret ont dépensé pour leur toilette de cinquante à soixante mille francs par an.

surcharger de perles fines et même de diamants qui les rendaient sans prix.

Avec cet extrême luxe, le goût remarquable qui dirigeait l'impératrice, la richesse des costumes des hommes, on comprend que la cour devait être fort brillante. On peut dire qu'à certains jours, elle offrait un coup d'œil qui éblouissait. Les étrangers en furent souvent frappés.

A dater de cette année (1806), l'empereur imagina de donner, de temps à autre, de grands concerts dans la salle dite des Maréchaux. Cette salle, décorée de leurs portraits qui y sont, je crois, encore, était éclairée d'un nombre infini de bougies. On invitait tout ce qui tenait au gouvernement, et les personnes présentées. Cela faisait bien, environ, de quatre à cinq cents personnes. Après avoir parcouru les salons où se tenait tout ce monde, Bonaparte passait dans cette salle ; il était placé au fond, l'impératrice à sa gauche, ainsi que les princesses de sa famille, dans la plus éclatante parure, sa mère à sa droite, belle encore et avec l'air fort noble ; ses frères costumés richement, les princes étrangers et les grands dignitaires assis. Derrière, les grands officiers, les chambellans, tout le service dans leurs uniformes brodés. A droite et à gauche, sur le retour et en deux rangs, la dame d'honneur, la dame d'atours, les dames du palais, presque toutes jeunes, la plupart jolies et parfaitement mises[1]; ensuite, un nombre infini de femmes, étrangères et françaises, toutes mises avec le plus grand luxe; derrière ces deux rangs de femmes assises, les hommes debout : ambassadeurs, ministres, maréchaux, sénateurs, généraux, etc... et toujours les costumes très brillants. En face du rang impérial se plaçaient les musiciens ; et, dès que l'empereur était assis, on exécutait la meilleure musique, qui, à la vérité, quoiqu'il se fît un grand silence, n'était guère écoutée. Quand le concert était fini, au milieu de ce carré qui demeurait vide, les meilleurs danseurs et danseuses de l'Opéra, très élégamment vêtus, formaient des ballets charmants. Cette partie de la fête amusait tout le monde, même l'empereur. M. de Rémusat était chargé d'en régler l'ordonnance, et ce n'était pas une petite affaire; car l'empereur était difficile et minutieux sur tout.

1. Un habit de cour nous coûtait au moins cinquante louis, et nous en changions fort souvent. Le plus ordinairement, cet habit était brodé en or ou en argent, et garni de nacre. On portait beaucoup de diamants en guirlandes, bandeaux et épis.

M. de Talleyrand disait quelquefois à mon mari :
« Je vous plains, car vous êtes chargé d'amuser
l'inamusable. » Ce divertissement et le concert
ne duraient pas plus d'une heure et demie. Ensuite, on allait souper dans la galerie de Diane, et
là, la beauté de la galerie, l'éclat des lustres, la
somptuosité des tables, le luxe de l'argenterie et
des cristaux joint à celui des convives, donnaient
à ce repas quelque chose qui, réellement, tenait de
ce que nous lisons dans les contes de fées. Il y
manquait cependant, je ne dirai point cette sorte
d'aisance qui ne doit pas se trouver dans une
cour, mais cette sécurité que chacun aurait pu y
apporter, si le pouvoir qui présidait à tout cela
eût voulu joindre un peu de bienveillance à la majesté dont il était environné. Mais on le craignait
partout, et, dans une fête comme ailleurs, on démêlait toujours sur le visage de chacun quelque
chose de ce secret effroi qu'il aimait à inspirer.

J'ai parlé tout à l'heure de la famille de madame
Bonaparte. Celle-ci fit venir à Paris, dès les premières années de son élévation, quatre neveux et
une nièce qu'elle avait à la Martinique. C'étaient
MM. et mademoiselle de Tascher. On plaça les
jeunes gens dans le service, et la jeune personne

fut logée aux Tuileries. Celle-ci ne manquait point de beauté; mais le changement de climat altéra sa santé, ce qui la mit hors d'état de se marier comme l'eût voulu l'empereur. Il pensa d'abord à elle pour épouser le prince de Bade; ensuite, il la destina, pendant un temps, à un prince de la maison d'Espagne. Enfin, on l'a mariée au fils du duc de ***, dont toute la famille était belge. Ce mariage, fort désiré par cette famille qui en espérait de grands avantages, a mal réussi. Les deux époux ne se sont jamais convenu. Leur mésintelligence les a séparés d'abord sans éclat. Après le divorce, les de ***, trompés dans leur ambition, ont alors paru mécontents de cette alliance, et, depuis le retour du roi, le mariage a été complètement cassé. Madame de *** vit aujourd'hui à Paris très obscurément. L'aîné de ses frères, après avoir demeuré deux ou trois ans en France, sans se laisser éblouir de l'honneur d'avoir une tante impératrice, ennuyé de la représentation de la cour, sans goût pour le service militaire, atteint du regret de son pays, demanda et obtint la permission de retourner modestement dans les colonies. Il y porta de l'argent, et sans doute, en y menant une vie paisible, il se sera depuis, plus d'une fois, applaudi de ce philosophique départ.

Un autre frère fut attaché à Joseph Bonaparte ; il demeura en Espagne à son service militaire. Il a épousé mademoiselle Clary, fille d'un négociant de Marseille, nièce de madame Joseph Bonaparte[1]. Un troisième frère fut marié à la fille de la princesse de la Leyen. Il est en Allemagne avec elle. Le quatrième frère était infirme, il demeurait avec sa sœur ; je ne sais ce qu'il est devenu.

Les Beauharnais ont aussi profité de l'élévation de madame Bonaparte, et ne cessaient de se presser autour d'elle. J'ai dit comme elle avait marié la fille du marquis de Beauharnais à M. de la Valette. Le marquis fut longtemps ambassadeur en Espagne ; il est en France aujourd'hui. Le comte de Beauharnais, fils de celle qui a fait des vers et des romans[2], avait épousé en premières noces mademoiselle de Lezay-Marnesia. De ce mariage, il eut une fille qui demeura, après la mort de sa mère, auprès d'une vieille tante religieuse. Le

1. Je crois qu'il a péri dans la campagne de 1814.
2. C'était celle sur qui le poète Lebrun fit autrefois cette maligne épigramme :

> Églé, belle et poète, a deux petits travers :
> Elle fait son visage et ne fait point ses vers.

comte de Beauharnais, s'étant remarié, ne paraissait guère songer à cette jeune fille. Bonaparte le fit sénateur. M. de Lezay-Marnesia, oncle de la jeune Stéphanie, la ramena tout à coup de Languedoc; elle avait alors quatorze ou quinze ans. Il la présenta à madame Bonaparte, qui la trouva jolie, et fine dans toutes ses manières. Elle la fit entrer dans la pension de madame Campan, d'où elle sortit en 1806, pour être tout à coup adoptée par l'empereur, déclarée princesse impériale, et mariée, peu après, au prince héréditaire de Bade. Elle avait alors dix-sept ans, une figure agréable, de l'esprit naturel, de la gaieté, même un peu d'enfantillage qui lui allait bien, un son de voix charmant, un joli teint, des yeux bleus animés, et des cheveux d'un beau blond.

Le prince de Bade ne tarda point à devenir amoureux d'elle; mais, d'abord, il ne fut guère aimé. Il était jeune mais très gros, d'une figure commune et sans expression; il parlait peu, semblait gêné dans toute son allure et s'endormait un peu partout. La jeune Stéphanie, vive, piquante, éblouie d'ailleurs de son sort, fière de l'adoption de l'empereur, qu'elle regardait alors comme le premier souverain du monde, avec quelque raison, crut faire au prince de Bade beaucoup d'honneur en lui donnant sa main. On essaya en vain de redresser ses idées sur ce mariage ; elle montrait une grande soumission à le faire, quand on voudrait ; mais elle répondait toujours que la fille de Napoléon aurait pu épouser des fils de rois et des rois. Cette petite vanité, accompagnée de plaisanteries piquantes auxquelles ses dix-sept ans donnaient de la grâce, ne déplut point à l'empereur, et finit par l'amuser. Il prit un peu plus à gré sa fille adoptive qu'il ne l'eût fallu, et, précisément au moment de la marier, il devint assez publiquement amoureux d'elle. Cette conquête acheva de tourner la tête à la nouvelle princesse, et la rendit encore plus hautaine à l'égard de son futur époux, qui cherchait en vain les moyens de lui plaire [1].

[1]. Voici le décret, rendu le 3 mars 1806, par lequel l'empereur assignait un rang considérable à cette jeune femme : « Notre intention étant que la princesse Stéphanie Napoléon notre fille, ouisse de toutes les prérogatives dues à son rang : Dans tous les cercles, fêtes, et à table, elle se placera à nos côtés ; et, dans le cas où nous ne nous y trouverions pas, elle sera placée à la droite de Sa Majesté l'impératrice. » Le lendemain, 4 mars, le mariage était annoncé au Sénat en ces termes : « Sénateurs, voulant donner une preuve de l'affection que nous avons pour la princesse Stéphanie Beauharnais, nièce de notre épouse bien-aimée, nous l'avons fiancée avec le prince Charles, prince hé-

## CHAPITRE DIX-HUITIÈME.

Aussitôt que l'empereur eut annoncé au Sénat la nouvelle de ce mariage, la jeune Stéphanie fut logée aux Tuileries, dans un appartement particulier; elle y reçut les députations des corps de l'État. Dans celle du Sénat, on avait nommé M. de Beauharnais, son père, dont la situation se trouvait assez bizarre. Elle reçut tous ces compliments sans embarras, et répondit à tous fort bien.

Devenue fille du souverain, et d'ailleurs très en faveur, l'empereur ordonna qu'elle passât partout immédiatement après l'impératrice, prenant le pas sur toute la famille. Madame Murat ne manqua pas d'en éprouver un déplaisir extrême. Elle la haïssait cordialement, et son orgueil et sa jalousie

réditaire de Bade; et nous avons jugé convenable, dans cette circonstance, d'adopter ladite princesse Stéphanie Napoléon comme notre fille. Cette union, résultat de l'amitié qui nous lie depuis plusieurs années à l'électeur de Bade, nous a aussi paru conforme à notre politique et au bien de nos peuples. Nos départements du Rhin verront avec plaisir une alliance qui sera pour eux un nouveau motif de cultiver leurs relations de commerce et de bon voisinage avec les sujets de l'électeur. Les qualités distinguées du prince Charles de Bade, et l'affection particulière qu'il nous a montrée dans toutes les circonstances, nous sont un sûr garant du bonheur de notre fille. Accoutumé à vous voir partager tout ce qui nous intéresse, nous avons pensé ne pas devoir tarder davantage à vous donner connaissance d'une alliance qui nous est très agréable. » (P. R.)

ne purent se dissimuler. La jeune personne en riait comme de tout le reste, et elle en faisait rire l'empereur, déterminé à s'égayer de tout ce qu'elle disait. L'impératrice devint assez mécontente de cette nouvelle fantaisie de son époux. Elle parla sérieusement à sa nièce, et lui montra le tort qu'elle se ferait, si elle ne résistait avec évidence aux efforts que tentait Bonaparte pour achever de la séduire. Mademoiselle de Beauharnais écouta les conseils de sa tante avec quelque docilité; elle la fit confidente des entreprises, quelquefois un peu vives, de son père adoptif, et promit de se conduire avec réserve. Ces confidences renouvelèrent les anciens démêlés du ménage impérial. Bonaparte, toujours le même, ne dissimula point à sa femme son penchant, et, trop sûr de son pouvoir, il trouvait assez mauvais que le prince de Bade pût s'aviser de se blesser de ce qui se passait sous ses yeux. Cependant la crainte d'un éclat, et le nombre des regards attachés sur les différends de tant de personnages en vue, le rendirent plus prudent. D'un autre côté, la jeune fille, qui ne voulait que s'amuser, montra plus de résistance qu'on ne l'avait cru d'abord. Mais elle haïssait alors franchement son époux. Le soir de son mariage, il fut impossible de la déterminer à le recevoir dans son appartement. Peu de temps après, la cour alla à Saint-Cloud, le jeune ménage aussi; et rien ne pouvait décider la princesse à permettre à son mari d'approcher d'elle. Il passait la nuit sur un fauteuil dans sa chambre, priant, pressant avec instance, et s'endormant ensuite sans avoir rien obtenu. Il se plaignait à l'impératrice, qui grondait sa nièce. L'empereur la soutenait, et reprenait toutes ses espérances. Tout cela avait un assez mauvais effet. Enfin, l'empereur le sentit; au bout de quelque temps, distrait par la gravité de ses affaires, fatigué des importunités de sa femme, frappé du mécontentement du jeune prince, et persuadé qu'il avait affaire à une jeune personne qui ne voulait se donner avec lui que le plaisir d'un peu de coquetterie, il consentit au départ du prince de Bade. Celui-ci emmena donc sa femme, qui répandit beaucoup de larmes en quittant la France, envisageant la principauté de Bade comme une terre d'exil. Arrivée dans ses États, elle y fut reçue assez froidement par le prince régnant; elle vécut longtemps en mauvaise intelligence avec son époux. On fut obligé d'envoyer de France des négociateurs secrets pour lui faire comprendre l'importance qu'il y avait pour elle à devenir la mère d'un prince, héréditaire à son tour. Elle se soumit; mais le prince, refroidi par tant de résistance, ne lui témoignait guère de tendresse, et ce mariage paraissait devoir les rendre tous deux malheureux. Il n'en fut pas ainsi cependant, et nous verrons plus tard que la princesse de Bade, ayant acquis avec les années plus de raison, prit enfin l'attitude qu'elle devait avoir, et, par sa bonne conduite, vint à bout de regagner l'affection du prince, et de jouir des avantages d'une union qu'elle avait d'abord si singulièrement méconnue [1].

Je n'ai point encore dit que, parmi les plaisirs qu'on se donnait quelquefois à cette cour, il faut compter ceux de la comédie, qu'on jouait à la Malmaison. Cela avait été assez fréquent dans la première année du consulat. Le prince Eugène et sa sœur avaient de vrais talents, et cela les amusait beaucoup. A cette époque, Bonaparte s'intéressait assez à ces représentations, données devant une assemblée peu nombreuse. On bâtit une jolie salle à la Malmaison, et nous y jouâmes plusieurs fois. Mais, peu à peu, le rang où la famille se trouva

1. Le prince de Bade est frère de l'impératrice de Russie.

montée ne permit plus guère ce genre de plaisir, et on finit par ne se le permettre qu'à certaines occasions, comme à la fête de l'impératrice. Quand l'empereur revint de Vienne, madame Louis Bonaparte imagina de faire faire un petit vaudeville de circonstance, où nous jouâmes tous et chantâmes des couplets. On avait invité assez de monde, et la Malmaison fut illuminée d'une manière charmante. C'était quelque chose d'imposant que de paraître en scène devant un pareil auditoire; mais l'empereur se montra assez bien disposé. Nous jouâmes bien; madame Louis eut et devait avoir un grand succès; les couplets étaient jolis, les louanges assez délicates, la soirée réussit parfaitement[1].

Il était assez curieux de voir de quel ton chacun se disait le soir : « L'empereur a ri, l'empereur a applaudi... » et comme nous nous en félicitions! Moi, particulièrement, qui ne l'abordais plus qu'avec une certaine réserve, je me retrouvai tout à coup dans une meilleure position vis-à-vis de lui, par la manière dont j'avais rempli le rôle d'une vieille paysanne qui rêvait toujours que son héros ferait des choses incroyables, et qui voyait les

1. Cette représentation pourrait bien avoir été donnée un peu

événements surpasser ce qu'elle avait rêvé. Après le spectacle, il me fit quelques compliments; nous avions tous joué de cœur, et il semblait un peu ému. Quand il m'arrivait de le voir ainsi, saisi comme à l'improviste par une sorte de détente et d'attendrissement, il me prenait des envies de lui dire : « Eh bien, laissez-vous faire et consentez

plus tard que cela n'est dit ici. Du moins, quand Barré, Radet et Desfontaines, les grands vaudevillistes du temps, firent jouer devant le public de Paris la pièce dont il s'agit, ils l'appelèrent *la Colonne de Rosbach*. Ils semblaient l'avoir faite en l'honneur de la campagne d'Iéna. Il est vrai que les auteurs pouvaient, sans travail, transporter leur *à-propos* de la guerre de 1805 à la campagne de Prusse. Ni les courtisans ni les vaudevillistes n'y regardent de si près. Ce qui est certain, c'est que le rôle de la vieille Alsacienne est bien tel que ma grand'mère le raconte. Les princesses étaient ses filles, ou ses nièces. Cette Alsacienne se montrait pleine d'enthousiasme pour l'empereur, et chantait ce couplet, que la merveilleuse mémoire de mon père ne lui permettait pas d'oublier, et que je retiens après lui :

AIR : *J'ai vu partout dans mes voyages.*

Ce qui dans le jour m'intéresse,
La nuit occupe mon repos.
Ainsi donc je rêve sans cesse
A la gloire de mon héros.
Les songes, dit-on, sont des fables,
Mais, quand c'est de lui qu'il s'agit,
J'en fais que l'on trouve incroyables,
Et sa valeur les accomplit.

On peut trouver dans les Mémoires de Bourrienne des détails sur les représentations de la Malmaison. Le vaudeville était fort à la mode à cette cour. C'était toute la littérature de la jeunesse de beaucoup de personnages du temps. (P. R.)

## CHAPITRE DIX-HUITIÈME.

quelquefois à sentir et à penser comme un autre. »
J'éprouvais, dans ces occasions trop rares, un vrai
soulagement ; il semblait qu'une espérance nouvelle vînt tout à coup se raviver en moi. Ah ! que
les grands sont facilement maîtres de nous, et par
combien peu de frais ils pourraient se faire aimer !

Peut-être cette réflexion m'est-elle déjà échappée ; mais je l'ai faite si souvent pendant douze
années de ma vie, elle me presse encore tellement
aujourd'hui, quand j'interroge mes souvenirs,
qu'il n'est pas extraordinaire qu'elle m'échappe
plus d'une fois.

## CHAPITRE XIX.

La cour de l'empereur. — Maison ecclésiastique. — Maison militaire. — Les maréchaux. — Les femmes. — Delille. — Chateaubriand. — Madame de Staël. — Madame de Genlis. — Les romans. — La littérature. — Les arts.

Avant de reprendre la suite des événements, j'ai envie de m'arrêter un peu sur les noms des personnages qui, dans ce temps, composaient la cour, ou qui occupaient quelque rang distingué dans l'État. Je ne pourrais pas cependant prétendre à faire une suite de portraits qui eussent des différences bien piquantes. On sait que le despotisme est le plus grand des niveleurs. Il impose à la pensée, il détermine les actions et les paroles; et, par lui, la règle à laquelle chacun est soumis se trouve si bien observée, qu'elle appareille tous les extérieurs, et peut-être même quelques-unes des impressions.

Je me souviens que, durant l'hiver de 1814,

## CHAPITRE DIX-NEUVIÈME.

l'impératrice Marie-Louise recevait tous les soirs un grand nombre de personnes. On venait s'informer chez elle des nouvelles de l'armée, dont chacun était vivement occupé. Au moment où l'empereur, poursuivant le général prussien Blücher du côté de Château-Thierry, laissa à l'armée autrichienne le loisir de s'avancer jusque sur Fontainebleau, on se crut, à Paris, près de tomber au pouvoir des étrangers. Beaucoup de gens s'étaient réunis chez l'impératrice; on s'y interrogeait avec anxiété. Vers la fin de la soirée, M. de Talleyrand vint chez moi, au sortir des Tuileries. Il me conta l'inquiétude dont il venait d'être témoin, et me dit ensuite : « Quel homme, madame, que celui qui a amené le comte de Montesquiou et le conseiller d'État Boulay (de la Meurthe[1]) à éprouver la même inquiétude, et à la témoigner par les mêmes paroles! » Il avait trouvé chez l'impératrice ces deux personnes, qui lui avaient paru d'une pâleur pareille, et qui redoutaient également les événements qu'ils commençaient à prévoir[2].

1. Le comte de Montesquiou était alors grand chambellan. Boulay (de la Meurthe) avait été membre du côté gauche des Cinq-Cents, et avait imaginé la fameuse loi des *suspects*.

2. Mon père, relisant dans les derniers temps de sa vie ces Mé-

Ainsi, à quelques exceptions près, soit que le hasard n'eût point rassemblé autour de l'empereur des caractères bien marquants, soit par cette uniformité de conduite dont je viens de parler, je ne puis trouver dans ma mémoire un grand nombre de particularités purement personnelles qui méritent d'être conservées. Les principaux personnages étant à part, et suffisamment déterminés par les événements qu'il me reste à raconter, je n'ai guère à rapporter que les noms des autres, ou les costumes dont ils étaient revêtus, comme les emplois qui leur furent confiés. C'est une dure chose à supporter que le mépris universel de l'hu-

moires, qu'il se décidait à publier, a écrit, à propos de cette conversation, la note suivante :

« L'observation de M. de Talleyrand peut bien avoir été faite dans une soirée à une partie de laquelle j'ai assisté. Je n'ai pas entendu l'observation, mais je me rappelle que ma mère nous la redit alors. Elle était même plus développée qu'elle n'est ici. Un soir, dans les deux premiers mois de 1814 ou plutôt des derniers mois de 1813, par un jour de congé, j'avais été au spectacle, et, en rentrant, je trouvai dans le petit salon de l'entresol de ma mère, place Louis XV, n° 6, elle, mon père, M. Pasquier et M. de Talleyrand. Celui-ci parlait et décrivait, à peu près sans être interrompu, la situation, si déplorable alors, des affaires. Il ne s'interrompit pas en me voyant entrer ; on ne me fit pas signe de me retirer, et j'écoutai avec un vif intérêt. M. de Talleyrand, cette fois, parlait bien, avec force et simplicité ; il passait en revue tous les pouvoirs et les hommes du moment, con-

manité dans le souverain auquel on est attaché. Il attriste l'esprit, décourage l'âme, et force chacun à se renfermer dans les attributions purement matérielles d'une charge qui devient un métier. Chacun des hommes qui composaient la cour et le gouvernement de l'empereur avait sans doute une nature d'esprit et des sentiments particuliers. Quelques-uns exerçaient silencieusement des vertus, quelques autres cachaient des défauts ou même des vices; mais les uns et les autres n'apparaissaient qu'au commandement, et malheureusement pour les hommes de ce temps, Bonaparte croyant tirer un plus grand parti du mal que du bien, c'étaient les mauvaises parties de la nature

cluant que tout était désespéré, mais l'attribuant moins à la situation même, qu'aux dispositions de l'empereur et à celles des gens qui l'entouraient, en montrant que la raison, l'indépendance, le courage et la force de position manquaient presque partout, ou n'étaient réunis chez personne à un degré suffisant pour arrêter l'Empire et son maître, sur le penchant de leur ruine. C'est une des rares occasions que j'ai eues de voir M. de Talleyrand dans un de ses bons moments, chose qui ne m'est arrivée que deux ou trois fois dans ma vie. Celle-là était la première que j'entendais vraiment parler politique. Cette conversation était, je crois, destinée à M. Pasquier, qui écoutait avec plus de déférence que d'assentiment. Il me semblait qu'il n'était pas fort content, ni du fond où il reconnaissait à regret beaucoup de vrai, ni de l'obligation où il s'était trouvé d'entendre pareille confidence. » (P. R.)

humaine qu'on pouvait le plus avantageusement découvrir. Il aimait à apercevoir les côtés faibles, dont il s'emparait. Là où il ne voyait point de vices, il encourageait les faiblesses, ou, faute de mieux, il excitait la peur, afin de se trouver toujours et constamment le plus fort. Ainsi, il aimait assez que Cambacérès, au travers de certaines qualités vraiment distinguées, laissât percer un assez sot orgueil, et se donnât la réputation d'une sorte de licence de mœurs, qui balançait la justice qu'on rendait à ses lumières et à son équité naturelle. Il ne se plaignait nullement de la molle immoralité de M. de Talleyrand, de sa légère insouciance, du peu de prix qu'il attachait à l'estime publique. Il s'égayait sur ce qu'il appelait la niaiserie du prince de Neuchatel, sur la flatterie servile de M. Maret. Il tirait parti de cette soif d'argent qu'il dévoilait lui-même dans Savary, et de la sécheresse du caractère de Duroc. Il ne craignait point de rappeler que Fouché avait été *jacobin*, et souvent même il disait en souriant : « Aujourd'hui, la seule différence, c'est qu'il est un jacobin enrichi; mais c'est tout ce qu'il me faut. »

Ses ministres ne furent, devant lui et pour lui,

que des commis plus ou moins actifs, et « dont je ne saurais que faire, disait-il encore, s'ils n'avaient une certaine médiocrité d'esprit ou de caractère ». Enfin, si on s'était senti vraiment supérieur par quelque côté, il eût fallu s'efforcer de le dissimuler, et peut-être que, le sentiment du danger avertissant chacun, on a généralement affecté des faiblesses ou des nullités qu'on n'avait point réellement.

De là l'embarras qu'éprouveront ceux qui écriront des mémoires sur cette époque; de là, sans doute, l'accusation, non méritée mais plausible, qu'on inventera contre eux, d'un air de malveillance répandu dans leurs jugements, d'une complaisance soutenue pour eux-mêmes, et d'une extrême sévérité à l'égard des autres. Chacun dira son propre secret, sans avoir pu découvrir celui de son voisin. La nature humaine n'est pourtant pas si viciée, mais elle est généralement un peu faible, et, dans l'état de société, son gouvernement seul peut la fortifier.

La maison ecclésiastique de l'empereur était sans influence. On lui disait la messe chaque dimanche, et c'était tout. J'ai déjà parlé du cardinal Fesch. Vers 1807, nous vîmes paraître à la cour

M. de Pradt, évêque de Poitiers et, depuis, archevêque de Malines. Il avait de l'esprit et de l'intrigue, un langage à la fois verbeux et piquant toutefois, passablement de bavardage, de la libéralité dans les opinions, une manière trop cynique de les exprimer. Il fut mêlé à beaucoup de choses, sans jamais trop réussir à rien. Il enveloppait l'empereur lui-même par ses paroles ; peut-être donnait-il de bons conseils ; mais, quand il obtenait d'en être nommé l'exécuteur, tout se trouvait gâté. La confiance et l'estime publique reculaient devant lui.

L'abbé de Broglie, évêque de Gand, obtint à bon marché les honneurs de la persécution.

L'abbé de Boulogne, évêque de Troyes, se montra tout aussi ardent à préconiser le despotisme qu'on le voit aujourd'hui animé à s'efforcer de se tirer de l'inaction où l'a réduit heureusement le gouvernement constitutionnel du roi[1].

Bonaparte se servait du clergé, mais il n'aimait pas les prêtres. Il avait contre eux des préventions philosophiques et un peu révolutionnaires. Je ne sais s'il était déiste ou athée. Il se moquait assez

---

1. J'ai parlé ailleurs du cardinal Maury.

volontiers dans son intimité de ce qui touchait la religion, et je crois, d'ailleurs, qu'il donnait trop d'attention à ce qui se passait dans ce monde pour s'occuper beaucoup de l'autre. J'oserais dire que l'immortalité de son nom lui paraissait d'une bien autre importance que celle de son âme. Il se sentait une certaine aversion contre les dévots, et il n'en parlait jamais qu'en les taxant d'hypocrisie. Quand les prêtres en Espagne eurent soulevé les peuples contre lui, quand il éprouva une résistance honorable de la part des évêques de France, quand il vit la cause du pape embrassée par beaucoup de monde, il fut tout à fait confondu, et il lui arriva de dire plus d'une fois : « Je croyais les hommes plus avancés qu'ils ne le sont réellement. »

La maison militaire de l'empereur était considérable; mais, hors du temps de guerre, elle avait auprès de lui des attributions qui prenaient une forme civile. Dans le palais des Tuileries, il craignait les souvenirs du champ de bataille; il dépaysa toutes les prétentions. Il fit des généraux chambellans; plus tard, il les força de ne paraître autour de lui qu'en habit de fantaisie brodé et d'échanger leur sabre contre une épée de cour.

Cette transformation déplut à beaucoup d'entre-eux, mais il fallut obéir, et, de loup, s'efforcer de devenir berger. Il y avait, au reste, une pensée raisonnable dans cette volonté. L'éclat des armes eût en quelque sorte assommé les autres classes qu'il fallait séduire; les mœurs soldatesques se trouvaient forcément adoucies, et, de plus, certains maréchaux récalcitrants perdirent un peu de leurs forces, en cherchant à acquérir de belles manières. Ils attrapaient dans cet apprentissage une légère teinte de ridicule; Bonaparte y trouvait encore son compte.

Je crois pouvoir affirmer que l'empereur n'aimait aucun de ses maréchaux. Il disait assez volontiers du mal d'eux, et quelquefois du mal assez grave. Il les accusait tous d'une grande avidité, qu'il entretenait à dessein par des largesses infinies. Un jour, il les passa en revue devant moi; il prononça contre Davout cette espèce d'arrêt dont je crois avoir déjà parlé : « Davout est un homme à qui je puis donner de la gloire, il ne saura jamais la porter. » En parlant du maréchal Ney : « Il y a, disait-il, en lui une disposition ingrate et factieuse. Si je devais mourir de la main d'un maréchal, il y a à parier que ce serait de la sienne. » Il m'est resté, de ses discours, que Moncey, Brune, Bessières, Victor, Oudinot ne lui apparaissaient que comme des hommes médiocres, destinés pour toute leur vie à n'être que des soldats titrés ; Masséna, un homme un peu usé, dont on voyait qu'il avait été jaloux. Soult l'inquiétait quelquefois. Habile, rude, orgueilleux, il négociait avec son maître, et disputait ses conditions. L'empereur imposait à Augereau, qui avait plus de rusticité que de vraie fermeté dans les manières. Il connaissait et blessait assez impunément les prétentions vaniteuses de Marmont, ainsi que la mauvaise humeur habituelle de Macdonald. Lannes avait été son camarade, quelquefois ce maréchal voulait s'en souvenir; on le rappelait à l'ordre avec ménagement. Bernadotte montrait plus d'esprit que les autres, il se plaignait sans cesse, et, à la vérité, il était souvent assez maltraité.

Toutefois la manière dont l'empereur contenait, satisfaisait ou choquait impunément des hommes si altiers, si enflés de leur gloire, était fort remarquable. D'autres diront avec quelle habileté il sut les employer à l'armée, et comme il tira d'eux de nouveaux rayons pour sa gloire en s'emparant de la leur, et sachant très réellement se montrer supérieur à tous.

Je n'entrerai point dans la nomenclature des chambellans. L'Almanach impérial peut me suppléer à cet égard. Ils furent peu à peu portés à un nombre considérable. Ils étaient pris dans tous les ordres, dans toutes les classes. Les plus assidus, les plus silencieux furent ceux qui réussirent le mieux; leur métier était assez pénible et fort ennuyeux. Plus on approchait de la personne de l'empereur, plus la vie devenait désagréable. Les gens qui n'ont eu de commerce avec lui que par les affaires n'ont pas une idée entière de ses inconvénients; il a toujours mieux valu avoir à traiter avec son esprit qu'avec son caractère.

Je n'aurai pas non plus beaucoup à conter des femmes de cette époque. Bonaparte répétait souvent ces paroles : « Il faut que les femmes ne soient rien à ma cour; elles ne m'aimeront point, mais j'y gagnerai du repos. » Il tint parole. Nous ornions ses fêtes, c'était à peu près notre seul emploi. Cependant, comme la beauté a des droits pour n'être jamais oubliée, il me semble que quelques-unes de nos dames du palais méritent qu'on les indique ici. Madame de Motteville, dans ses Mémoires, s'arrête quelquefois pour signaler les plus belles femmes de son temps, je ne veux pas passer sous silence celles du mien.

A la tête de la maison de l'impératrice se trouvait madame de la Rochefoucauld. C'était une petite femme contrefaite, point jolie, mais dont le visage ne manquait pas d'agréments. Elle avait de grands yeux bleus, ornés de deux sourcils noirs qui lui allaient très bien ; de la vivacité, de la hardiesse et de l'esprit de conversation ; un peu de sécheresse, mais, au fond, de la bonté. de l'indépendance et de la gaieté dans l'esprit. Elle n'aimait ni ne haïssait personne à la cour, vivait bien avec tous, ne regardait sérieusement à rien. Elle pensait avoir fait honneur à Bonaparte en entrant dans sa cour, et, à force de le dire, elle vint à bout de le persuader, ce qui fit qu'on eu pour elle des égards. Elle s'occupait beaucoup du soin de réparer sa fortune, qui était fort délabrée ; elle obtint plusieurs ambassades pour son mari, et maria sa fille au cadet des princes de la maison Borghèse. L'empereur trouvait qu'elle manquait de dignité, et il n'avait point tort ; mais il éprouvait quelque embarras devant elle, parce qu'elle lui répondait assez vertement, et qu'il n'avait nulle idée du ton qu'il faut conserver avec une femme. L'impératrice la craignait un peu; sa légèreté habituelle avait comme une sorte de nuance impérieuse. Elle conserva, au milieu de cette cour, une grande fidélité à d'anciens amis qui avaient des opinions opposées, si ce n'est aux siennes, du moins à celles qu'on devait lui supposer, vu le rang qui la décorait. Elle était belle-fille du duc de Liancourt; elle a quitté la cour au moment du divorce; elle est morte à Paris, depuis la Restauration.

Madame de la Valette, dame d'atours, était fille du marquis de Beauharnais. La petite vérole, qui avait un peu gâté son teint, lui laissait encore un visage agréable, quoiqu'il eût peu de mouvement. Sa douceur tenait de la nonchalance; une petite pointe de vanité courte la préoccupait souvent. Son esprit avait peu d'étendue, sa conduite était régulière. Comme dame d'atours, elle n'exerçait aucune fonction, parce que madame Bonaparte ne voulait point qu'on se mêlât de ce qui concernait sa toilette. En vain, l'empereur voulait exiger que madame de la Valette réglât les comptes, ordonnât les dépenses, se mît à la tête des achats; il fallait céder sur ce point, et renoncer à apporter de l'ordre dans tout cela. Madame de la Valette ne se sentait pas la force de défendre, à l'égard de sa tante, les droits de sa place. Elle se bornait donc à remplacer madame de la Rochefoucauld, quand la maladie éloignait celle-ci de la cour. Tout le monde sait ce que le malheur et l'amour conjugal ont développé en elle de courage et d'énergie.

En tête des dames du palais, on mettait madame de Luçay, comme la plus ancienne de toutes. En 1806, elle n'était déjà plus de la première jeunesse. C'est une douce et simple personne, de même que son mari, qui fut préfet du palais. Elle a marié sa fille au fils cadet du comte de Ségur, et l'a perdue depuis.

Mon nom arrivait ordinairement après. J'ai envie de me dessiner un peu moi-même; je crois que je dirai assez bien la vérité. J'avais vingt-trois ans, quand j'arrivai à cette cour. Je n'étais point jolie, cependant je ne manquais pas d'agréments. La grande parure m'allait bien, mes yeux étaient beaux, mes cheveux noirs, mes dents belles, mon nez et mon visage trop forts pour une taille assez agréable, mais un peu petite. Je passais à la cour pour une personne d'esprit, c'était presque un tort. Au fait, je n'en manquais point, non plus que de raison; mais il y a beaucoup dans mon âme, et un peu dans ma tête, un certain degré de chaleur qui précipite mes paroles et mes actions, et me fait faire des fautes qu'une personne, moins raisonnable peut-être, et plus froide, éviterait. On se trompa assez souvent sur moi à cette cour. J'étais active, on me crut intrigante. J'étais curieuse de connaître les personnages importants, on me taxa d'ambition. Je suis trop capable de dévouement aux personnes et aux choses qui me paraissent droites, pour mériter la première accusation, et ma fidélité à des amis malheureux répond à la seconde. Madame Bonaparte se fiait un peu plus à moi qu'à une autre, elle m'a compromise; on s'en aperçut assez vite, et personne ne m'envia beaucoup l'avantage onéreux de ses confidences. L'empereur, qui commença par m'aimer assez, causa plus d'inquiétude. Je ne tirai guère parti de cette bienveillance. Ce sentiment toutefois me flattait, et m'inspira de la reconnaissance; je cherchai à lui plaire tant que je l'aimai. Dès que je fus détrompée sur son compte, je reculai; la feinte est absolument hors de mon caractère.

J'apportai à la cour un trop grand fonds de curiosité. Cette cour me paraissait un théâtre si étrange, que je regardais attentivement, et que je questionnais pour me rendre compte. On pensa souvent que c'était pour agir ; dans les palais, on ne croit à aucune action *gratis*. Le *cui bono* s'y répète sur tous les tons [1].

Le mouvement de mon esprit m'a bien aussi exposée quelquefois. Il ne manquait cependant pas d'ordre, mais j'étais fort jeune, très naturelle parce que j'avais été très heureuse ; rien en moi n'était encore assez posé ; et mes bonnes qualités m'ont quelquefois nui comme mes défauts. Au milieu de tout cela, j'ai trouvé des gens qui m'ont aimée et à qui, sous quelque régime que je me trouve, je conserverai un tendre souvenir. Un peu plus tard, je finis par souffrir de mes espérances trompées, de mes affections déçues, des erreurs de quelques-uns de mes calculs. De plus, ma santé s'altéra ; je fus fatiguée de cette vie agitée, dégoûtée de ce que j'entrevoyais, désenchantée sur les hommes, éclairée sur les choses. Je m'éloignai,

---

1. J'ai connu un homme qui .e prononçait toujours très sérieusement, avant de déterminer quelles visites il ferait dans la soirée.

heureuse de retrouver dans mon intérieur des sentiments et des jouissances qui ne me trompaient point. J'aimais mon mari, ma mère, mes enfants, mes amis; je n'eusse point voulu renoncer à la douceur de leur commerce; je gardai au travers des devoirs si nombreux et si puérils de ma place, une sorte de liberté. Enfin, on s'aperçut trop quand j'aimais et quand j'avais cessé d'aimer. C'était la plus haute maladresse dont on pût se rendre coupable envers Bonaparte. Ce qu'il craignait le plus au monde, c'est que près de lui on exerçât, on apportât seulement la faculté de le juger.

Madame de Canisy, née Canisy, petite-nièce de M. de Brienne, ancien archevêque de Sens, était parfaitement belle, quand elle parut à cette cour. Grande, bien faite, avec des cheveux et des yeux fort noirs, de jolies dents, un nez aquilin et régulier, le teint un peu brun et animé, sa beauté avait quelque chose d'imposant, même d'un peu altier.

Madame Maret était très belle; son visage régulier était aussi fort joli. Elle paraissait vivre en grande intelligence avec son mari. M. Maret lui a soufflé une partie de son ambition. J'ai rarement vu une vanité plus naïve et plus inquiète. Elle se montrait jalouse de toute privauté, ne tolérait la supériorité de rang que chez les princesses. Née obscurément, elle ambitionnait les distinctions les plus élevées. Quand l'empereur accorda le titre de comtesse à toutes les dames du palais, madame Maret fut comme humiliée de cette parité : elle s'entêta à ne point porter ce titre, et demeura simplement madame Maret, jusqu'au moment où son mari obtint le titre de duc de Bassano. Elle et madame Savary furent les femmes les plus élégantes de notre cour. La dépense de leur toilette a, dit-on, passé la somme de cinquante mille francs par an. Madame Maret ne trouvait point que l'impératrice la distinguât assez des autres; elle se ligua souvent avec les Bonapartes contre elle. On la craignait et on se défiait d'elle avec assez de raison. Elle redisait une foule de choses qui, par son mari, arrivaient à l'empereur et qui nuisaient beaucoup. Elle et M. Maret eussent voulu qu'on leur fît une véritable cour, et bien des gens se prêtaient à cette fantaisie. Comme je me montrai assez loin d'y vouloir consentir, madame Maret me prit en éloignement, et elle m'a suscité un assez bon nombre de petites traverses.

Qui voulait nuire auprès de Bonaparte était à peu près sûr de réussir. Il ne doutait jamais du mal. Il n'aimait point madame Maret, il la jugeait trop sévèrement, mais il acceptait cependant tout ce qu'il savait lui arriver par elle. Je la crois une des personnes qui auront le plus souffert de la chute de ce grand échafaudage impérial qui nous a tous, plus ou moins, mis à terre. Pendant le premier séjour du roi à Paris, de 1814 à 1815, on a fortement accusé, et avec assez de fondement, M. le duc de Bassano d'avoir conservé une correspondance secrète avec l'empereur à l'île d'Elbe, et de l'avoir tenu au courant de l'état des choses en France; ce qui lui fit croire qu'il pouvait encore une fois s'offrir aux Français pour les gouverner. Napoléon revint donc, et son arrivée subite croisa et contrecarra la révolution que préparaient Fouché et Carnot.

Ceux-ci, forcés d'accepter Bonaparte, le contraignirent pendant les Cent-Jours à régner dans le système qu'ils lui imposaient. L'empereur voulut reprendre près de lui M. Maret, auquel il avait tant de motifs de se fier; mais Fouché et Carnot le repoussèrent vivement, comme un homme inutile, et qui ne se montrerait dans les affaires que la créature dévouée à son maître. Et ce qui donne une idée de l'état de *garrottement* dans lequel, à cette époque, ces hommes révolutionnaires tinrent le lion muselé, c'est que Carnot osa répondre ces paroles à la proposition que fit l'empereur d'introduire M. Maret dans le ministère : « Non, assurément non; les Français ne veulent point voir *deux Blacas* dans une année, » faisant allusion au comte de Blacas, que le roi avait ramené d'Angleterre, et qui avait près de lui tout le crédit d'un favori.

A la seconde chute de Bonaparte, M. et madame Maret s'empressèrent de quitter Paris. Le mari a été banni, ils se sont retirés à Berlin. Depuis quelques mois, madame Maret, de retour à Paris, travaille à obtenir le rappel de son mari. Il se pourrait qu'elle l'obtînt de la bonté du roi[1].

La vanité du rang n'était pas, au reste, renfermée dans la seule madame Maret. Nous en avons vu la maréchale Ney aussi fortement atteinte. Nièce de madame Campan, première femme de chambre de la reine, fille de madame Auguié, aussi femme de chambre, assez médiocrement élevée, bonne

1. Écrit au mois de Juin 1819.

et douce femme, mais un peu enivrée des dignités qui peu à peu la décorèrent, elle nous donna bien de temps à autre le spectacle de l'étalage d'une foule de prétentions qui, après tout, ne choquaient point trop chez elle, parce qu'elles s'appuyaient sur la grande réputation militaire de son mari. L'orgueil de celui-ci avait quelque chose d'assez rude, et justifiait celui de sa femme, qui l'avait adopté comme un bien de communauté. Madame Ney, depuis duchesse d'Elchingen, plus tard princesse de la Moskowa, était au fond très bonne personne, ncapable de dire ou faire mal, peut-être aussi assez peu capable de dire ou faire bien, paisible, et jouissant, surtout avec ses inférieurs, des vanités de son rang. Elle s'affligea réellement, lors de la Restauration, de certains changements de sa situation, du dédain des dames de la cour du roi; elle rapportait ses plaintes à son mari, et peut-être n'a-t-elle pas peu contribué à l'irriter contre un nouvel état de choses qui ne le déplaçait pas précisément, mais qui les exposait à de petites humiliations journalières, très indépendantes de la volonté royale. Depuis la mort de son mari, elle s'est retirée en Italie avec trois ou quatre garçons et une fortune bien moins considérable

## CHAPITRE DIX-NEUVIÈME.

qu'on ne l'eût supposé. Elle avait pris l'habitude d'un extrême luxe : je l'ai vue aller aux eaux avec une maison entière, afin d'être servie à son gré : un lit, des meubles à elle, une argenterie de voyage faite tout exprès, une suite de fourgons, nombre de courriers, disant que la femme d'un maréchal de France ne pouvait voyager autrement. Sa maison était une des plus somptueusement meublées; elle lui coûta, d'achat et d'ameublement, onze cent mille francs. La maréchale Ney était maigre, grande; elle avait des traits un peu forts, de beaux yeux, une physionomie douce et agréable, une très jolie voix.

Parmi nos belles femmes, on remarquait encore la maréchale Lannes, depuis duchesse de Montebello. Son visage a quelque chose de virginal; ses traits sont doux et réguliers, son teint d'un blanc charmant. Sage, bonne épouse, excellente mère, elle fut toujours froide, assez sèche et silencieuse dans le monde. L'empereur la donna pour dame d'honneur à l'archiduchesse, qui la prit en passion et qu'elle a gouvernée. Après l'avoir accompagnée lors de son retour à Vienne, elle est revenue à Paris, où elle vit paisiblement, entièrement occupée de ses enfants.

Le nombre des dames du palais, peu à peu, devint considérable, et, en somme, il se trouve très peu à dire sur tant de femmes qui jouèrent toutes un si faible rôle. J'ai parlé de mesdames de Montmorency, de Mortemart, de Chevreuse. Il ne me resterait qu'à nommer mesdames de Talhouët, Lauriston, de Colbert, Marescot, etc., bonnes, douces, simples personnes, et d'un extérieur ordinaire, ou qui n'étaient plus jeunes. Il en serait de même d'une foule d'Italiennes et de Belges qui venaient passer à Paris les deux mois de leur service, et qui se montraient, à peu près toutes, silencieuses et dépaysées. En général, on avait assez égard à la beauté ou à la jeunesse dans le choix des dames du palais : elles étaient toujours mises avec une extrême recherche. Quelques-unes vivaient silencieusement et indifféremment dans cette cour, d'autres y recevaient des hommages avec plus ou moins de facilité et de plaisir. Tout se passait sans bruit, parce que Bonaparte n'aimait que celui qu'il faisait. Et encore lui prenait-il, soit pour lui, soit pour les autres, certaines fantaisies de pruderie. Il ne se souciait, autour de lui, ni des démonstrations de l'amitié, ni des vivacités de la haine. Dans une vie si pleine, si ordonnée, si disciplinée, il n'y avait pas beaucoup de chances pour l'une ni pour l'autre.

Parmi les personnes dont l'empereur avait composé les *maisons* de sa famille, il se trouvait aussi des femmes distinguées; mais, à la cour, elles avaient encore moins d'importance que nous.

Auprès de sa mère, on vivait, je crois, fort ennuyeusement; paisiblement et simplement auprès de madame Joseph Bonaparte. Madame Louis Bonaparte s'entourait de ses compagnes de pension, et conservait avec elles, autant qu'elle le pouvait, la familiarité de leurs jeunes années. Chez madame Murat, tout était réglé, même un peu guindé, mais prescrit avec ordre et justice. L'opinion publique a cru pouvoir juger légèrement ce qui se passait chez la princesse Borghèse; sa conduite jetait un reflet fâcheux sur les jeunes et jolies femmes qui formaient sa cour.

Il ne sera peut-être pas inutile de s'arrêter aussi quelques moments sur les personnages distingués dans les lettres et dans les arts, et sur les ouvrages qui parurent depuis la fondation de Consulat jusqu'à cette année 1806. Parmi les permiers, j'en trouve quatre d'abord dont je puis parler avec un peu de détail[1].

Jacques Delille, que nous connaissons plus habituellement sous le titre de l'abbé de Delille, avait vu s'écouler les plus belles années de sa vie dans les temps qui ont précédé notre Révolution. Il unissait à l'éclat d'un grand talent les agréments d'un esprit aimable et d'un caractère plein de charme. Il acquit dans le monde le titre d'abbé, parce qu'autrefois il suffisait pour donner un rang; il l'a quitté depuis la Révolution, pour épouser une personne point mal née, médiocre, assez peu agréable, mais dont les soins lui étaient devenus nécessaires. Accueilli toujours par la meilleure compagnie de Paris, très bien traité de la reine Marie-Antoinette, comblé de bontés par Mgr le comte d'Artois, il ne connut guère que les douceurs de l'état d'homme de lettres. Il fut aimé, fêté, soigné; il avait une grâce et une fine naïveté d'esprit tout à fait remarquables. Rien n'était comparable à la magie de sa diction; quand il récitait des vers, on se disputait le plaisir de l'entendre. Les scènes sanglantes de la Révolution effarouchèrent cette

1. Jacques Delille, M de Chateaubriand, madame de Staël, madame de Genlis.

âme jeune et douce; il émigra, et reçut partout en Europe un accueil qui consola son exil. Cependant, quand Bonaparte eut rétabli l'ordre en France, M. Delille désira d'y rentrer, et il vint à Paris avec sa femme, déjà âgé, presque aveugle, mais toujours parfaitement aimable et chargé de beaux ouvrages qu'il tenait à publier dans sa patrie. On le rechercha de nouveau, les gens de lettres se pressèrent autour de lui, Bonaparte lui fit faire quelques avances. La chaire dans laquelle il professait avec beaucoup de talent les principes de la littérature française lui fut rendue, des pensions lui furent offertes, comme prix de quelques vers louangeurs. Mais M. Delille, voulant conserver la liberté de ses souvenirs, qui l'attachaient irrévocablement à la maison de Bourbon, se retira dans un quartier écarté, échappa aux caresses et aux offres, et, se livrant exclusivement au travail, il répondit à tout par ses vers de *l'Homme des champs* :

Auguste triomphant pour Virgile fut juste.
J'imitai le poète, imitez donc Auguste,
Et laissez-moi sans nom, sans fortune et sans fers,
Rêver au bruit des eaux, de la lyre et des vers [1].

---

1. Nous eûmes de lui, dans l'espace de quelques années, les traductions de *l'Énéide* et du *Paradis perdu*, *l'Homme des champs*, *l'Imagination*, quelques autres poèmes encore, et enfin *la Pitié*, qui ne parut que cartonnée, par ordre de la police.

Si Bonaparte conçut quelque humeur de cette résistance, il ne le témoigna point ; l'estime et l'affection générale furent l'égide qui couvrit toujours l'aimable poète. Il vécut donc paisible et mourut trop tôt, puisque, avec les sentiments qu'il a conservés, il n'a pas joui du retour des princes qu'il n'avait cessé d'aimer.

Dans le temps que Bonaparte n'était encore que consul, et qu'il s'amusait à poursuivre jusqu'aux plus petites évidences, il eut fantaisie de se faire voir à M. Delille, espérant peut-être le gagner, ou du moins l'éblouir. Madame Bacciochi fut chargée d'inviter le poète à passer une soirée chez elle ; quelques personnes, parmi lesquelles je me trouvais, furent conviées. Le premier consul survint. Il y avait bien dans son entrée quelque chose de l'appareil éclatant de Jupiter Tonnant, car il était environné d'un grand nombre d'aides de camp qui se rangèrent en haie, ne se montrant pas peu surpris de voir leur général se déranger, pour faire des frais auprès de ce chétif vieillard, vêtu d'un habit noir, et que, je crois, ils effrayaient un peu. Bonaparte, par contenance, se plaça à une table de jeu, où il me fit appeler. J'étais dans ce salon la seule femme dont le nom ne fût point inconnu à M. Delille, et je comprends que Bonaparte m'avait choisie comme le lien entre le temps du poète et celui du consul. Je m'efforçai d'établir une sorte de relation ; Bonaparte consentit à ce que la conversation fût littéraire, et d'abord notre poète ne parut point insensible aux prévenances d'un tel personnage. Tous deux s'animèrent, mais chacun à sa manière ; je remarquai bientôt que ni l'un ni l'autre ne parvenaient à produire l'effet réciproque auquel ils prétendaient tous deux. Bonaparte aimait à parler, M. Delille était un peu bavard et fort conteur ; ils s'interrompaient mutuellement, ils ne s'écoutaient point, leurs discours se choquaient au lieu de se répondre ; ils étaient habitués tous deux à être loués ; ils se sentirent avertis promptement qu'ils ne gagneraient rien l'un sur l'autre, et finirent par se séparer assez fatigués, et peut être mécontents.

Après cette soirée, M. Delille disait que la conversation du consul sentait *la poudre à canon;* Bonaparte trouvait que le vieux poète *radotait l'esprit.*

Je ne sais pas bien les particularités de la jeunesse de M. de Chateaubriand. Ayant émigré avec sa famille, il connut en Angleterre M. de Fontanes, qui vit ses premiers manuscrits, et le fortifia dans l'intention d'écrire. A son retour en France, il reprit ses relations avec lui, et je crois bien qu'il fut présenté au premier consul par M. de Fontanes. Ayant publié *le Génie du christianisme*, lors du concordat de 1801, il crut devoir dédier son ouvrage au *restaurateur de la religion*. Il était peu riche ; ses goûts, la nature un peu désordonnée de son caractère, un fonds d'ambition assez fort, quoique vague, une excessive vanité lui inspirèrent le désir et le besoin de se rattacher à quelque chose. Je ne sais pas bien sous quel titre il fut employé dans une légation à Rome. Il s'y conduisit toutefois imprudemment ; il blessa Bonaparte. L'humeur qu'il lui causa, jointe à l'indignation qu'il éprouva de la mort de M. le duc d'Enghien, les brouillèrent complètement. M. de Chateaubriand, de retour à Paris, se vit entouré de femmes qui le saluèrent et l'exaltèrent comme une victime ; il embrassa assez vivement le système d'opinion qu'il a suivi depuis ; il n'était ni dans son goût, ni dans son talent, d'échapper au monde et de se faire oublier. Devenu un objet de surveillance, il en tira vanité. Ceux qui prétendent le connaître intimement disent que si Bonaparte, au lieu de le poursuivre, avait paru vouloir rendre plus de justice à son mérite, il l'eût depuis, et toujours, séduit facilement. L'écrivain n'eût point été insensible à des louanges venues de si haut. Je rapporte cette opinion, sans assurer qu'elle soit fondée ; je sais bien qu'elle était celle de l'empereur, qui disait assez volontiers : « Mon embarras n'est point d'acheter M. de Chateaubriand, mais de le payer ce qu'il s'estime. » Quoi qu'il en soit, il se tint à part, et ne fréquenta que les cercles d'opposition. Son voyage en terre sainte le fit oublier pendant quelque temps ; il reparut tout à coup, et publia *les Martyrs*. Les idées religieuses qu'on retrouvait à chaque page de ses ouvrages, ornées du coloris de son brillant talent, firent de ses admirateurs comme une secte, et lui suscitèrent des ennemis parmi les écrivains philosophiques. Les journaux le louèrent et l'attaquèrent ; il s'établit sur lui une sorte de controverse, quelquefois assez amère, que l'empereur favorisa, « parce que, disait-il, cette controverse occupe la belle société ».

A l'époque où *les Martyrs* parurent, une manière de conspiration royaliste éclata en Bretagne.

Un des cousins de M. de Chateaubriand, convaincu d'y avoir trempé, fut conduit à Paris, jugé et condamné à mort. J'étais liée avec des amis intimes M. de Chateaubriand; ils me l'amenèrent, et m'engagèrent, de concert avec lui, à solliciter, par le moyen de l'impératrice, la grâce de son parent. Je lui demandai de me donner une lettre pour l'empereur; il s'y refusa, en me montrant une grande répugnance, mais il consentit à écrire à madame Bonaparte. Il me donna, en même temps, un exemplaire des *Martyrs*, espérant que Bonaparte parcourrait le livre et s'adoucirait en faveur de l'auteur. Comme je n'étais pas sûre que ce motif suffît pour apaiser l'empereur, je répondis à M. de Chateaubriand que je lui conseillais d'essayer de plusieurs moyens à la fois. « Vous êtes parent, lui dis-je, de M. de Malesherbes; c'est un nom qu'on peut prononcer devant qui que ce soit avec la certitude d'obtenir égard et respect[1]. Essayons de le faire valoir, et appuyez-vous sur lui en écrivant à l'impératrice. »

---

1. Bonaparte a rendu à madame de Montboissier, émigrée rentrée, une partie de ses biens, par la raison qu'elle était fille de M. de Malesherbes.

M. de Chateaubriand me causa une vive surprise en repoussant ce conseil. Il me laissa entrevoir que son amour-propre serait blessé s'il n'obtenait pas personnellement ce qu'il demandait. Son orgueil d'auteur l'emportait visiblement sur le reste, et voulait arriver jusqu'à l'empereur. Il n'écrivit donc pas précisément ce que j'aurais voulu; je ne laissai pas de porter sa lettre. Je l'appuyai de mon mieux, je parlai même à l'empereur, et je saisis un bon moment pour lui lire quelques pages des *Martyrs;* enfin je rappelai M. de Malesherbes.

« Vous êtes un avocat qui ne manque point d'habileté, » me dit l'empereur, « mais vous savez mal toute cette affaire. J'ai besoin de faire un exemple en Bretagne; il tombera sur un homme assez peu intéressant; car le parent de M. de Chateaubriand a une médiocre réputation. Je sais, à n'en pouvoir douter, qu'au fond son cousin ne s'en soucie guère, et ce qui me le prouve même, c'est la nature des démarches qu'il vous fait faire. Il a l'enfantillage de ne point m'écrire, à moi; sa lettre à l'impératrice est sèche et un peu hautaine; il voudrait m'imposer l'importance de son talent. Je lui réponds par celle de *ma politique*, et, en conscience, cela ne doit point l'humilier. J'ai besoin de faire un exemple en Bretagne, pour éviter une foule de petites persécutions politiques. Ceci donnera à M. de Chateaubriand l'occasion d'écrire quelques pages pathétiques qu'il lira dans le faubourg Saint-Germain. Les belles dames pleureront, et vous verrez que cela le consolera. »

Il était impossible d'ébranler une volonté exprimée d'une manière qui vous déjouait ainsi. Tout ce que l'impératrice et moi nous tentâmes fut inutile, et la condamnation fut exécutée. Le jour même, je reçus un petit billet de M. de Chateaubriand, qui, malgré moi, me rappela les paroles de Bonaparte. Il m'écrivait qu'il avait cru devoir assister à la mort de son parent, et qu'il avait frissonné en voyant des chiens se désaltérer, après, dans son sang. Tout le billet était écrit sur ce ton. J'étais émue, il me glaça; je ne sais si c'est moi ou lui qu'il faut accuser. Peu de jours après, M. de Chateaubriand, en grand deuil, ne paraissait point fort affligé, mais son irritation contre l'empereur s'était fortement accrue.

Cet événement me mit en relation avec lui. Ses ouvrages me plaisaient, sa présence troubla mon goût pour eux. Il était, et il est encore, fort gâté par une partie de la société, surtout par les femmes. Il impose à qui le fréquente un assez grand embarras, parce qu'on voit promptement qu'on n'a rien à lui apprendre sur ce qu'il vaut. Partout il prend la première place, s'y trouve à l'aise, et alors devient assez aimable. Mais ses paroles, qui annoncent une imagination vive, découvrent en même temps un fonds de sécheresse de cœur, et une personnalité peu ou point dissimulée. Ses ouvrages sont religieux, ses paroles n'indiquent pas toujours de saintes convictions. Il est sérieux quand il écrit; il manque de gravité dans son attitude. Sa figure est belle, sa taille un peu contrefaite, et il est minutieux et affecté dans sa toilette. Il paraîtrait que ce qu'il aime le mieux de l'amour, c'est ce qu'on appelle communément *les bonnes fortunes*. L'évidence est ce qu'il préfère à tout, il a des adeptes plutôt que des amis; enfin j'ai conclu de tout ce que j'ai vu qu'il valait mieux le lire que le connaître. Plus tard, je raconterai ce qui lui arriva au sujet des prix décennaux.

J'ai à peine vu madame de Staël, mais j'ai été entourée de personnes qui l'ont beaucoup connue. Ma mère et quelques-unes de mes parentes la fréquentèrent dans sa jeunesse, et m'ont souvent raconté que, dès ses premières années, elle annonça un caractère qui devait la placer en dehors de presque toutes les habitudes sociales. A l'âge de quinze ans, son esprit dévorait déjà les lectures les plus abstraites, les ouvrages les plus passionnés. Le fameux Franclieu de Genève, la trouvant un jour avec un volume de J.-J. Rousseau dans les mains, et entourée de livres de tout genre, dit à sa mère, madame Necker : « Prenez-y garde, vous rendrez votre fille folle, ou imbécile. » Ce jugement sévère ne se réalisa sur aucun des deux points; on peut dire cependant qu'il y a bien eu quelque sorte d'égarement de l'esprit dans la manière dont madame de Staë. a entendu son métier de femme au milieu du monde. Entourée chez son père d'un cercle composé de ce que la ville offrait d'hommes célèbres dans tous les genres, excitée par les conversations qu'elle entendait, et par sa propre nature, ses facultés intellectuelles se développèrent à l'excès peut-être. Elle prit le goût de cette brillante controverse qu'elle a tant pratiquée depuis, et où elle se montra si piquante et si distinguée. C'était une personne animée jusqu'à l'agitation, parfaitement vraie et naturelle, qui sentait avec force et exprimait avec feu. Tourmentée par une imagination qui la consumait, trop ardente à l'éclat et au succès, gênée par les lois de la société qui contiennent les femmes dans un cercle borné, elle brava tout, surmonta tout, et souffrit beaucoup de cette lutte orageuse entre le démon qui la poussait, et les convenances qui ne purent la retenir.

Elle eut le malheur d'être excessivement laide et de s'en affliger, car il semblait qu'elle portât au dedans d'elle le besoin de tous les succès. Avec un visage passable, peut-être eût-elle été plus heureuse, parce qu'elle eût été plus calme. Il y avait dans son âme trop d'habitudes passionnées pour qu'elle n'ait pas beaucoup aimé, trop d'imagination dans son esprit pour qu'elle n'ait pas cru souvent qu'elle aimait. La célébrité qu'elle acquit lui attira des hommages, sa vanité s'en réjouit. Quoiqu'elle eût un grand fonds de bonté, elle a excité la haine et l'envie ; elle effrayait les femmes, elle blessait une foule d'hommes auxquels elle se croyait supérieure. Cependant quelques amis lui sont demeurés fidèles, et son dévouement, à elle, était toujours complet.

Quand Bonaparte parvint au consulat, on sait quelle célébrité madame de Staël avait déjà acquise par ses opinions, sa conduite et ses ouvrages. Un personnage tel que Bonaparte excita la curiosité, et d'abord un peu l'enthousiasme, d'une femme si éveillée sur tout ce qui était remarquable. Elle se passionna pour lui, le chercha, le poursuivit partout. Elle crut que le concours heureux de tant de qualités distinguées, de tant de circonstances favorables, devaient chez lui tourner au profit de la liberté, son idole favorite; mais elle effaroucha promptement Bonaparte, qui ne voulait être ni observé ni deviné. Madame de Staël, après l'avoir inquiété, lui déplut. Il reçut ses avances froidement; il la déconcerta par des paroles fermes et quelquefois sèches. Il blessa quelques-unes de ses opinions; une sorte de défiance s'établit entre eux, et, comme ils étaient tous deux passionnés, cette défiance ne tarda point à se changer en haine.

A Paris, madame de Staël recevait beaucoup de

monde, on traitait chez elle avec liberté toutes les questions politiques. Louis Bonaparte, fort jeune, la visitait quelquefois, et prenait plaisir à sa conversation; son frère s'en inquiéta, lui défendit cette société, et le fit surveiller. On y voyait des gens de lettres, des publicistes, des hommes de la Révolution, des grands seigneurs. « Cette femme, disait le premier consul, apprend à penser à ceux qui ne s'en aviseraient point, ou qui l'avaient oublié. » Et cela était assez vrai. La publication de certains ouvrages de M. Necker acheva de l'irriter; il la bannit de France, et se fit un tort réel par cet acte de persécution si arbitraire. Bien plus, comme rien n'échauffe comme une première injustice, il poursuivit même les personnes qui crurent devoir lui rendre des soins dans son exil. Ses ouvrages, à l'exception de ses romans, furent tronqués en paraissant en France; tous les journaux eurent l'ordre d'en dire du mal; on s'acharna sur elle sans aucune générosité. Tandis qu'elle était repoussée de son pays, les étrangers l'accueillaient avec distinction. Son talent se fortifia des traverses de sa vie, et parvint à un degré d'élévation que beaucoup d'hommes lui auraient envié. Si madame de Staël avait su réunir à la bonté de son cœur, à l'éclat, je dirais presque de son génie, les avantages d'une vie tranquille, elle eût évité la plupart de ses malheurs, et saisi de son vivant le rang distingué qu'on ne pourra lui refuser longtemps parmi les écrivains de son siècle. Il y a dans ses ouvrages des aperçus élevés, forts et utiles, une chaleur qui vient de l'âme, une vivacité d'imagination quelquefois excessive; elle manque de clarté et de goût. En lisant ses écrits, on voit qu'ils sont les résultats d'une nature agitée que l'ordre et la régularité fatiguaient un peu. Sa vie ne fut point précisément celle d'une femme, et ne pouvait pas être celle d'un homme; le repos lui a manqué; c'est une privation sans remède pour le bonheur, et même pour le talent.

Après la première Restauration, madame de Staël est rentrée en France, au comble de la joie de se retrouver dans sa patrie, et d'y apercevoir l'aurore du régime constitutionnel qu'elle avait tant souhaité. Le retour de Bonaparte la frappa de terreur. Elle se vit errante encore une fois, mais son exil ne dura que *cent jours*. Elle reparut avec le roi; elle était heureuse, elle venait de marier sa fille au duc de Broglie, qui unit à la considération de son nom celle que doit obtenir un esprit sage et distingué; la libération de la France la satisfaisait; ses amis l'entouraient, le monde se pressait autour d'elle. Ce fut à ce moment que la mort la frappa, à l'âge de cinquante ans[1]. Le dernier ouvrage qu'elle n'avait point terminé, et qu'on a publié depuis sa mort, la fait connaître entièrement[2]. Cet ouvrage peint de même aussi le temps où elle a vécu, et donne une idée nette et juste du siècle qui l'a enfantée, qui pouvait seul la produire, et dont elle n'est pas un des moindres résultats.

J'ai quelquefois entendu Bonaparte parler de madame de Staël. La haine qu'il lui portait était bien un peu fondée sur cette sorte de jalousie que lui inspiraient toutes les supériorités dont il ne pouvait se rendre le maître, et ses discours étaient souvent d'une amertume qui la grandissait malgré lui, en le rapetissant ui-même pour ceux qui l'écoutaient dans la plénitude de leur raison.

Tandis que madame de Staël pouvait se plaindre si justement des poursuites dont elle fut l'objet,

---

1. En 1817.
2. *Considérations sur la Révolution française* (P. R.)

il est une autre femme assurément très inférieure, et moins célèbre, qui n'eut qu'à se louer de la protection que l'empereur lui accorda. Ce fut madame de Genlis. A la vérité, il ne trouva chez elle ni talent ni opinions qui lui fussent contraires. Elle avait aimé et exalté la Révolution; elle sut profiter de toutes ses libertés. Devenue vieille, un peu prude et dévote, elle s'attacha à l'ordre, et manifesta par cette raison, ou sous ce prétexte, une profonde admiration pour Bonaparte. Il en fut flatté; il lui donna une pension, et l'autorisa à une sorte de correspondance avec lui, dans laquelle elle l'avertissait de ce qu'elle lui croyait utile, et lui apprenait de l'ancien régime ce qu'il voulait savoir. Elle aimait et protégeait M. Fiévée, alors fort jeune écrivain; elle le fit entrer dans cette correspondance, et ce fut ainsi qu'il s'établit entre lui et Bonaparte cette sorte de relation dont il s'est vanté depuis. Tout en tirant parti des admirations de madame de Genlis, Bonaparte la jugeait assez bien. Il s'exprima une fois sur elle, devant moi, d'une manière fort piquante, en disant à propos de cette espèce de pruderie qui se fait remarquer dans tous ses ouvrages : « Quand madame de Genlis veut définir la vertu, elle en parle toujours comme d'une découverte. »

La Restauration n'a point rétabli de relations entre madame de Genlis et la maison d'Orléans. M. le duc d'Orléans n'a voulu la voir qu'une fois. Il s'est contenté de lui continuer la pension de l'empereur.

Ces deux femmes ne furent pas les seules qui publièrent des ouvrages sous le règne de Bonaparte. J'en pourrais citer quelques-unes, à la tête desquelles il faudrait mettre madame Cottin, si distinguée par la chaleur d'une imagination passionnée qui se communiquait à son style; madame de Flahault, qui épousa, au commencement de ce siècle, M. de Souza, alors ambassadeur du Portugal, et qui a composé de jolis romans. Il en est d'autres encore dont on trouvera les noms dans tous les journaux du temps. Les romans se sont multipliés en France depuis trente ans, et, par leur lecture seule, on peut assez bien saisir la marche qu'a suivie l'esprit français depuis la Révolution. Le désordre des premières années de cette révolution détournèrent d'abord l'esprit de toutes ces jouissances auxquelles il ne prend intérêt que lorsqu'il est en repos. La jeunesse manqua communément d'éducation, les dissidences des partis détruisirent l'opinion publique. Dans le moment où ce grand régulateur avait entièrement disparu, la médiocrité put se montrer sans inquiétude; on risqua toute espèce d'essais en littérature, et les conceptions de l'imagination, toujours plus faciles à proportion qu'elles sont plus bizarres, se publièrent très impunément. Les âmes, échauffées par les événements, se livraient à une exaltation qu'on retrouvait surtout dans l'invention des fables et dans le style de nos romans. La liberté, qui manquait aux hommes, peut seule développer, avec grandeur et profit pour le génie, les émotions que nos grands orages politiques leur avaient fait éprouver. Mais, dans tout les temps, sous tous les règnes, les femmes peuvent parler et écrire sur l'amour, et chez elles la disposition générale tourna au profit des ouvrages de ce genre. Ce n'était plus l'élégance régulière de madame de la Fayette, la recherche spirituelle et fine de madame Riccoboni; on ne s'amusa plus à décrire les usages des cours, les habitudes d'un état de société à peu près détruit; mais on représenta des scènes fortes, des sentiments passionnés, la nature humaine aux prises avec des situations un peu désordonnées. On dévoila souvent le cœur dans ces fables animées, et quelques hommes même, pour donner le change à leurs sensations actives et contenues, se livrèrent aussi à ce genre de composition.

Au reste, il y a quelque chose de vrai et de naturel dans le ton des ouvrages publiés depuis l'époque dont nous parlons, et, même dans les romans, l'exaltation a plutôt trop de force que d'affectation. Du moins, elle n'est point, en général, déviée par un goût faux. L'égarement de notre Révolution a ébranlé la société française ; plus tard cette société n'a pu se reformer sur les mêmes errements. Chacun des individus qui la composaient s'est non seulement déplacé, mais a même entièrement changé. Les usages purement de convention ont à peu près disparu, et les relations, les discours, les écrits, les tableaux se sont ressentis de cette différence. On a donc cherché des émotions plus fortes et plus vraies, parce que le malheur développe l'habitude des sensations profondes. Bonaparte ne fit rien reculer, mais il comprima. Le retour d'un ordre régulier dans le gouvernement ramena celui de ce que M. de Fontanes appelait *les bonnes lettres*. On sentit que le bon goût, la décence. la mesure devaient entrer pour quelque chose dans les œuvres du talent. Si le bon génie de la France eût permis que Bonaparte, en même temps qu'il nous rendait au repos, nous eût accordé quelque ombre d'une saine liberté, il est vraisemblable que l'alliance des souvenirs d'un temps orageux, où la pensée avait subi une fermentation passionnée, unie à celle d'un état de choses plus ordonné, eût enfanté des productions plus importantes. Mais l'empereur, voulant que tout tournât à son seul profit, faisant des efforts immenses pour rattacher à son règne toutes les célébrités, contraignit l'esprit, et le marqua du sceau de son despotisme, en interdisant tout généreux essor. On vit la plus grande partie des écrivains épuiser leur invention pour varier la louange prescrite et récompensée; on ne se permit aucun livre politique; on évita, dans les créations imaginaires, les applications douteuses; la comédie n'osa point peindre les mœurs; la tragédie ne représenta que certains héros. Il s'offrait assez de matière à l'éloge pour que la conscience fût à peu près tranquille, mais la véritable invention repoussée s'éteignit bientôt.

Cependant la marche du temps, les progrès naturels de l'esprit, l'habitude du bon goût en

France, les modèles passés dont on cherchait à ne point s'écarter, firent que tout ce qu'on produisit fut en général marqué au coin de l'élégance et de la correction. Tous ceux qui se mêlaient d'écrire écrivaient à peu près bien; mais on se tenait dans une prudente médiocrité, car c'est toujours la force de la pensée qui fait la première qualité du génie, et, quand la pensée se trouve restreinte, on se borne à perfectionner la rédaction. On mit donc *toute sa conscience* à faire le mieux possible ce qui était permis; de là cette teinte uniforme qui me semble répandue sur la plupart des ouvrages du commencement de ce siècle. Mais, aujourd'hui, la liberté qu'on vient d'obtenir pouvant s'étendre sur tous les points à la fois, ces mêmes progrès de rédaction ne seront point inutiles, et nous avons légué à nos enfants des habitudes de perfectionnement d'exécution, dont l'essor du génie s'enrichira à son tour.

J'ai dit toutefois que, la force nous étant défendue, du moins le naturel nous resta, et, en effet, on le retrouve dans la plupart des productions littéraires de notre temps. Le théâtre, qui craignit de représenter les vices ou les ridicules de chaque classe parce que toutes les classes étaient recréées nouvellement par Bonaparte et qu'il fallait partout respecter son ouvrage, se débarrassa de l'afféterie des temps qui avaient précédé la Révolution. A la tête de nos auteurs comiques, il faut placer Picard, qui souvent, avec originalité et gaieté, a donné l'idée des mœurs et des usages de Paris sous le gouvernement du Directoire ; après lui, Duval et quelques auteurs de jolis opéras-comiques. Nous avons vu naître et mourir des poètes distingués : Legouvé, qui avait débuté par *la Mort d'Abel*, qui fit, depuis *la Mort d'Henri IV*, et composa de jolies poésies fugitives; Arnault, auteur de *Marius à Minturnes;* Raynouard, qui eut un grand succès dans *les Templiers;* Lemercier, qui débuta par *Agamemnon*, le meilleur de ses ouvrages; Chénier, dont le talent porta une empreinte trop révolutionnaire, mais qui montra quelque connaissance du tragique.

Viennent ensuite une foule de poètes[1], tous plus ou moins élèves de M. Delille, et qui, ayant appris de lui la facilité de rimer élégamment, célébrèrent les charmes de la campagne, des plaisirs simples et du repos, au bruit du canon que Bonaparte fai-

---

1. Tels que Esménard, Parseval-Grandmaison, Luce de Lancival, Campenon, Michaud, etc.

sait résonner d'un bout à l'autre de l'Europe. Je ne m'engagerai point dans une longue nomenclature qu'on pourra trouver partout. Il se fit de bonnes traductions. On écrivit peu d'histoires ; les temps étaient arrivés où il eût fallu les tracer fortement, et personne ne s'en fût avisé. On était heureusement dégoûté de ce ton léger et moqueur de la philosophie du dernier siècle, qui, renversant toutes les croyances à l'aide du ridicule, parvint à flétrir les choses les plus sérieuses de la vie, et fit un dogme intolérant et railleur de l'irréligion. L'expérience du malheur commençait à repousser l'impiété ; l'esprit des hommes se sentait attiré vers une meilleure route ; il l'a toujours suivie, quoique un peu lentement[1].

---

1. Voici ce que pensait mon père de ce chapitre d'histoire littéraire : « Les jugements de ma mère sur la littérature et sur les arts pourront paraître un peu incohérents. C'est, en effet, sous ce rapport qu'il lui restait le plus de ce que j'oserais appeler *les préjugés* de son éducation. Elle avait une admiration de parti pris pour Louis XIV, avec des aspirations politiques qui seraient insensées, si le gouvernement de Louis XIV était le modèle du gouvernement. De même, elle s'était attachée à la régularité un peu froide et factice de la littérature de ce règne, au point d'en faire le signe et le caractère de la beauté ; et cependant, ce qu'elle aimait le mieux quand sa conscience classique n'était pas avertie, c'étaient les choses fortes et vives, naturelles et inattendues. Elle avait, toute jeune, préféré Rousseau à tout Dès qu'elle

Les arts, qui n'ont pas tant besoin de liberté que les lettres, n'ont pas cessé de faire des progrès. Mais j'ai déjà dit ailleurs qu'ils ont eu pourtant leur part de la gêne générale. Parmi nos plus fameux peintres, on a compté David, qui malheureusement flétrit sa réputation en se livrant aux plus dégoûtants égarements de l'enivrement révolutionnaire. Après avoir refusé en

eut entrevu la lumière politique, elle s'enthousiasma pour madame de Staël; les nouveautés de Chateaubriand l'avaient séduite. Elle a vu poindre l'aurore du mouvement romantique ; elle était passionnée pour les romans de Walter Scott, pour la *Parisina* et le *Childe Harold* de Byron, et pour les tragédies de Schiller. Cependant elle paraît penser que la littérature du temps de la Révolution a été désordonnée, applaudir au retour, aux progrès, sous l'Empire, des formes du style correct et de la composition décente, et croire foncièrement, comme tout son temps au reste, qu'elle avait assisté à une renaissance des arts du meilleur aloi.

» Ce qu'elle dit de Chateaubriand est un peu sec. Elle ne parle pas assez du goût qu'elle avait pour son talent et qui était assez vif. Il est vrai que son rôle et ses écrits, de 1815 à 1820, lui déplurent beaucoup, et, comme son caractère ne lui avait jamais agréé, elle se laissait aller à quelque sévérité à son égard. Elle l'avait attiré chez elle, de loin en loin, sous l'Empire. Elle aimait qu'il eût l'air de l'apprécier. Il est cependant vrai que sa manière *sèche et pincée* ne lui allait pas ; et cette manière, il ne la quittait que pour prendre un certain laisser aller moqueur et dégoûté, insouciant, voltairien, qu'il n'eut jamais avec elle, et qui ne lui aurait pas convenu davantage. C'est sous ce dernier aspect de *sans façon* et d'artiste un peu débraillé que le présentait une partie de la société qui l'avait assez connu, et notamment Molé, qui avait eu avec lui quelque camaraderie. Dans

1792 de peindre Louis XVI, parce que, disait-il, il ne voulait point que son pinceau retraçât les traits d'un tyran, il se soumit de fort bonne grâce devant Bonaparte, et le représenta sous toutes les formes. Viennent ensuite : Gérard, qui a fait tant de portraits historiques, une immortelle *Bataille d'Austerlitz*, et tout à l'heure une *Entrée de Henri IV à Paris*, qui a remué toutes les émotions vraiment françaises; Girodet, si re-

---

ce qu'on pourrait appeler *la société du faubourg Saint-Honoré*, on jugeait Chateaubriand sévèrement. Ma mère avait vécu loin de madame de Staël; elle avait contre elle les préventions de son éducation et de sa société. Elle n'en entendit guère parler à gens qui l'eussent connue qu'à M. de Talleyrand, qui s'en moquait, et qui était mal pour elle. Comme nos impressions sont beaucoup moins indépendantes de nos opinions qu'il ne le faudrait, celles de ma mère l'empêchèrent d'abord de sentir aussi vivement l'esprit et le talent de madame de Staël qu'elle ne l'aurait dû avec sa propre nature. Ce n'est pas qu'elle n'aimât *Corinne* et *Delphine*; mais elle craignait de les aimer, et ce n'était jamais qu'avec des scrupules et des restrictions qu'on se laissait aller, du temps de sa jeunesse, à l'admiration d'ouvrages où l'on croyait entrevoir quelque influence de la philosophie ou de la Révolution. Tout cela était fort changé en 1818. Il y a cependant des traces marquées de l'ancienne manière dont ma mère la jugeait dans ce qu'elle dit ici de sa personne, et même de ses écrits. Je ne puis m'empêcher de sourire un peu quand je la vois donner le *repos* comme une des conditions du talent. C'est bien là une idée du XVII$^e$ siècle, ou plutôt de la manière dont les rhéteurs du temps nous faisaient juger le XVII$^e$ siècle. » (P. R.)

commandable par la pureté de son dessin et la hardiesse de ses conceptions; Gros, peintre éminemment dramatique; Guérin, dont le pinceau ébranle toutes les facultés sensibles de l'âme; Isabey, si habile et si spirituel dans ses miniatures; une foule d'autres encore, dans tous les genres.

L'empereur les protégea tous. La peinture se saisit des sujets qui pouvaient animer ses pinceaux; l'argent fut prodigué aux artistes. La Révolution les avait placés dans la société; ils y occupèrent un rang agréable et quelquefois utile; ils dirigèrent la marche élégante du luxe; et, en même temps, s'animant sur les parties poétiques de notre Révolution et du règne impérial, ils les exploitèrent à leur profit. Bonaparte pouvait bien glacer l'expression des pensées fortes, mais il excitait les imaginations, et cela suffit à la plupart des poètes, et à tous les peintres.

Les progrès des sciences ne furent nullement interrompus. Celles-ci n'inspirent aucune défiance, et sont utiles à tous les gouvernements. L'Institut de France compte des hommes fort distingués. Bonaparte les caressa tous; il en enrichit quelques-uns; il les décora même de ses nouvelles dignités. Il en fit entrer dans son Sénat. Il me semble que c'était faire honneur à ce corps, et que cette idée avait de la grandeur. Les savants n'ont, au reste, pas montré sous son règne plus d'indépendance que les autres classes. Le seul Lagrange, que Bonaparte fit aussi sénateur, vécut cependant assez loin de lui ; mais MM. de Laplace, Lacépède, Monge, Berthollet, Cuvier et quelques autres acceptèrent ses faveurs avec empressement, et les payèrent d'une admiration soutenue.

Par une sorte de conscience, je ne terminerai point ce chapitre sans dire un mot d'un grand nombre de musiciens qui ont aussi fait honneur à leur art. La musique s'est fort perfectionnée en France. Bonaparte avait pour l'école italienne un goût particulier. Les dépenses qu'il put faire et qu'il fit pour la transporter en France, nous furent utiles, quoiqu'il mît bien encore quelque chose de sa fantaisie dans la distribution de ses faveurs. Par exemple, il repoussa toujours Cherubini, parce que celui-ci, mécontent une fois d'une critique de Bonaparte, qui n'était encore que général, lui avait répondu un peu brusquement, « qu'on pouvait être habile sur le champ de bataille et ne point se connaître en harmonie ». Il avait pris en gré Lesueur[1]. Il s'emporta au moment de la distribution des prix décennaux, parce que l'Institut ne proclama point ce compositeur, comme ayant mérité le prix. Mais, en général, il protégea fortement cet art. Je l'ai vu recevoir à la Malmaison le vieux Grétry, et le traiter avec une distinction remarquable.

Grétry, Dalayrac, Méhul, Berton, Lesueur, Spontini, d'autres encore se distinguèrent sous l'Empire et reçurent des récompenses pour leurs ouvrages[2].

---

1. Auteur des opéras des *Bardes* et de *Trajan*.

2. Il est fort regrettable que ma grand'mère, qui était bonne musicienne et qui faisait de jolies romances, n'ait point donné plus de développement à son jugement sur les musiciens de son temps. Pour l'empereur, je trouve dans sa correspondance des lettres intéressantes à ce sujet. Les voici :

« Monsieur Fouché, je vous prie de me faire connaître ce que c'est qu'une pièce de *Don Juan* qu'on veut donner à l'Opéra, et pour laquelle on m'a demandé l'autorisation de la dépense. Je désire connaître votre opinion sur cette pièce sous le point de vue de l'esprit public. — Bologne, 4 messidor an XIII (23 juin 1805). »

Ludwigsburg, 12 vendémiaire an XIV (4 octobre 1805)

« Mon frère, je pars cette nuit. Les événements vont devenir tous les jours plus intéressants. Il suffit que vous fassiez mettre dans *le Moniteur* que l'empereur se porte bien, qu'il était encore vendredi, 12 vendémiaire, à Ludwigsburg, que la jonction de l'armée avec les Bavarois est faite. J'ai entendu hier au théâtre de cette cour l'opéra allemand de *Don Juan*; j'imagine que la musique de cet opéra est la même que celle de l'opéra

De même, les comédiens furent largement protégés. Ce que j'ai dit de la tendance de nos écrivains, peut aussi s'appliquer à l'art du théâtre. Le naturel a gagné dans la diction sur notre scène depuis la Révolution. Le goût a repoussé le gourmé dans le ton tragique, l'affectation dans la comédie. Talma et mademoiselle Mars ont surtout poussé fort loin l'alliance de l'art et de la nature. L'aisance, unie à la force, s'est aussi introduite dans la danse. Enfin, on peut dire qu'il y a de la simplicité, de l'élégance et de l'ensemble dans le système du goût français aujourd'hui, et que toutes les faussetés de fantaisie et de convention ont disparu.

qu'on donne à Paris ; elle m'a paru fort bonne. » Le même jour il écrivait au ministre de l'intérieur :

« Monsieur Champagny, je suis ici à la cour de Wurtemberg, et, tout en faisant la guerre, j'y ai entendu hier de très bonne musique. Le chant allemand m'a paru cependant un peu baroque. La réserve marche-t-elle ? Où en est la conscription de l'an XIV ? » (P. R.)

FIN DU TOME DEUXIÈME.

F. Aureau. — Imprimerie de Lagny

# TABLE

DU TOME DEUXIÈME.

## LIVRE PREMIER.

(Suite.)

### CHAPITRE VIII.

#### 1804.

Procès du général Moreau. — Condamnation de MM. de Polignac, de Rivière, etc. — Grâce de M. de Polignac. — Lettre de Louis XVIII.................................... 1

### CHAPITRE IX.

#### 1804.

Organisation de la flotte de Boulogne. — Article du *Moniteur* — Les grands officiers de la couronne. — Les dames du palais. — L'anniversaire du 14 juillet. — Beauté de l'impératrice. — Projets de divorce. — Préparatifs du couronnement............................................... 22

### CHAPITRE X.

#### Décembre 1804.

Arrivée du pape à Paris. — Plébiscite. — Mariage de l'impératrice. — Le couronnement. — Fêtes au champ de Mars, à l'Opéra, etc. — Cercles de l'impératrice............. 60

## CHAPITRE XI.
### 1805.

Bonaparte amoureux. — Madame de X... — Madame de Damas. — Confidences de l'impératrice. — Intrigues du palais. — Murat est élevé au rang de prince........................  8

## LIVRE II.
### 1805-1808.

## CHAPITRE XII.
### 1805.

Ouverture de la session du Sénat. — Rapport de M. de Talleyrand. — Lettre de l'empereur au roi d'Angleterre. — Réunion de la couronne d'Italie à l'Empire. — Madame Bacciochi devient princesse de Piombino. — Représentation d'*Athalie*. — Voyage de l'empereur en Italie — Mécontentement de l'empereur. — M. de Talleyrand. — Projets de guerre contre l'Autriche............................  119

## CHAPITRE XIII.
### 1805.

Fêtes de Vérone et de Gênes. — Le cardinal Maury. — Ma vie retirée à la campagne. — Madame Louis Bonaparte. — *Les Templiers*. — Retour de l'empereur. — Ses amusements. — Mariage de M. de Talleyrand. — La guerre est déclarée...  140

## CHAPITRE XIV.
### 1805.

M. de Talleyrand et M. Fouché. — Discours de l'empereur au Sénat. — Départ de l'empereur. — Les bulletins de la grande armée. — Misère de Paris pendant la guerre. — L'empereur et les maréchaux. — Le faubourg Saint-Germain. — Trafalgar. — Voyage de M. de Rémusat à Vienne  187

TABLE.

### CHAPITRE XV.
#### 1805.

Bataille d'Austerlitz. — L'empereur Alexandre. — Négociations — Le prince Charles. — M. d'André. — Disgrâce de M. de Rémusat. — Duroc. — Savary. — Traité de paix.... 220

### CHAPITRE XVI
#### 1805-1806.

État de Paris pendant la guerre. — Cambacérès. — Le Brun. — Madame Louis Bonaparte. — Mariage d'Eugène de Beauharnais. — Bulletins et proclamations. — Goût de l'empereur pour la reine de Bavière. — Jalousie de l'impératrice. — M. de Nansouty. — Madame de +++. — Conquête de Naples. — La situation et le caractère de l'empereur. 250

### CHAPITRE XVII.
#### 1806.

Mort de Pitt. — Débats du Parlement anglais. — Travaux publics. — Exposition de l'industrie. — Nouvelle étiquette. — Représentation de l'Opéra et de la Comédie française. — Monotonie de la cour. — Sentiments de l'impératrice. — Madame Louis Bonaparte. — Madame Murat. — Les Bourbons. — Les nouvelles dames du palais. — M. Molé. — Madame d'Houdetot. — Madame de Barante.......... 283

### CHAPITRE XVIII
#### 1806.

Liste civile de l'empereur. — Détails sur sa maison et sur ses dépenses. — Toilettes de l'impératrice et de madame Murat. — Louis Bonaparte. — Le prince Borghèse. — Les fêtes de la cour. — La famille de l'impératrice. — Mariage de la princesse Stéphanie. — Jalousie de l'impératrice. — Spectacles de la Malmaison.................. .... .......... 325

## CHAPITRE XIX.
### 1806.

La cour de l'empereur. — Maison ecclésiastique. — Maison militaire. — Les maréchaux. — Les femmes. — Delille. — Chateaubriand. — Madame de Staël. — Madame de Genlis. — Les romans. — La littérature. — Les arts .......... 362

FIN DE LA TABLE DU TOME DEUXIÈME.

---

Paris. — Charles Unsinger, imprimeur, 83, rue du Bac.

www.ingramcontent.com/pod-product-compliance
Lightning Source LLC
Chambersburg PA
CBHW070926230426
43666CB00011B/2322